Rettung aus dem Weltall?

Engel und Dämonen

von

Prof. Dr. Martin H. Kobialka

Quo Vadis Verlag Heidelberg

Verlag: Quo Vadis Heidelberg
Verlagsnummer: 3-934460

Auslieferung:
Christlicher Buchversand
Seerain 18
74933 Neidenstein
Tel.u.Fax: 07263 – 91 82 64
E-mail: quo-vadis-verlag@gmx.net

ISBN 3-934460-07-0

Inhaltsverzeichnis

EINLEITUNG

Aus den streng geheimen Akten der amerikanischen Sicherheitsbehörde NSA (National Security Agency – Nationale Sicherheits Behörde) ist ein sehr ungewöhnlicher Vorfall bekannt geworden. Es handelt sich um eine von hunderttausend UFO-Sichtungen in aller Welt. Diese geheimnisvolle, aufregende Erscheinung war lange Zeit unaufgeklärt geblieben. Hier die Einzelheiten.

An einem Samstagabend um 21,30 Uhr wird plötzlich über der kreisförmigen Antennenanlage der amerikanischen Abhörstation im Bayerischen Bad Aibling ein unbekanntes fliegendes Objekt sichtbar. Lautlos schwebt es in etwa hundert Metern Höhe über der Antenne und sucht mit einem starken Scheinwerfer den Boden ab. Die Amerikaner sehen zwei grüne Lampen an dem Objekt, die genaue Form des Flugkörpers können sie nicht erkennen.

Sofort alarmieren sie die Bayerische Polizei, die in einem Streifenwagen drei Minuten später zur Stelle ist. Mit einem Fernglas beobachtet sie das Flugobjekt, seine Suchscheinwerfer und die grünen Lichter an den Tragflächen.

Etwa fünf Minuten lang schwebt das Objekt regungslos in der Luft. Plötzlich bewegt es sich nach Norden und kommt kurz darauf wieder zur selben Stelle zurück, wo es eine Minute lang über der Antenne stehen bleibt. So plötzlich, wie es gekommen ist, fliegt es auch wieder davon. Man schätzt die Geschwindigkeit auf etwa 100 km/h.

Das Objekt wird auch von anderen Beobachtern gesehen, die der Polizei gegenüber angeben, dass sie ein leichtes Motorengeräusch gehört hätten.

Während die amerikanische Militärpolizei und die deutschen Polizeibeamten das Flugobjekt beobachten, sehen sie noch zwei weitere gleichartige Flugkörper von der anderen Seite auf dasselbe Ziel zusteuern. Bei beiden leuchten ebenfalls zwei grüne Positionslampen. Diese beiden Flugkörper stehen einige Sekunden still über der gleichen Stelle und rasen dann in Richtung Tuntenhausen davon. Dort befindet sich ein Luftwaffenstützpunkt der Bundeswehr.

Die Nachforschungen der Sicherheitsbeamten der deutschen und amerikanischen Luftabwehrstellen, sowie die Untersuchungen im Pentagon in Washington ergeben, dass zu dieser Zeit keine der neuen Fluggeräte im Einsatz waren. Auch nachdem die Münchner Staatsanwaltschaft sich in die Ermittlungen einschaltete, blieb die Quelle dieser Erscheinungen unbekannt.

Haben ‚Außerirdische' wieder einmal unsere Erde besucht? Später findet sich die Lösung dieses Rätsels, wie in einem der folgenden Kapitel berichtet wird.

Ufologen behaupten, dass Außerirdische am Anfang der Welt den Menschen auf diesem Planeten geschaffen haben. Auch Christus sei einer von ihnen gewesen, und Maria soll sich in den vielen hundert Erscheinungen der letzten Zeit der UFO's bedient haben.

Am bekanntesten ist wohl die Erscheinung von Fatima. „Am Nachmittag des 13. Oktober 1917 kam es in dem kleinen portugiesischen Dorf Fatima zu einer UFO-Sichtung mit 50 000 Zeugen. Aus den Zeugenberichten ging hervor, dass sich die Wolken mit einem Mal geteilt und den Blick auf eine riesige silberne Scheibe freigegeben hätten. Die Scheibe soll sich wie die Flügel einer Mühle gedreht haben. Nachdem das kreisrunde Objekt sich im Sturzflug bis auf etwa hundert Meter der Erde genähert hatte, stieg es steil nach oben in den Himmel hinauf und verschwand in Richtung der Sonne.

Angeblich erfüllte sich damit eine Prophezeiung, die drei Hirtenkinder wenige Stunden zuvor erhalten haben bzw. behauptet haben, mit der Jungfrau Maria gesprochen zu haben. Die Gottesmutter hätte ihnen gesagt, sie würde sich den Menschen heute auf eine Weise offenbaren, ‚die jeden zum Glauben bringen muss.'

Gehören diese eindrucksvollen Erscheinungen am Himmel zu den ‚Terror verursachenden und gewaltigen, übernatürlichen Phänomenen am Himmel', die Christus in Lukas 21,11 vorausgesagt hatte? Welche Verbindung haben die zahlreichen Marienerscheinungen in aller Welt mit den UFO's? Das vorliegende Buch geht der Klärung dieser Fragen nach.

Die Idee der ‚Außerirdischen' spielt heute eine große Rolle. Man nennt sie auch ‚Planetarier', ‚Astronauten', ‚UFO-Besatzungen', die ‚Männer in Schwarz', die ‚behaarten Zwerge mit Riesenkräften', die kleinen ‚grünen Männer mit Elefantenohren', die auf allen Vieren laufen, ‚Weltraumfahrer mit Schutzhelmen', und findet zahlreiche andere Namen für die mysteriösen Gestalten der unterschiedlichsten Art. Jedoch sind dabei kaum zwei dieser Schilderungen identisch.

Etwas seriöser klingen intelligente Vertreter aus einem sogenannten ‚interstellaren Klub', oder der ‚Vereinigten Interstellaren Organisation', der ‚Vereinigten Planetenorganisation', oder auch des ‚Vereinigten Universum-Rates'. Bei diesen sogenannten ‚Kosmokraten', den Beherrschern des Kosmos, wird von einem ‚Rat der Sieben' gesprochen, der unseren chaotischen Planeten Erde noch vor dem bevorstehenden Untergang retten soll.

Ist dies alles Phantasie, Realität oder Täuschung? Das neue Zeitalter des ‚New Age' (engl. Neues Zeitalter) setzt heute anstelle von Gott und Christus ein neues, esoterisches Gottesbild ein, das auch in der Science-fiction Literatur zum Ausdruck kommt. Demnach leben wir jetzt in einem sogenannten ‚nachchristlichen' Zeitalter, das direkt zum ‚magischen Zeitalter' der Esoterik oder des Okkultismus geworden sei.

Interessant ist in diesem Zusammenhang folgendes: Die Kenntnis von der Existenz sogenannter ‚Außerirdischer' war schon seit Jahrtausenden in allen Einzelheiten in der Bibel enthalten. Tatsächlich wird die Bibel heute wieder zu einem ganz modernen Buch. Leider kennen nur wenige ihren Inhalt. Deshalb wenden wir uns in einem der folgenden Kapitel auch diesen ersten, ursprünglichen Quellen über die ‚Außerirdischen' zu. Die Frage, ob von ‚außen' Rettung für unsere globalen Probleme kommen kann, bewegt mittlerweile sehr viele verantwortliche Männer und Frauen. Manche betrachten die sogenannten ‚Außerirdischen' gar als letzte Hoffnung für unsere Erde. Welche Informationen aus dem Weltall können als Hoffnungsträger verstanden werden und welche Lösung für unsere globalen Probleme sind der Bibel zu entnehmen?

DIE BEWOHNER DES WELTALLS

Radiosignale aus dem Weltraum

Im Jahr 1967 stellte die Radioastronomin Joyce Bell ganz eigenartige Signale aus dem Weltall an einer bestimmten Stelle des Himmels fest. In stets gleichen Zeitabständen waren Intensitätsschwankungen wahrnehmbar, die sich wie Pulsschläge verhielten. Es war völlig rätselhaft, wodurch und von wem diese Signale gesendet wurden. Man vermutete Botschaften von anderen Planeten. Diese Entdeckung wurde nicht veröffentlicht, weil eine Erklärung für dieses Phänomen fehlte.

Gegen Ende desselben Jahres fand man noch mehrere solcher Objekte im Weltall. Alle strahlten Radiosignale aus, wenngleich in unterschiedlichen Zeitperioden. Diese Entdeckungen wurden gesammelt und schließlich veröffentlicht. Daraufhin begann weltweit eine Suche nach solchen Objekten am Himmel, und in weniger als zwei Jahren waren bereits zwanzig davon bekannt. Handelt es sich hierbei etwa um Botschaften von intelligenten Wesen aus dem Weltraum?

Man forschte in den einzelnen Sternwarten weiter nach dem Ursprung dieser Signale und stellte schließlich fest, dass an den Stellen im Weltall, wo sich Überreste von Supernova-Explosionen befanden, bestimmte Objekte mit einer erstaunlich kurzen Periode von 0,033 sec strahlten. Man nannte sie Pulsare, weil sie so regelmäßig wie der menschliche Pulsschlag auftraten. Als man schließlich auch die großen optischen Teleskope auf diese bisher unsichtbaren Radiosterne richtete, konnte man sie fotografisch festhalten. Mit Botschaften von Bewohnern anderer Planeten hatten sie jedoch nichts zu tun. Die Signale waren zu gleichförmig, zu regelmäßig und ohne Zwischenpausen.

Um diese Radiosignale weiter erforschen zu können, baute der Astronom Anthony Hewich mit einer Gruppe von Mitarbeitern in Cambridge, England, ein fünf km langes Radioteleskop mit acht

Empfängerschalen, von denen vier auf Eisenbahnschienen hin- und hergefahren werden konnten. Die Geräte, die ich aus eigener Anschauung kenne, konnten die extrem kurzen Signale von 1/30 sec aufzeichnen. Bezüglich der Herkunft der Signale konnten Hewich und sein Team aber auch nur bestätigen, was bis dahin schon bekannt war: Sie kommen von den Pulsaren und nicht von intelligenten Wesen aus dem Weltraum.

Wenige Jahre zuvor war von einem Projekt OZMA zu hören. Die Forscher horchten zwei sonnenähnliche Sterne, Tau Ceti und Epsilon Eridani, die sich elf Lichtjahre von der Erde entfernt befinden, nach Radiosignalen ab. Im Folgeprojekt OZMA II konnte der Abhörbereich schon auf 650 solcher Sonnen in einem Umkreis von 75 Lichtjahren erweitert werden. Mit dem Arecibo-Teleskop konnten im Jahre 1978 dann 200 Sterne dieser Art erfasst werden. Weitere Suchaktionen in den letzten dreißig Jahren mit modernsten Radio-Teleskopen und Satelliten schlossen sich an. Aber alle kamen zum gleichen Ergebnis: Es gab nicht den geringsten Hinweis auf extraterrestrische Intelligenz.

Bei den Überlegungen, ob Außerirdische Funkkontakt mit der Erde aufnehmen wollten, musste auch die Schwierigkeit der großen Entfernungen berücksichtigt werden. Allein die Sterne unserer Milchstrasse sind bereits Hunderte und Tausende von Lichtjahren von uns entfernt. Funksignale von unserer Erde, mit Lichtgeschwindigkeit gesendet, bräuchten Tausende von Jahren, bis sie dort ankämen, und wieder Tausende von Jahren, bis eine Antwort unsere Erde erreichen würde. Ein Kontakt von und zu anderen Galaxien, die mehr als zweitausend Millionen Lichtjahre entfernt sind, ist mittels unseren derzeitigen wissenschaftlichen Erkenntnisse demnach völlig utopisch.

Lässt dieser Sachverhalt aber den Schluss zu, dass das Weltall absolut unbewohnt ist und wir auf diesem Planeten Erde die einzigen Lebewesen sind?

Die Größe des Weltalls

Man hat mit ziemlich komplizierten astronomischen Berechnungen die Geschwindigkeit von Himmelskörpern im All erforscht: Die Erde bewegt sich mit 300 m/sec. einmal um sich selbst innerhalb von 24 Stunden und einmal um die Sonne in 365 Tagen. In Begleitung unserer Sonne bewegt sich die Erde in der Milchstrasse mit 300 km/sec. auf das Sternbild des Herkules zu, das wiederum mit 300 km/sec. um das Zentrum der Milchstrasse kreist. Es ist wahrscheinlich, dass auch die Milchstrasse ihre Kreise im Konzert der Milliarden von Milchstrassen im Weltall zieht.

Stellen wir uns unsere Sonne, die eine Million und zweihundertfünfzigtausend mal größer ist als die Erde, als Modell in der Größe von einem Kürbis vor. In Relation dazu wäre dann die Erde so groß wie ein Stecknadelkopf, der in einer Entfernung von etwa fünfhundert Metern um diesen Kürbis kreist.

Die Sonne zieht ihre Kreisbahn mit vierhundert anderen Sonnen um die Milchstrasse herum. Stellen wir uns nun die Sonne in der Größe einer elektrischen Glühbirne vor. Die nächste Sonne, bzw. die nächste Glühbirne, wäre dann etwa fünfhundert km entfernt, die nächste wieder fünfhundert km, und so fort. Wollten wir nun alle vierhundert Glühbirnen in diesem Modell unterbringen, bräuchten wir wohl mehr Raum als unser Planet Erde bieten kann.

Unsere Milchstrasse ist ja nicht das einzige Sternensystem dieser Art. Bisher sind Milliarden solcher Galaxien im Universum bekannt. Oft hatte es sich bei genauerer Prüfung durch die Teleskope und Radiosternwarten herausgestellt, dass das, was man am Sternenhimmel zuerst als einen einzigen Stern entdeckte, eine ganze Ansammlung von Milliarden von Sonnen, also eine ganze neue Milchstrasse war.

„Das größte Radioteleskop der Welt mit einem Durchmesser von 18000 km wurde erstmals im Juli und August 1986 erprobt. Für astronomische Messungen hatte man erstmals mehrere Radioteleskope auf der Erde mit der Antenne eines geostationären Satelliten kombiniert. Zur Beobachtung von drei extrem weit entfernten

QUASAREN – ihre Entfernung wird auf über 15 Milliarden Lichtjahre geschätzt – hatte das Jet Propulsion Laboratory der NASA in Pasadena, Kalifornien (USA), eine 64-m-Antenne in Australien mit einer gleichgroßen Antenne in Usuda (Japan) und der 5 m großen Antenne des Datenübertragungs-Satelliten TDRS gleichzeitig auf ein und dasselbe Himmelsobjekt gerichtet. Dabei erreichte man ein Auflösungsvermögen, wie man es mit einer riesigen Parabolantenne von umgerechnet rund 18 000 km bekäme.“[1]

Mit unserem Verstand können wir diese Größenverhältnisse im Weltall nicht richtig begreifen. Noch viel weniger können wir uns vorstellen, wo das All seine Grenze hat, oder ob es grenzenlos ist.

Der große englische Gelehrte James Jeans, Präsident der Royal Astronomical Society in London, schreibt in seinem Buch ‚Der Weltenraum und seine Rätsel‘, das in vielen Auflagen in 14 Sprachen übersetzt wurde, über die Größe und Harmonie des Universums: „Man kann sich das Weltall am besten … als aus reinem Denken bestehend vorstellen, als das Denken eines Wesens, das wir, weil uns ein umfassenderes Wort fehlt, als mathematischen Denker bezeichnen müssen … Wenn das Weltall ein Gedankenweltall ist, dann muss seine Schöpfung ein Denkakt gewesen sein. Die Bestimmung der Konstanten wie des Halbmessers des Weltalls und der Zahl der Elektronen, die es enthielt, schließt Denken ein, dessen Reichhaltigkeit am Riesenumfang dieser Größen zu messen ist … Die moderne wissenschaftliche Theorie zwingt uns, uns den Schöpfer als außerhalb von Raum und Zeit tätig zu denken, die ja nur ein Teil seiner Schöpfung sind … Heute ist man sich ziemlich einig darüber, … dass der Wissensstrom auf eine nichtmechanische Wirklichkeit zufließt; das Weltall sieht allmählich mehr wie ein großer Gedanke als wie eine große Maschine aus.“ (S. 134-145)

In der Botschaft aus dem Weltall, der Bibel, wird uns die Zahl der Sterne als unzählbar genannt, unzählbar für uns Menschen. Gott aber *‚zählt die Sterne und nennt sie alle mit Namen.‘*(Psalm

---

[1] A. Giscard d’Estaing, Das Neue Wissen, 1900, S. 301.

147,4). Gott spricht durch den Propheten Jesaja: „*Wem wollt ihr denn mich nachbilden, dem ich gleich sei? spricht der Heilige. Hebet eure Augen in die Höhe und sehet! Wer hat solche Dinge geschaffen und führt ihr Heer bei der Zahl heraus? Er ruft sie alle mit Namen; sein Vermögen und seine starke Kraft ist so groß, dass es nicht an einem fehlen kann.“(Jes. 40,26)*

Die Struktur des Universums

Es geschah am 4.November 1922. Im Tal der Könige, westlich von Luxor am Nil, war eine Gruppe von Arbeitern bei Ausgrabungen unter der Leitung des Archäologen Howard Carter beschäftigt. Sie suchten nach dem noch unentdeckten Grab des Pharao Tutanch-Amun. Zehn Jahre hatte sich Carter für dieses Ziel in unermüdlicher Arbeit abgeplagt.

An diesem Morgen stießen seine Mitarbeiter plötzlich auf eine in Fels gehauene Steinstufe. In fieberhafter Anstrengung wurden bis zum nächsten Tag weitere fünfzehn Stufen freigelegt, die nach unten, zu der noch nie geöffneten Tür eines Grabes führten. Die Siegel, die das Grab verschlossen, fand man unbeschädigt – man hatte tatsächlich das Grab des Pharao Tutanch-Amun entdeckt! Die Öffnung brachte einen unvorstellbar reichen Schatz an Grabbeigaben zutage. Sie wurden mit aller Sorgfalt geborgen und sind heute im Ägyptischen Museum in Kairo ausgestellt.

Den goldenen Schrein des Sarkophags ziert ein Symbol des Sonnengottes Re, eine Sonnenscheibe mit zwei Falkenflügeln. Die Sonne wurde in Ägypten als Gott verehrt, wie auch in Babylon und in anderen antiken Kulturen des Orients. Er, der oberste Gott, thront über einem Halbrund von Sternen, den anderen Göttern ihrer Vorstellung.

Es ist erstaunlich, dass schon vor etwa dreitausend Jahren, als man in den babylonischen und hellenistischen Sternwarten den Sternenhimmel als eine über die Erde gewölbte Halbkugel darstellte, die Israeliten eine genaue Kenntnis von der wirklichen Struktur des

Weltalls besaßen. Sie schrieben: *„Denn sollte in Wahrheit Gott auf Erden wohnen? Siehe, der Himmel und aller Himmel Himmel können dich nicht fassen."* (1.Kön. 8,27)

Etwa fünfhundert Jahre zuvor wurde Moses als Kronprinz am ägyptischen Königshof erzogen und in allen Wissenschaften der Ägypter ausgebildet. Die Sterne wurden hier alle den Göttern gleichgestellt, doch nach seiner Umkehr zu Gott erkannte Moses, dass sie alle nur von dem allmächtigen Gott geschaffene Gestirne waren. Er erfuhr auch etwas von der Größe des Weltalls und seines Schöpfers und schreibt: *„Siehe, der Himmel und aller Himmel Himmel und die Erde und alles, was darinnen ist, gehört dem Herrn, deinem Gott."* (5.Mose 10,14). Immer wieder finden wir diesen Wortlaut in der Bibel: Der Himmel und aller Himmel Himmel. (2.Chron. 2,5; 6,18; Nehem. 9,6; Jer. 23,24)

Gott selbst hatte die Propheten, die diese Worte niedergeschrieben hatten, in seine ‚Werkstatt' schauen lassen. Es gibt nicht nur einen Himmel, wie man in der Antike glaubte, sondern viele Himmel, die wiederum ihre Himmel haben. Dies ist die Sicht vom Weltall, wie wir sie heute durch die moderne Astronomie bestätigt sehen.

Die Männer und Frauen, zu denen Gott damals sprach, erfuhren auch, dass jeder Stern und jeder Sternenhimmel eine direkte Beziehung zu Gott, dem Schöpfer und Erhalter des Universums hat. Sie gehören Gott, sie sind sein Eigentum, er kennt sie, nennt sie mit Namen, er hat sie ins Dasein gerufen und hält sie mit seiner Kraft im Weltraum.

Darüber hinaus erfuhren die Propheten folgende Botschaft aus dem Außerirdischen: *„Der Herr sagt ‚Ich bin nicht der nahe Gott, über den ihr verfügen könnt, ich bin der ferne Gott, der über euch verfügt. Niemand kann sich so gut verstecken, dass ich ihn nicht doch entdecken würde. Es gibt keinen Ort im Himmel und auf der Erde, an dem ich nicht wäre!'* (Jer. 23,23)"

Obwohl Gott an jedem Platz im Weltall gegenwärtig ist, kann das ganze All ihn nicht begrenzen, nicht umfassen, er ist größer als das Universum.

Wir erfahren noch mehr über das Weltall und seine Beziehung zum Schöpfer: Er ist nicht nur im Makrokosmos, im Weltall, gegenwärtig, sondern *„er ist nicht fern von einem jeden von uns als seinen geschaffenen Wesen. In ihm leben wir, bewegen wir uns und haben unsere Existenz."* (Apg. 17,28 nach dem griechischen Urtext)

Das ganze Weltall kann Gott nicht fassen, nicht begrenzen, denn er ist größer als das Universum. Der gesamte Kosmos ‚ruht' in ihm. Er selbst ist damit die Grenze des Weltalls mit allen noch so fernen Galaxien. *„Er trägt das All mit dem Wort seiner Kraft."* (Hebr. 1,3) Er ist daher außerhalb des Weltalls und trägt und erhält das ganze Universum in seiner Kraft. Wir Menschen nennen dies seine Transzendenz, er steht über dem Weltall, für uns unerreichbar und unvorstellbar. Gleichzeitig ist er selbst jedem von uns ganz nah. Er ist überall innerhalb dieser Welt, es ist seine Immanenz. So ist er transzendent über dem Weltall und gleichzeitig immanent im Weltall. Er ist bei jedem Menschen gegenwärtig mit seiner ganzen Fülle und Persönlichkeit, unsichtbar, aber in voller Realität.

Die Bewohner der Planeten

„Ich werde gerufen! Ich bekomme Botschaften von den Marsbewohnern," rief die Dame in der Küche ihres Hauses in Österreich. Ihr gegenüber saß mein Kollege, den sie nach einem Vortrag zu einer Aussprache eingeladen hatte. Das Gespräch wurde durch diesen plötzlichen Ausruf jäh unterbrochen. Die Frau fiel in Trance, ergriff einen Stift und fing an die angeblichen Botschaften vom Mars auf einem Bogen Papier aufzuschreiben. Sie war ein spiritistisches Schreibmedium. Mein Kollege konnte sie in kurzer Zeit aufklären, dass diese keine Botschaften von einem anderen Planeten seien, sondern eine ganz andere Herkunft hätten, auf die in den folgenden Kapiteln dieses Buches noch eingegangen wird.

Trotzdem stellt sich die Frage, ob der Mars bewohnt ist. Im Jahre 1976 wurden zwei Weltraumraketen zum ‚Roten Planeten', wie der Mars auch genannt wird, abgesandt: Viking 1 und 2. Nachdem sie dort gelandet waren, konnten viele Experimente an Ort und Stelle durchgeführt werden. So untersuchten die Sonden Bodenproben in ihren Laboratorien. In den Experimenten wurde diesen Proben u.a. Wasser hinzugefügt, um eventuell vorhandene Mikroorganismen zu revitalisieren. Aber alle Experimente verliefen diesbezüglich negativ: Es gibt kein Spuren von Leben auf dem Mars! Einer der Wissenschaftler sagte: „Wir fanden kein fremdes Leben, dafür aber einen uns fremden Boden.“[2] Auch die Untersuchungen der Oberfläche des Mars 1997 durch die Raumsonde Sojourner verliefen negativ. Ein kleines Roboterfahrzeug, das Marsmobil, verließ das Raumschiff und fuhr auf dem Marsboden herum, ferngelenkt von der Erde. Sämtliche dadurch gewonnenen Daten gaben jedoch keinen Hinweis auf ein Leben auf dem Mars.

Ähnlich verlief die Suche nach Leben auf dem Riesenplaneten Jupiter. Die erste Raumsonde der Erde flog 1973 dicht an Jupiter vorbei. Eine sehr intensive radioaktive Strahlung und ein äußerst starkes Magnetfeld verhindern, dass Leben auf diesem Planeten entstehen kann. Sie würden es sofort zerstören. Die zweite Rakete, die in die Nähe von Jupiter gesteuert wurde, war Pioneer 10 im Jahre 1976. Ein Jahr später folgten die Sonden Mariner 11 und 12. Auch die beiden Raumsonden Voyager 1 und 2 untersuchten den Jupiter und seine Monde. Eine Spur von Leben wurde nicht gefunden.

Das Raumprojekt von Voyager 2 schließt besonders den Planeten Saturn mit seinen 23 Monden ein und dauert viele Jahre. Nach der Erforschung des Saturns nimmt die Sonde Kurs auf den Planeten Uranus, um von dort Bilder zur Erde zurück zu funken. Saturn ist ein eisiger Planet, den die Sonne wegen seiner großen Entfernung nicht genügend erwärmen kann, um Leben auf ihm zu ermöglichen.

Die amerikanische Raumsonde Mariner 10 stellte die Temperaturen auf dem kleinen Planeten Merkur fest, der der Sonne sehr nahe ist. Es wurden am Tage plus 400 °C gemessen, nachts dage-

---

[2] R. Stemmann, Fliegende Untertassen-Rätsel im All, Mannheim 1979, S. 105.

gen minus 200 °C. Man schloss daraus, dass sich hier kein Leben entfalten kann.

Der Planet Venus, etwa von gleicher Größe wie die Erde, wurde von sieben Weltraumsonden der damaligen Sowjetunion untersucht. Im Jahre 1975 landeten zwei Venera-Sonden auf der Oberfläche der Venus. Die beobachteten ‚Wolken' auf der Venus bestehen zum größten Teil aus Schwefelsäure, die Atmosphäre aus Kohlenstoffdioxyd. Die Temperaturen erreichen sogar plus 460 °C, und der Druck der Atmosphäre ist fast hundertmal stärker als auf unserer Erde. Also ist auch dort kein Leben möglich.

Die Planeten Neptun, Uranus und Pluto sind zu kalt, um Leben zu tragen. So gibt es außer der Erde keinen Planeten in unserem Sonnensystem, der bewohnt ist. Die Aussagen über Raumschiffe von der Venus oder anderen benachbarten Planeten oder über sogenannte Botschaften von ‚Planetariern' gehen an der Wirklichkeit vorbei.

In unserem Milchstraßensystem gibt es außer unserer Sonne Milliarden größerer und kleinerer Sonnen, die jede für sich von einem oder mehreren Planeten umkreist sein können. Wenn jede dieser vielen Sonnen nur je einen bewohnten Planeten hätte, könnten wir davon ausgehen, dass es in unserer Galaxie Milliarden von Planeten gibt, die wie unsere Erde bewohnt sind. Zwei Gesichtspunkte müssen bei dieser Überlegung berücksichtigt werden:

a) Jede einzelne Sonne und jeder Planet ist von dem Schöpfergott ins Dasein gerufen worden. ‚Er kennt sie alle mit Namen', (s.o.) heißt es in seiner Botschaft aus dem Weltall an die Menschen, in der Bibel. Gott ist also bei all diesen Sonnen und Planeten gegenwärtig und hat die völlige Übersicht über alles, was er dort geschaffen hat. Er kennt nicht nur jeden bewohnten Planeten, sondern auch jedes einzelne dieser Lebewesen. Diese Lebewesen existieren in einem direkten Bezug zu ihm. Wenn sie also Kontakt mit der Erde haben, dann immer in Harmonie mit dem Schöpfer, seinen Gesetzen und in seinem Auftrag.

b) Wir konnten mit unseren astronomischen und raumfahrttechnischen Möglichkeiten bisher keine Kenntnis über die Bewohner anderer Welten erlangen. Manche fragen sich aber bestimmt, ob Gott diese vielen Milliarden von Sonnen umsonst geschaffen hat? Oder wurden sie nur erschaffen, dass sie den bewohnten Planeten Licht und Wärme für deren Bewohner spenden könnten, wie eben unsere Sonne?

Erstaunlicherweise gibt es eine Antwort auf unsere Frage, ob es Bewohner anderer Welten gibt. Eine Botschaft aus dem Weltall, nämlich von Gott selbst, lautet: *„So spricht der Herr, der die Himmel geschaffen hat, der Gott, der die Erde bereitet hat und hat sie gemacht und zugerichtet – und sie nicht gemacht hat, dass sie leer sein sollen, sondern sie bereitet hat, dass man darauf wohnen solle – : Ich bin der Herr, es gibt keinen anderen Gott. Ich habe nicht im Verborgenen geredet."* (Jes. 45,18)

An dieser Stelle wird von den Himmeln, also in der Mehrzahl, gesprochen. Im hebräischen Text wird zweimal das Verb ‚barah' verwendet. Es drückt ein Schaffen aus dem Nichts aus. Im ersten Fall bezieht es sich auf die Himmel, im zweiten auf die Bewohner. Also ist nicht nur die Erde ein Wohnplatz für von Gott geschaffene Wesen, sondern auch die vielen ‚Himmel': *„Freut euch, ihr Himmel und die darin wohnen!"* ist in Offenb. 12,12 zu lesen. Diese Bewohner der Himmel werden im Neuen Testament ‚Epuranier' genannt.

Gott wird als der ‚Vater der Epuranier' bezeichnet: (Mat. 18,35). Manche Bibelübersetzer haben an dieser Stelle nur ‚himmlischer Vater' wiedergegeben. Im Epheserbrief ist aber ganz klar zu lesen, dass Gott der *‚rechte Vater ist über alles, was da Kinder heißt in den Himmeln und auf Erden.'* (Eph. 3,15) Die Textstelle spricht, genau übersetzt von der ‚Vaterschaft Gottes in den Himmeln'.

Im gleichen Kapitel in Vers 10 werden Himmelsbewohner genannt, welche ‚Fürsten' und ‚Autoritäten' unter sich haben. Eine soziologische Ordnung und Strukturen sind wohl damit gemeint.

Auch Jesus Christus bezog sich auf diese himmlischen Ordnungen: *„Niemand fährt zum Himmel, als der, der vom Himmel herabgekommen ist, nämlich der Menschensohn."* Jesus Christus kam in der Tat vom Himmel. Er ist ein ‚Außerirdischer'! Er war auf diesem Planeten und kehrte wieder in den Himmel, in den Weltraum zurück: *„Darum hat Gott ihn auch erhöht und ihm den Ehrennamen verliehen, der ihn hoch über alle stellt. Vor Jesus müssen alle niederknien – alle, die in den Himmeln sind... alle müssen feierlich bekennen: ‚Jesus Christus ist der Herr!' So sollen sie Gott, den Vater ehren" (Phil. 2,10.11.*

Die Bibel spricht viele Male von den Kindern Gottes in den Himmeln, von denen viele eine direkte Verbindung zu diesem Planeten Erde haben, und zwar mit Möglichkeiten, die unser raumzeitliches Denken übersteigen. Diese Boten werden im Neuen Testament auch ‚angeloi' genannt. Im Alten Testament heißen sie ‚Malachiten'. Bevor wir Näheres über sie erfahren, soll uns die Frage nach dem Ursprung des Menschen auf diesem Planeten bewegen.

DER URSPRUNG DES MENSCHEN

Die Außerirdischen in der modernen Kosmologie

Langsam aber immer deutlicher steuerte Artur Horn auf eine Krise in seinem Denken über den Ursprung des Menschen zu. Jahrzehnte lang war für ihn die Theorie Darwins eine Tatsache und diente als Grundlage für seine Lehrtätigkeit als Professor für Anthropologie an der Universität von Colorado. Dann jedoch begannen eine Reihe von wissenschaftlich begründeten Zweifeln sein Lehrgebäude zu erschüttern. Aber war nicht Darwin selbst in seiner Auffassung schwankend geworden? Er schrieb doch in einem Brief an Gray:

„Wenn ich an das menschliche Auge denke, bekomme ich Fieber.“ Es war nicht denkbar, dass es durch Zufall und Auslese entstanden sein konnte. „Die Empfindlichkeit des menschlichen Auges erwies sich bei neueren Untersuchungen als so groß, dass die Grenze des theoretisch überhaupt Möglichen erreicht wird: Die unendlich schwache Einwirkung von wenigen „Lichtquanten“ auf unserer Netzhaut genügt, um bereits eine Lichtempfindung hervorzurufen. Das ist also die absolute Gipfelleistung, da es ja eine geringere Lichtmenge nicht geben kann.

Das Auge gehört überhaupt zu den größten Wundern, die von der Natur geschaffen worden sind. Der bekannte Gelehrte Prof. Bleuler hat sich einmal die Mühe gemacht nach den Regeln der Wahrscheinlichkeitsrechnung die Frage zu prüfen, wie dieses Organ aller höheren Lebewesen entstanden sein könnte. Er hat genau ausgerechnet, wie groß die Wahrscheinlichkeit dafür ist, dass sich zu irgendeinem Zeitpunkt die verschiedenen Teilorgane eines Wirbeltierauges durch Zufall so kombinieren, dass ein funktionsfähiges Sehorgan entsteht. Das Ergebnis dieser ‚Mathematik des Wunders‘ wollen wir lieber nicht hin Zahlen hinschreiben: Bleuler stellte nämlich fest, dass sich diese Wahrscheinlichkeit wie eine 1 zu einer Zahl mit mindestens 40 Nullen verhält! Durch Zufall kann das Auge also nicht entstanden sein, durch Selektion auch nicht, ja wir können seine Entstehung überhaupt nicht ‚erklären' – es bleibt ein Wunder." So wie Darwin „Fieber" bekam erging es auch Prof. Horn. Er fand jedoch einen Ausweg aus seinem Dilemma durch den Schüler und Freund Darwins Alfred Russel Wallace, mit dem Darwin 1858 „Die Entstehung der Arten" veröffentlicht hatte. „Darwin entwickelte einen düsteren Materialismus, welcher heute noch das Denken des Neodarwinismus, der orthodoxen Lehre der akademischen Biologie, durchzieht. Die gesamte Evolution muss durch Zufall zustande gekommen sein und durch unbewusste Naturgesetze; sie hat keinen Sinn und keinen Zweck. Im Gegensatz dazu kam Wallace zu dem Schluss, dass mehr an der Evolution beteiligt sein müsse als die natürliche Auswahl und dass sie durch schöpferische Intelligenz geleitet sei, welche er mit den Engeln identifizierte." Wörtlich erklärte er, „dass eine überlegene Intelligenz die Entwicklung des Menschen nach einer bestimmten Richtung hin und zu einem bestimmten Zwecke geleitet hat, gerade so, wie der Mensch die Entwicklung vieler Tier-und Pflanzenformen leitet."

Der intelligente Urknall

„Wir sind daran gewöhnt," schreibt Gero Dworzak, „Gegenstände und Arbeitsmittel unseres Alltages zu nutzen, ohne nach dem Woher und Warum zu fragen...Wenn es aber nicht selbstverständlich ist, dass unsere Welt bestimmte Formen, Größenverhältnisse, Farben und Gewichte, Naturgesetze und Konstanten aufweist, dann muss die Frage erlaubt sein, warum das so ist. Das So-Sein der Welt muss einen triftigen Grund haben. Es gäbe nämlich noch viele andere Möglichkeiten! Was steckt hinter diesen scheinbaren ‚Selbstverständlichkeiten'? Die Erde rast mit einer Geschwindigkeit von 29,8 Kilometern pro Sekunde... Dabei beträgt der Durchmesser der Jahresflugbahn der Erde 299,2 Millionen Kilometer. Warum dieser ‚krumme' Zahlenwert? Wenn es meine Aufgabe gewesen wäre, die Bahndurchmesser der Planeten festzulegen, hätte ich wahrscheinlich runde Zahlen gewählt; zum Beispiel 250 Millionen Kilometer. Die Folgen wären allerdings katastrophal. Unser Jahr hätte nicht mehr 365,26 Tage, sondern wäre schon in 278,9 Tagen zu Ende... Die ganze Zeit über müssten wir unter extremer Hitze leiden. Wahrscheinlich gäbe es keine Gletscher und keine vereisten Polkappen. Weite Landstriche wären überflutet. Auch beim entgegengesetzten Eingriff, etwa bei einem Durchmesser der Erdbahn von 400 Millionen Kilometern wären die Folgen entsetzlich. Auf allen Kontinenten würde Dauerfrost mit extremen Minustemperaturen herrschen. So merkwürdig es auch klingen mag, der scheinbar so willkürliche Bahndurchmesser von 299,2 Millionen Kilometern ist der einzig akzeptable Wert für die Erhaltung unseres Lebens auf der Erde. Sonderbar, nicht wahr?...

Man kann diese Überlegungen auf alle astronomischen Größen ausdehnen. Ich denke dabei an die Neigung der Erdachse, die Größe der Erde, an ihr Gewicht oder an unseren Mond, seine geringere Masse, seine Entfernung von der Erde und vielleicht noch an die Dauer einer Erdumdrehung. Innerhalb des Wertebereichs eines einzigen Parameters, z.B. der Geschwindigkeit, gibt es unendlich viel Einzelwerte, die möglich wären, und die nicht mit anderen physikalischen Gesetzen kollidieren würden. Jedoch nur ein einziger ist tatsächlich wirksam. Und nur dieser eine Wert ist der für das irdische Leben optimale... Der Zufall, der in diesem Zusammenhang häufig bemüht wird, kann solch erstaunliche Arrangements nicht getroffen haben. Aber wenn nicht er, wer war es dann?“ [3]

Als Arbeitshypothese nimmt man für den Ursprung der Welt den sogenannten Urknall an, ohne dafür Beweise zu haben. Aber dieser Urknall müsste eine Superintelligenz besitzen, um solche mathematisch genauen Ordnungen im Universum zu schaffen. G. Dworzak kommt darum in seinem Buch auf Seite 18 zu dem

---

[3] Gero Dworzak, Liebe auf den zweiten Blick,Lüneburg 1996, S. 13.

Schluss: „Christen nennen diese ‚Superintelligenz', die das Universum geschaffen hat, Gott oder Schöpfer. Sie glauben, dass er der Chefkonstrukteur der Welt ist." Zu dieser Erkenntnis konnte sich Wallace nicht durchringen. Als neue Arbeitshypothese für die Entstehung der Welt nahm er das Wirken von Außerirdischen an. Während Wallace die Lösung des Problems bei den Engeln suchte, fand Darwin selbst einen anderen Weg, den Prof. Horn aber nicht nachvollziehen konnte oder wollte. Er kam zu dem Schluss, „dass der Kulturmensch von Außerirdischen durch künstliche Befruchtung geschaffen worden" sei.

Er lag damit auf der Linie von Erich von Dänicken, der meinte, dass Gott von den Sternen kam und die „Götter Astronauten" waren und „nachhaltig in die Evolution der Erde" eingriffen. Durch „Hightech-Fahrzeuge" hätten diese Astronauten den Menschen zum Fortschritt verholfen. Auch W.-J. Langbein zielte mit seinem Buch „Am Anfang war die Apokalypse" in diese Richtung und meinte, dass die Aliens – die Fremden oder Außerirdischen – auf ihrer Flucht aus dem All auf die Erde kamen, hier den intelligenten Menschen schufen, um dann wieder ins All zurückzukehren.

Z. Sitchin glaubte, durch sein Buch den „Kosmischen Code" geknackt und das „Wissen der Götter" enthüllt zu haben. Die Baumeister von den Sternen seien auf diese Erde gekommen, sie erschufen den Menschen und leiteten die Evolution auf diesem Planeten und bestimmten damit die Existenz und die Natur des Menschen.

„Den Göttern auf der Spur" zu sein meinte auch S. Erdmann. Sie seien von den Sternen gekommen und hätten genetisch in die Entwicklung der Erde eingegriffen. Auch L. Fischinger spekulierte in seinem Buch „Götter der Sterne", dass diese aus dem All gekommen und den Menschen ins Dasein gerufen hätten.

So war Prof. Horn nicht der Einzige mit seiner These einer neuen Kosmogonie, einer Weltentstehungslehre, indem er die Gedanken von Wallace aufnahm, jedoch nicht die Lösung suchte, die Charles Darwin selbst erkannt hatte.

Charles Darwin und das Christentum

Darwin hatte „Fieber“ bekommen, wenn er daran dachte, dass das menschliche Auge nicht durch Zufall oder Auslese entstanden sein konnte. Ganz offen bekannte er daher, dass der Urform organischer Wesen „das Leben zuerst vom Schöpfer müsse eingehaucht“ worden sein. Zu dieser schwerwiegenden Schlussfolgerung kam er aufgrund des Wortes in seiner englischen Bibel im 1.Buch Mose 2,7: *„And the LORD God formed man of the dust of the ground, and breathed into his nostrils the breath of life; and man became a living soul.“ Deutsch: „Da machte Gott der HERR den Menschen aus Erde vom Acker und blies ihm den Odem des Lebens in seine Nase. Und so ward der Mensch ein lebendiges Wesen.“* Als er jedoch bei seiner ersten Weltreise auf dem Schiff „Beagle“ über seinen Bibelglauben sprach, hatte er ein negatives Erlebnis, das sicher seine spätere Auffassung beeinflusste. In seiner Selbstbiographie schrieb er darüber: „Ich wurde von mehreren Offizieren... herzlich darüber ausgelacht... dass ich die Bibel als eine unwiderlegbare Quelle über irgendeinen Punkt der Moral zitierte.“

Auf dieser Reise lernte Darwin auch die Bewohner von Feuerland an der Spitze von Südamerika kennen und war entsetzt über ihre Primitivität und Wildheit. In seinem Reisebericht beschrieb er sie als Wesen, die den Tieren näher standen als den Menschen fast wie leibhaftige Teufel. Ihre Sprache verdiene kaum den Namen artikuliert. Christliche Missionare waren ganz erfolglos, einige wurden von diesen Wilden ermordet. Der Kannibalismus schien unausrottbar. Als Darwin nach Jahren die Feuerländer wiedersah, war er höchst erstaunt über ihre fast unglaubliche Umwandlung. Das Christentum hatte aus ihnen neue Menschen gemacht. Darwin beschrieb sein Erlebnis, indem er über die Leute schrieb, die das Christentum kritisierten:

„Die Tadler vergessen oder wollen nicht daran denken, dass Menschenopfer, Wollust und Kindesmord beseitigt und abgeschafft sind, und dass Unredlichkeit, Unmäßigkeit und Frechheit durch die Einführung des Christentums in ziemlichen Maße sich vermindert haben. Es ist die niedrigste Undankbarkeit, dass die Reiseberichter das vergessen. Sollte es ihnen beschieden sein, an irgend einer unbekannten Küste Schiffbruch zu leiden, so würden sie ein heißes Gebet zum Himmel schicken, dass doch die Lehren der Missionare bis zu deren Bevölkerung gedrungen sein möchten." Fortan unterstützte er die christliche Mission jedes Jahr durch ein großes Geldgeschenk. Er hatte das mit eigenen Augen gesehen, was Goethe einmal so ausgedrückt hatte:

„Mögen die Naturwissenschaften in immer breiterer Ausdehnung und Tiefe wachsen und der menschliche Geist sich erweitern, wie er will, über die Hoheit und sittliche Kultur des Christentums, wie es in den Evangelien schimmert und leuchtet, werden sie nicht hinauskommen."

„Dieser Christus für uns," so schrieb Pfr. Pfennigsdorf, „der ein Heiland ist der Gelehrten und Ungelehrten, dessen Gestalt vor unseren Augen immer mehr Kraft und Leben gewinnt, je mehr man sie anschaut: Er ist der beste, der einzige Gottesbeweis. Durch ihn allein machen wir die Erfahrung von der seligmachenden Gotteskraft des Evangeliums, – wir machen sie kraft der uns verliehenen religiösen Anschauung, die ebenso hoch über dem Intellekt steht, wie die Sittlichkeit über der Sinnlichkeit. Diese Erfahrung aber ist das einzig gewisse Fundament unseres Glaubens. Was man erfahren hat, weiß man sicher und genau. ‚Das Christentum ist' – mit Pestalozzi zu reden – ‚die allervollkommenste Erfahrungstatsache, die jemals auf die Erde gekommen ist.'. Werden die Axiome oder Grundsätze der Wissenschaft durch Anschauung erkannt, so muss auch das Dasein Gottes, dieser allererste aller Hauptgrundsätze durch Anschauung erkennbar sein und nicht durch Vernunftschlüsse."

Darwin war ganz aufrichtig, als er schrieb: „Die Frage, ob ein Schöpfer und Regierer des Weltalls existiere, ist von den größten Geistern, welche je gelebt haben, bejahend beantwortet worden." In seiner, von seinem Sohn herausgegebenen Biographie findet sich eine Bemerkung Darwins, in welcher er selbst darauf hinweist, dass die Unmöglichkeit, das grenzenlose und wunderbare

Universum als das Ergebnis des blinden Zufalls anzusehen, ihn zur Annahme der Existenz Gottes nötige. Er sagt dort wörtlich:

‚Ich verdiene, ein Theist genannt zu werden' – ein Mensch, der an Gott glaubt. „In den äußersten Zuständen des Schwankens bin ich niemals ein Atheist in dem Sinne gewesen, dass ich die Existenz eines Gottes geleugnet hätte." „Von den Anhängern Darwins sei besonders der Biologe Romanes, dem der Meister sterbend seine Manuskripte übergeben hat, genannt… ‚Nur einem Menschen, der jeder geistigen Empfindung völlig bar ist, kann das Christentum nicht als die großartigste, je auf unserer Erde erfasste Darstellung des Schönen, des Erhabenen und alles dessen erscheinen, was sich an unsere geistliche Natur wendet.' So Darwins treuster Schüler."

Dennoch war Darwin kein überzeugter Christ. In seiner Selbstbiographie nennt er auch den Grund dafür, es ist die furchtbare, aber unbiblische Lehre von der ewigen Höllenqual: „Ich kann es kaum begreifen, wie jemand, wer es auch sei, wünschen könne, die christliche Lehre möge wahr sein; denn wenn dem so ist, dann zeigt der einfache Text (gemeint des Evangeliums), dass die Ungläubigen, und ich müsste zu ihnen meinen Vater, meinen Bruder und nahezu alle meine besten Freunde zählen, ewige Strafe verbüßen müssen. Eine abscheuliche Lehre!"

Darwin befand sich in einem entsetzlichen Irrtum, an dem die Mönche des Mittelalters schuld sind, als sie die Lehre einer ewigen Höllenqual erfunden hatten, um die Menschen durch Drohung und Furcht zu Gott zu führen. Christus hat das genaue Gegenteil gelehrt. Gott hat den Menschen, jeden Menschen, so sehr lieb, dass er sich in seinem Sohn Jesus Christus geopfert hat, damit niemand verloren gehen sollte. Einen größeren Beweis seiner Liebe kann es nicht geben. Diese Liebe Christi war es, die aus den wilden Menschen auf Feuerland, wie Darwin gesehen hatte, neue und liebevolle Menschen gemacht hatte. Die Bibel zeigt an 130 deutlichen Textstellen, dass es keine ewige Höllenqual gibt.

Die Auffassung seines Schülers Wallace, dass der Mensch durch Engel, also durch Außerirdische auf dieser Erde entstanden sei, sah Darwin als zu primitiv und absurd an, er glaubte an Gott.

Die Entstehung des Ichbewusstseins

Bei einem Seegefecht im Krieg wurde der Geschützführer auf einem Schlachtschiff in dem Moment von einem Granatsplitter am Kopf getroffen, als er das Kommando „Feuer“ geben wollte. Durch die Verletzung verlor er das Bewusstsein und lag drei Wochen im Koma. Als er wieder zu Bewusstsein kam, war sein erstes Wort, das er sprach: „Feuer“ Die Gehirnfunktion war durch den Ausfall des Bewusstseins unterbrochen worden und setzte genau an dem Punkt ein, wo die Unterbrechung eingetreten war. Das Bewusstsein ist tatsächlich an die Funktion der Gehirnzellen gebunden. Ohne Gehirnzellen kennen wir kein Bewusstsein, weder ein Selbstbewusstsein oder Ich-Bewusstsein, noch ein Unbewusstes oder Unterbewusstsein. Diese Tatsache wird von den antiken Religionen, die wir in der Tradition als Volksglaube übernommen haben, außer acht gelassen. Es sind drei Ebenen, auf die sich das Bewusstsein aufbaut, die atomare, die genetische und die strukturelle Ebene.

Zu seinem 14.Geburtstag hat Peter ein neues Fahrrad geschenkt bekommen. Voller Freude saust er los, aber er beachtet die Vorfahrtstraße nicht. Ein Auto rast heran. Der Fahrer sieht das Fahrrad und tritt auf die Bremse. Aber es ist zu spät. Peter wird von dem Auto erfasst und fliegt in hohem Bogen auf die Straße. Er schlägt mit dem Kopf auf und bleibt bewusstlos liegen. Ein Krankenwagen bringt ihn mit Blaulicht ins Krankenhaus. Die Ärzte stellen einen Schädelbruch mit Hirnverletzung fest. Peter liegt zwei Wochen im Koma. Am Bett halten seine weinenden Eltern abwechselnd tag und nacht Wache. Als er wieder zu Bewusstsein kommt, kann er sich an nichts erinnern. Er erkennt auch seine Eltern nicht. Das Gedächtnis ist durch die Verletzung des Gehirns ausgefallen. Es ist eine furchtbare Tragik, die leider kein Einzelfall ist.

Annas Mutter liegt im Krankenhaus. Alzheimer. Das Gedächtnis ist so weit zerstört, dass sie ihre eigene Tochter nicht mehr erkennt.

So wie ihr geht es Tausenden, ja Millionen in aller Welt. Unsere Reproduktionsfähigkeit, bei der wir über das Gedächtnis bewusst verfügen, leidet durch Hirnschädigungen, Vergiftungen, Arteriosklerose, Psychopathien, Alkohol und Drogen. Die Informationsspeicherung in unserem Gehirn zeigt zwei äußerst komplexe Systeme, die in den Zellkernen der Gehirnzellen, den Neuronen, zu finden sind. Es sind die DNS – Desoxyribonukleinsäure – und die RNS – Ribonukleinsäure. Die DNS ist die Grundlage für unseren Denkapparat, die RNS die Grundlage für unser Denken, unser Gedächtnis. Welch eine große Menge an Informationen unser Gehirn in den DNS speichern kann, zeigt folgender Vergleich:

„Die Kongressbibliothek in Washington gehört mit 14,8 Millionen Büchern und Broschüren zu den größten Bibliotheken der Welt. Würde man alle diese Bücher in einem Regal aufstellen, so müsste dieses 526 km lang sein. Das entspricht etwa der Entfernung von Köln nach Berlin. In diesem Regal befände sich dennoch nur ein Bruchteil von jener Information, die sämtliche in Büchern zusammengefasste menschliche Weisheit ausmacht. Dieses „Gesamtwissen" entspricht derzeit etwa 10^{18} Bit.

Um einen weiteren Eindruck von der ungeheuren Speicherdichte in den DNS zu erhalten, wollen wir die Frage stellen, welches Volumen an DNS zur Speicherung dieser riesigen Informationsmenge erforderlich wäre. Wir kommen durch einfache Rechnung auf minus 0,53 mm^3, und das ist gerade ein Hundertstel des Volumens eines Stecknadelkopfes!"

Mit anderen Worten, unser Gehirn kann millionenmal mehr Informationen speichern als alle Bücher der Welt zusammen. Täglich verarbeitet unser Gehirn die ungeheuer große Menge von $3x10^{24}$ Bit. (Ein Bit ist die Maßeinheit für elektronische Daten und entspricht etwa einem Buchstaben.) Allein im Hirnmantel gibt es etwa zehn Milliarden Gehirnzellen, Neuronen, die miteinander tausendfach durch feine Fasern verbunden sind, die dreifach isoliert sind und elektrische Signale übermitteln. Allein hier im Hirnmantel gibt es etwa zehn Billionen Schalter, also zehntausend Milliarden, den sogenannten Synapsen in diesem Netzwerk von Kabeln.

Bei der Übertragung der Informationen von einer Gehirnzelle zur anderen gibt es verschiedene verschlüsselte Codesysteme. Es gibt: „Kennwörter (chemischer Code), mit deren Hilfe Neuronen die richtigen Verbindungen untereinander herstellen; Überträgersubstanzen (chemischer Code), mit deren Hilfe ein Neuron einem anderen Signale gibt; Nachrichten (elektrischer Code), mit deren Hilfe Neuronen Informationen darstellen; Wahlen (Nettoeffekt von Synapsen), mit deren Hilfe sich Neuronen gegenseitig beeinflussen; Präferenzen (postulierte chemische Veränderungen an den Synapsen), mit deren Hilfe bestimmte Neuronen durch Erfahrung stärker miteinander verbunden werden… . Es gibt in der Cerebellumrinde (Großhirnrinde) etwa dreißig Milliarden Parallelfasern. Jede Moosfaser erregt – über die Körnerzellen – ungefähr tausend Parallelfasern. Jede Abgabezelle wird von etwa zweihunderttausend Parallelfasern beeinflusst. Jede Redakteurzelle wirkt auf etwa zweihunderttausend Körnerzellen ein. Dauernd gehen also Erregungen und Hemmungen in riesiger Zahl vor sich."

Diese Angaben vermitteln einen Eindruck, wie kompliziert das Gehirn arbeitet, um unsere Eindrücke und Gedanken zu speichern. Sie sind eins mit unserem Ichbewusstsein. Ohne diese feinstofflichen Strukturen und Mechanismen können wir nicht denken, nicht existieren. „Cogito ergo sum" – ich denke, darum bin ich, sagte schon Descartes.

Ein Hirnforscher kommt logischerweise darum zu dem folgenden Schluss: „Er schreibt der geistigen Tätigkeit praktische Kraft zu, bestreitet jedoch, dass sie getrennt von den Hirnprozessen existieren können – mit anderen Worten, es gibt keine unsterbliche Seele und keine außersinnliche Wahrnehmung."

Es ist logisch, dass zur Speicherung von Daten die sogenannte Hardware, der Computer, notwendig ist. Die Annahme, dass eine Speicherung auch ohne Speichersystem möglich wäre, ist reine Phantasie, eine Spekulation ohne Wirklichkeitsgehalt. Es sind mittelalterliche Vorstellungen einer immateriellen Gedächtnisspeicherung einer in Gedanken konstruierten von Gott und vom Menschen losgelösten Seele, was durch die moderne Forschung längst überholt ist. Wichtig ist dabei auch, dass die Bibel schon vor Jahrtausenden das gleiche Ergebnis betonte.

Tatsächlich ist die Bibel kein verstaubtes Buch, sondern bietet modernste wissenschaftlich Erkenntnisse, wie die nächsten Kapitel zeigen. Unser Ich wird mit durch den hoch komplizierten, feinstofflichen Denkapparat der DNS gebildet. Dabei kann unser Ichbewusstsein die RNS einsetzen, das Speicherungssystem der Ribonukleinsäure im Gehirn als Grundlage oder Form des Gedächtnisses. Das Gedächtnis ist also eine Struktur des Gehirns, eine biochemische, neurophysiologische Funktion, ohne die es kein Gedächtnis gibt. Und ohne Denken, ohne Gedächtnis gibt es kein Ichbewusstsein, keine Persönlichkeit.

Die Beweise dafür liefert die Medizin in Fülle, wie wir oben gesehen haben. Es gibt nicht den geringsten Beweis für das Dasein einer immateriellen Persönlichkeit, eines Ichbewusstseins ohne Gehirn. Genau dies ist das Menschenbild, das Gott in der Bibel offenbart. Die Hirnforschung zeigt, dass die Ribosomen in den Gehirnzellen unsere Sinneswahrnehmungen und unsere Gedanken durch interzelluläres Material, Proteinketten, also spezifische Eiweißmoleküle als Gedächtnis speichern. Werden diese biochemischen Verbindungen durch schädliche Einflüsse wieder aufgelöst, dann ist das Gedächtnis unwiederbringlich verloren. Unser Ichbewusstsein versucht dann vergeblich sich zu erinnern. Zusammenfassend dürfen wir erkennen, dass unser Ichbewusstsein nicht ohne DNS und RNS besteht. Es ist der festen Struktur der DNS unterworfen und hat keinen Einfluss auf dessen Tätigkeit.

Anders ist es bei den RNS. Hier kann unser Bewusstsein diese Strukturen frei benutzen und Gedächtnisinhalte selbständig bilden. Wie das Ichbewusstsein im Gehirn entsteht, ist aber noch nicht erforscht. Es ist wie das Leben an sich ein Geheimnis. Wenn man die sogenannten Außerirdischen als Schöpfer des Menschen und Urheber des Ichbewusstseins des Menschen als Hypothese behauptet, so fehlen die Beweise dafür. Außerdem sprechen die Erkenntnisse der Atomphysik ganz deutlich dagegen.

Mit seinem Glauben an Gott als den Schöpfer kam Charles Darwin dem Geheimnis des menschlichen Daseins auf die Spur. Tausende von Naturwissenschaftlern folgen ihm darin und wenden sich von der Phantasievorstellung einer zufälligen und sinnlosen Evolutionstheorie ab und erkennen Gott als Schöpfer. Die unbewiesenen Behauptungen, dass extraterrestrische Wesen Urheber einer Kosmogonie oder Entstehung des Menschen seien, werden durch die Erkenntnisse der Atomwissenschaft widerlegt.

Atomforschung vor 3000 Jahren

Die Gehirnzelle wird wie alle Zellen aus Atomen aufgebaut. Ein Großteil des Gehirns besteht aus Wasser, also aus zwei Atomen Wasserstoff und einem Atom Sauerstoff. Diese Welt der Atome, der Mikrokosmos, ist unvorstellbar klein. Wollte man die Anzahl der Atome in einem einzigen Gramm Wasserstoff finden, so würde die Lebenszeit eines Menschen nicht ausreichen, selbst wenn er Tag und Nacht ohne Pause zählen würde. Nähme man eine Maschine zu Hilfe, die in jeder Sekunde tausend Atome zählt, so müsste diese ununterbrochen zweitausend Jahre arbeiten, um alle Atome in einem einzigen Gramm Wasserstoff zu zählen. In einem anderen Beispiel wird ein Tropfen Wasser gezeigt. Er hat so viele Atome, wie die ganze Ostsee Wassertropfen hat. In einem theoretischen Modell ist jedes Atom ein Sonnensystem für sich, bei dem der Kern von Elektronen umkreist wird, ähnlich wie die Sonne von den Planeten. Dazwischen ist leerer Raum. Könnte man den Atomkern und die Elektronen dicht nebeneinander legen, so wäre der ganze Mensch so groß wie ein winziger Stecknadelkopf. Ohne auf die Natur des Atomkerns, die Quanten und Quarks, Protonen und Neutronen näher einzugehen, können wir erkennen, dass er aus geballter Energie besteht. „Gewöhnlich stellen wir uns unter Materie etwas Greifbares vor. Davon müssen wir uns freimachen. Die Physiker kennen heute zwei Arten von Materie: Teilchen und Felder. Die winzigen Teilchen, z.B. Elektronen, Protonen, Neutronen u. a., beeinflussen ihre Umgebung nicht körperlich durch Druck und Stoß, sondern dynamisch in der Weise des Magnetismus. Sie sind von einem Feld umgeben, und mittels der Felder wirken sie aufeinander. Es gibt verschiedene Arten von Feldern, z.B. die Schwerkraft, die Lichtstrahlung, die Elektrizität, den Magnetismus. Nimmt ein Feld eine räumlich und zeitlich rhythmische Form an, dann nennt man es Welle. Lichtstrahlen sind z.B. elektromagnetische Wellen, ähnlich den Radiowellen… Die Wellen beruhen nicht auf Schwingung eines noch so feinen Stoffes, sie bedürfen keiner materiellen Unterlage."

Dabei ergeben sich zwei Fragen. Wo kommt die Atomenergie her? Diese Energie hat ihren Ursprung nicht im Kern selbst, nicht in der Materie, denn Materie selbst ist ja konzentrierte Energie. Um ihren Ursprung geht es, er ist unseren Nachforschungen verborgen, er liegt nicht im Physischen, sondern im Metaphysischen, nicht in unserer Welt, der Immanenz, sondern in der Überwelt, der Transzendenz, nicht im Sichtbaren, sondern im Unsichtbaren, nicht in unserer dreidimensionalen Welt von Raum und Zeit, sondern in einer höheren Dimension, die wir nicht mehr fassen können, nicht in der Zeit, sondern in der Ewigkeit, nicht in der Welt, sondern in Gott, dem Schöpfer und Ingenieur der atomaren Welt.

Ein Begründer der Atomphysik, Albert Einstein, sagte: „Ich glaube an einen persönlichen Gott."

Die zweite Frage bezieht sich auf die Kausalität innerhalb des Atoms, die es hier nicht gibt. Es zeigt sich hier eine „eigentümliche Spontaneität (= von selbst sich vollziehende Bewegung) der in dauernder Bewegung befindlichen Mikropartikel zusammen; sie verhindert eine sichere Vorausberechnung ihres Laufes nicht nur praktisch sondern prinzipiell. Eine lückenlose Kette von Ursache und Wirkung, wie sie von der klassischen Physik angenommen wurde, ist also im Bereich der Teilchen und Wellen nicht gegeben."

Die Auffassung, dass der Mensch am Anfang von Planetariern oder Außerirdischen in einem Programm der Evolution geschaffen wurde, das sich automatisch bei der Entstehung jedes neuen Menschen infolge von Ursache und Wirkung zielgerecht fortsetzt, ist damit durch die Atomphysik widerlegt.

Bei der Entstehung jedes neuen Menschen ist eine eigene lebenschaffende Kraft vorhanden. Es ist der Schöpfer selbst, der das

Ich des Menschen ins Dasein ruft auf der Grundlage der Erbmasse. Es ist fast erstaunlich, dass diese atomare Ebene schon zur Zeit der Pyramiden, also vor etwa dreitausend Jahren, von König David genannt wurde, der durch göttliche Offenbarung schrieb, ohne den genauen Sinn der Worte zu begreifen, was tatsächlich erst durch die moderne Atomphysik möglich wurde. Er schreibt: „Herr, du erforschest mich und kennest mich ... du hast mich gebildet im Mutterleibe."

Er gebraucht hier den Namen Gottes, Herr oder Jahwe, der übersetzt bedeutet: Der Ewigseiende, der ohne Anfang und ohne Ende immer gegenwärtig ist, der aus der Transzendenz, dem Überweltlichen in diese Zeit und in diesen Raum, die Immanenz, hineinwirkt. Er selbst bildet den Menschen im Mutterleib, wörtlich heißt es hier im Hebräischen: „Im Verborgenen, im Unzugänglichen flechten oder weben."

Und weiter schreibt er: „Da ich gebildet ward in den niedrigsten Teilen der Erde." Das ist kein Wiederspruch, denn im Mutterleib und hier in den kleinsten Teilen der Erde, nämlich in den Atomen, wirkt Gott den Menschen. Er ist es, der das Ich-Bewusstsein des Menschen schafft aufgrund der von ihm selbst „zusammengewebten" Atome. Das Bewusstsein ist demnach ein Zusammentreffen des „nichtmateriellen Wirkens, oder wie es an anderer Stelle heißt, des Geistes oder Anhauchens Gottes, und den geflochtenen und gewebten Atomen. Dies geschieht im Mikrokosmos, der für uns zu klein und damit „unzugänglich und verborgen" ist.

Dass das Ich-Bewusstsein mit „der Erde" also den kleinsten Teilen der Erde, den Atomen, verbunden ist, wurde dem Menschen durch den Schöpfer schon vor sechstausend Jahren offenbart: *„Du bist Erde, und Du sollst zu Erde werden!"* (1. Mose 3,19) Das Du oder das Ich, also das Ich-Bewusstsein ist Erde, gemacht aus dem Staub, hebräisch Aphar, (1. Mose 2,7) den kleinsten Teilen der Erde, wie es in Psalm 139,15 heißt. Das sind die Atome. Das Bewusstsein wird also nach diesem Wort des Schöpfers, der ja weiß wie er uns gemacht hat, aus Atomen gebildet. Es entsteht jedoch nicht von selbst, sondern ER ist es, der das Bewusstsein bildet.

Mein „Ich“ ist „geflochten“ hier in den niedrigsten Teilen der Erde, die sich im Mutterleib befinden. Das hier gebrauchte Wort „flechten“ bringt uns auf die zweite Ebene der Bewusstseinsbildung, zu dem genetischen Code. Die Atome bilden Gruppen oder Moleküle als Bausteine für die Zelle, die eine Welt für sich ist. Von einer wunderbaren Membran oder Haut umgeben, enthält der Zellinhalt oder Cytoplasma eine Vielfalt von kleinen Organen oder Organellen und wird im Zentrum vom Zellkern gelenkt. Im Kern gibt es eine Anzahl von Stäbchen oder Chromosomen, 46 sind es beim Menschen. Jedes Chromosom ist so klein, dass sein Durchmesser nur wenige 10 000 stel eines Zentimeters beträgt. Im Inneren eines Chromosoms befindet sich ein Bündel von Fäden, die wie Spiralen in dichten Windungen aufgerollt sind. Ein einziger Faden hat den Durchmesser von einem viertelmillionstel Millimeter, er ist nur durch das Elektronenmikroskop noch zu erkennen. Diese feinen Fäden oder Spiralen werden Helix genannt und kommen immer paarweise als Doppelhelix vor. Sie sind aufgebaut aus Gruppen von Molekülen, die wiederum Gruppen von Atomen sind.

Stets drei solcher Molekülgruppen sind zusammengefügt, sie bestehen aus einem Phosphorsäure-Molekül, einem Zucker-Molekül, genannt Desoxyribose, und einem Basen-Molekül. Bei dieser Struktur spielen vier Basen-Moleküle eine große Rolle, nämlich das Adenin – A Cytosin – C Guanin – G Thymin – T. Jeweils drei von diesen vier Basen verbinden sich mit den beiden anderen Molekülgruppen zu einer Dreiergruppe, auch Triplett genannt.

Diese vereinten Molekülgruppen erhielten die Bezeichnung „DNS“, eine Abkürzung für Desoxyribo-Nuklein-Säure. (Nukleus heißt im Lateinischen nucleus = der Kern). Jedes dieser Tripletts hat wie ein Buchstabe eine andere Form, und tatsächlich bilden sie eine Sprache aus vielen Wörtern, den genetischen Code. Wir kennen eine codierte Schrift vom Morse-Alphabet her, wo mit nur drei Zeichen alles aus unserer Sprache übersetzt werden kann und die Sprache des Funkverkehrs bildet. Wollte man die DNS-Information in unsere Sprache übersetzen, so könnte man auf einem solcher

Fäden sogar 1 000 000 000 Wörter bilden, wozu man 2000 Bücher mit je 500 Seiten brauchte.

Wollte man alle diese Fäden von allen Zellen im menschlichen Körper in eine Linie legen, so würde diese Linie bis zur Sonne reichen, also 149 480 000 km. Für diese Strecke brauchte ein Düsenflugzeug mit einer Geschwindigkeit von 1 000 km in der Stunde ganze siebzehn Jahre. Auf dieser langen Strecke ist jeder einzelne Meter mit der Information von je 2000 Büchern zu 500 Seiten versehen. Bei jeder Zellteilung wird auch die DNS-Information an die nächste Zelle durch einen komplizierten und riesig schnellen Abdruck weitergegeben, die Zahl der Information also verdoppelt.

Die DNS-Moleküle des Chromosoms im Zellkern haben die Form einer Spirale, Helix genannt. Es ist jedoch eine Doppelspirale, die bei der Zellteilung wieder abgewickelt, entspiralisiert wird. Dazu muss das Molekül um seine Längsachse rotieren. In jeder Sekunde müssen 150 vollständige Windungen der Doppelhelix entspiralisiert werden. Jetzt ist diese Doppelspirale abgewickelt, aber gleichzeitig wird die nun fehlende zweite Spirale neu gebildet, damit im Zellkern das Chromosom erhalten bleibt.

Bei dieser Zellteilung muss in der nun neu gebildeten Zelle der andere Teil der Doppelhelix, also die einzelne Helix durch die Bildung einer neuen Helix wieder zu einer Doppelhelix werden, also zu einem neuen Chromosom.

Bei einem Bakterienchromosom, z. B., von 1 mm Länge muss sich das Chromosom 300 000 mal um die eigene Achse drehen, ehe es vollständig verdoppelt ist. „Das bedeutet für das DNS-Molekül eine Rotationsgeschwindigkeit, die in der Größenordnung von Laborzentrifugen liegt (etwa 10 000 Umdrehungen/Minute).

Die in der DNS gespeicherte Information im genetischen Code muss bei diesem Verdopplungsvorgang vollständig auf die neue Zelle übertragen werden. In unserer Buchstabenschrift entspricht dieser Code dem Inhalt von 2000 Büchern von je 500 Seiten, die nun mit der Geschwindigkeit von 10 000 Umdrehungen in der Minute abgedruckt werden. Wer hat dieses Sprachsystem entworfen und eingerichtet, wer ist der geniale Ingenieur und auch Programmierer dieser Information?

Der Gedanke, dass sich dies alles von selbst entwickelt haben könnte, ist zu absurd, „Ich betrachte Darwins, Haeckels und Huxleys Entwicklungslehren als hoffnungslos veraltet," erklärte Albert Einstein, der an einen persönlichen Gott als den großen Ingenieur und Schöpfer glaubt. Warum hat der Schöpfer mit seiner göttlichen Sprache *„So er spricht, so geschieht's, so er gebietet, so steht's da"* (Psalm 33,9) den Menschen so einzigartig wunderbar gemacht?

Die östliche Mystik und Philosophie, dass der Körper nur Maya, also Täuschung sei, ist ebenso überholt. Die orientalische Missachtung des Körpers ist eine Blasphemie, wogegen das Neue Testament betont: Unser Körper ist der Tempel Gottes! (l.Kor. 3,16. 6,19) Der Mensch erhält sein Bewusstsein hier durch diesen Tempel. Außerhalb dieses Tempels und ohne diesen Tempel, nämlich unsere physisch-neurologische Struktur, gibt es kein Bewusstsein und auch keine Kommunikation mit Gott, mit der Welt oder mit sich selbst, wie wir später noch sehen werden.

Der Körper ist nicht ein Tempel der Seele oder des Geistes des Menschen, sondern der Tempel des ewigen Geistes Gottes, der Tempel Gottes.

Die Erkenntnisse der genetischen Forschung sind schon vor dreitausend Jahren durch Gott offenbart worden. Wir lesen in Psalm 139,13-16 mit Rücksicht auf den hebräischen Grundtext: „Herr, Du hast mich geflochten, gewebt im Verborgenen oder Unzugänglichen, im Mutterleib" ... Ich wurde gewebt, wie mit farbigen Fäden (Chromosomen heißt „farbige Gebilde"!!) gewirkt in den niedrigsten Teilen der Erde. (Atome bilden Moleküle, und Moleküle bilden die DNS). *„Deine Augen sahen mich, da ich noch zusammengewickelt war, zusammengerollt war."* Deutlicher kann die Helix kaum beschrieben werden.

Was in Vers 15 mit „mein Gebein" übersetzt ist, heißt im Hebräischen OSEM, was zunächst „mächtig zahlreich" bedeutet. Aus wie zahlreichen kleinsten Teilen ich gebildet worden bin, haben wir oben gesehen.

iese Erkenntnisse waren dem Schreiber David damals noch en, aber Gott hat sie zu jener Zeit schon schreiben lassen, in der heutigen wissenschaftsgläubigen Zeit zu zeigen, dass er über jeder Wissenschaft steht als der Schöpfer und gleichzeitig auch als der Erhalter der Welt. Alle Atome und alle Kräfte im ganzen Weltall werden jeden Augenblick von ihm im Dasein erhalten. Sie können ohne seine tragende und erhaltende Kraft nicht bestehen. Er hat durch einen seiner Schreiber, den König David, durch göttliche Offenbarung diese Erkenntnisse für uns schreiben lassen, um uns Antwort auf die Fragen zu geben, die durch die aktuellen wissenschaftlichen Forschungen entstanden sind.

Hirnforschung 1000 Jahre vor Christus

In dem genetischen Code ist der Bauplan für den gesamten Körper des Menschen schon gespeichert, auch für die zwanzig Milliarden Gehirnzellen. Dabei ist die männliche Samenzelle nur 0,06 mm groß, und die weibliche Eizelle nur 0,02 mm. Die Neuronen oder Gehirnzellen sind mit feinen Fäden miteinander verbunden, manchmal hundertfach und tausendfach. Diese Fäden werden Axone und Dendriten genannt, die elektrische Impulse aus und zu der Zelle transportieren.

Wenn man alle diese „elektrischen Leitungen“ in eine Linie legt, dann ergibt es die Länge von 480 000 km, also eine Linie von hier bis zum Mond und noch zweieinhalbmal um die Erde herum. Dieses feine Netzwerk im Gehirn ist wie eine elektrische Verkabelung mit vielen Schaltungen geregelt, den sogenannten Synapsen. Es ist ein chemisch-physikalisches sehr kompliziertes Schaltsystem. Würde man dieses in einem gedruckten Schaltplan darstellen, dann brauchten wir etwa zwei Millionen dicht bedruckte DIN A 3 Bogen Papier dazu.

Wie viel Informationen das Gehirn wie ein Computer speichern kann, macht ein Vergleich deutlich. In der Informationstheorie ist die kleinste Maßeinheit ein BIT, was etwa einer Zahl eins entspricht, oder im o.a. Morsealphabet ein langes oder ein kurzes Zeichen. Das menschliche Gehirn hat eine Speicherkapazität von 10 hoch 20,(also eine eins mit zwanzig Nullen) BIT. Wollten wir einen Computer dieser Größenordnung bauen, so würde er so groß sein wie das Empire-State-Building in New York.

Die Informationsdichte in den DNS im Gehirn beträgt pro Kubikzentimeter 10 hoch 21 BIT, der beste von Menschen gebaute Computer erreicht nur eine Informationsdichte von 10 hoch 6 BIT. Man kann das vergleichen mit der Oberfläche eines Eies mit der Oberfläche des ganzen Planeten Erde. Hier stellt sich die gleiche Frage wie oben: Wer ist der Ingenieur, der dieses ersonnen und gebaut hat, wer ist der Programmierer, der dieses gewaltige Computersystem mit den entsprechenden Programmen versieht?

Vor dreitausend Jahren schrieb David im Psalm 139,16.17: *„Deine Augen sahen mich, da ich noch zusammengerollt war, und alle Tage waren auf deine Buchrolle geschrieben, die noch werden sollten, als derselben keiner da war. Aber wie köstlich sind vor mir, Gott, deine Gedanken! Wie ist ihrer eine so große Summe!"* Der Schöpfer ist hier als der große Planer und Ingenieur offenbart, der mein Ich-Bewusstsein, mein Ich, vorher geplant hat. Das Ich ist dann in dieser „Zusammenrollung" programmiert.

Der Mensch ist ein „Gedanke Gottes", Er ist der Denker, ich bin sein Gedanke. Das zeigt den Ursprung meines Bewusstseins, er liegt in Gott. Es zeigt aber auch die Natur meines Bewusstseins, es besteht nicht selbständig für sich, sondern wird von dem Denker so in diesem Augenblick gedacht und erhalten. Es gibt also keine vom Menschen gelöste eigenständige Existenz in Form einer Seele oder eines Geistes, sondern der Mensch ist in seiner ganzheitlichen Struktur durch das geistige Wirken Gottes bedingt.

Hiob wusste, dass ihn Gott ins Dasein gerufen hat: *„Deine Hände haben mich bereitet und gemacht alles, was ich um und um bin; ... du hast mich aus Lehm gemacht." (Hiob 10,8.9) „Der Geist Gottes hat mich gemacht, und der Odem des Allmächtigen hat mir das Leben gegeben ... ich bin Gottes ... aus Lehm bin ich gemacht." (Hiob 33,4.6) „Der Geist ist es in den Leuten und der*

Odem des Allmächtigen, der sie verständig macht." (Hiob 32,8) „So er nur an sich dächte, seinen Geist und Odem an sich zöge, so würde alles Fleisch miteinander vergehen, und der Mensch würde wieder zu Staub werden." (Hiob 34,14.15) „Denn der Staub muss wieder zu der Erde kommen, wie er gewesen ist, und der Geist wieder zu Gott, der ihn gegeben hat." (Pred. 12,7) „Denn DU bist Erde und sollst zu Erde werden." (1. Mose 3,19) „Eine Leuchte des Herrn ist des Menschen Geist, der geht durch alle Kammern des Leibes." (Sprüche 20,27) Gott... „gibt den Weisen ihre Weisheit und den Verständigen ihren Verstand. (Dan. 2,21) „Herr, wie sind deine Werke so groß! Deine Gedanken sind so sehr tief." „Verbirgst du dein Angesicht, so erschrecken sie; du nimmst weg ihren Odem, so vergehen sie und werden wieder zu Staub. Du lassest aus deinen Odem, so werden sie geschaffen, und du erneuest die Gestalt der Erde." (Psalm 92,6; 104,29.30)

Welche Pläne hat nun der Schöpfer mit mir? Er ist der Denker, der mich als seinen Gedanken jeden Augenblick im Dasein erhält. Er gibt uns im Neuen Testament selbst die Antwort, wir lesen in Eph. 1,4, dass Gott uns „vor aller Zeit" geplant hat, damit wir für ihn in der Liebe zu ihm existieren sollen. Sein Plan mit uns ist seine Liebe zu uns. Wir sind da, um von ihm geliebt zu werden und ihn wieder zu lieben.

Wenn wir uns aufgrund unseres von Gott gegebenen freien Willens für ihn entschieden haben, dann wird dieses innige Verhältnis vom Schöpfer zu seinem Geschöpf auch durch den Tod nicht aufgehoben, sondern nur durch einen kleinen Augenblick des Schlummers unterbrochen, denn wir sind geborgen und sicher in seiner Liebe für immer und ewig. (Joh. 3,16) Das ist gewiss der beste Trost, der weder durch den Animismus noch durch den Dualismus, weder durch den Materialismus noch durch den Spiritualismus ersetzt werden kann.

Gott liebt mich persönlich und als Persönlichkeit, und ich darf diese Liebe zu ihm als meinem persönlichen Gott und Vater erwidern. Diese Liebe wird auch durch den Tod nicht beendet, der für den Betroffenen nur einen kleinen Augenblick Schlaf bedeutet. Es ist ein Moment des Schlummerns in den Armen des liebenden Vaters. Im nächsten Augenblick – wie lange wir geschlummert haben, wissen wir nicht – erwachen wir wieder in seinen Armen zu einem Leben in der Liebe zu ihm für immer und ohne Ende. Wir leben dann nicht mehr nur im Glauben, sondern im Schauen von Angesicht zu Angesicht. Diese Liebe bleibt in Ewigkeit.

DIE INFORMATION AUS DEM WELTALL

Die außerirdische Herkunft der Bibel

In einer Gesprächsrunde kam man plötzlich auch auf das Thema Bibel. Einer der Männer sagte mit Geringschätzung: „Die Bibel ist ein total veraltetes Buch, daran glaubt heute sowieso keiner mehr!“ „Genau,“, stimmte ein anderer ihm zu, „und dass da geschrieben steht: Hier spricht Gott! Das ist eben eine Redewendung wie im Märchen!“ Der eine ergänzte dies, der andere das, um die Bibel als unglaubwürdig zu erklären. Nur einer in der Runde sagte nichts.

Schließlich fiel es den anderen auf. Jemand, der ihn kannte, forderte ihn auf: „ Also, jetzt erzähle du uns einmal, John, warum du immer noch an die Bibel glaubst?“ „Gentlemen,“ begann dieser, – es war John Wesley, der sich auf einer Reise befand und zu diesem Kreis dazugestoßen war –

„Ich meine, dass die Bibel nur auf drei Arten entstanden sein kann. Entweder wurde sie von bösen Menschen geschrieben; oder von guten Menschen, oder aber, sie wurde von Gott selbst eingegeben. Nehmen wir nun zunächst an, sie wurde von bösen Leuten geschrieben…“

Nein, dem konnten die anderen nicht zustimmen. Die Bibel sei doch kein böses Buch! „Trifft dann vielleicht die zweite Möglichkeit zu, dass die Bibel von guten Menschen geschrieben wurde,“ führte John nun das Gespräch weiter.

„Jawohl, nur von Menschen geschrieben,“ riefen seine Freunde durcheinander: „So wie gute Menschen eben gute Märchen schreiben!“

„Nun“, ging John auf seine Gesprächspartner ein, „bei den Märchenbüchern steht gleich auf der ersten Seite: Ein Märchenbuch! Und jeder weiß, dass hier nicht von der Wahrheit die Rede ist, sondern von Phantasien und Träumen der guten Märchenschreiber, die uns von ihren erdichteten Produkten erzählen. Aber die Bibel wird das ‚Buch der Wahrheit' genannt, das Buch der Tatsachen! Es wird darin von geschichtlichen Realitäten berichtet. Das ist wohl ein großer Unterschied!" Nun waren es die anderen, die schwiegen. Alle wurden nachdenklich. Und John fuhr fort:

„Gute Menschen können dieses Buch der Wahrheit nicht geschrieben haben, denn sie würden lügen und betrügen, wenn sie schrieben: ‚So spricht Gott der Herr', – und er hätte es nicht gesprochen. Als Lügner würden sie aufhören, gute Menschen zu sein. So bleibt, meine Herren, doch nur die dritte Möglichkeit offen, nämlich, dass die Bibel von Gott selbst eingegeben ist. Gute Menschen haben niedergeschrieben, was Gott zu ihnen gesprochen hat."

Keiner der Männer konnte auf diesen logischen Schluss bezüglich der außerirdischen und außermenschlichen Herkunft der Bibel einen Einwand finden. Die Bibel selbst berichtet bereits mit dem ersten Satz von ihrem außerirdischen Ursprung:

„Am Anfang schuf Gott." (1.Mose 1,1) Weil bei diesem Anfang kein Bewohner dieser Erde dabei war, kann auch kein Mensch über die Entstehung der Welt und seiner selbst etwas aussagen. Die authentische Kenntnis über den ‚Anfang' kommt aus dem Außerirdischen. Er, der Urheber der Welt, übermittelt uns das Wissen über den Ursprung unseres Planeten: ‚Gott schuf!' Gott stellt sich als Persönlichkeit vor, eben wie der Architekt, der ein Haus geplant und dann nach seinen Plänen auch gebaut hat. Genau so ist die hebräische Bedeutung des Wortes ‚er schuf' zu verstehen. Es ist ein Schaffen aus etwas, das noch nicht bestanden hat. Die gedankliche Vorstellung, der Plan, der zunächst nur als Gedanke besteht, wird schließlich zur Ausführung gebracht. Die Welt kommt ins Dasein, nimmt Gestalt und Form an:

„Denn so er spricht, so geschieht's, so er gebietet, so steht's da! ... Die Himmel sind durch das Wort des Herrn gemacht und all ihr Heer durch den Geist seines Mundes." (Psalm 33,9.4) „Am Anfang war das Wort." (Joh. 1,1). „Er trägt das All durch das Wort seiner Kraft." (Hebr. 1,3)

Das Weltall hat also einen immateriellen, einen geistigen Ursprung. Dieser Ursprung liegt im Überdimensionalen, in einer Dimension jenseits unserer drei wahrnehmbaren Dimensionen. Er übersteigt unser Denken von Raum und Zeit, er ist ‚transzendent'! Der Ausspruch ‚So spricht Gott, der Herr!' ist mehr als tausendmal in den archaischen Dokumenten, den Hagiographen, oder Heiligen Schriften zu finden. Immer wieder heißt es auch: ‚Gott sprach.' Seine Botschaften wurden von guten, von ihm auserwählten Menschen aufgeschrieben. Da dieses Aufschreiben so fern unserer Alltagswelt ist, möchten viele vielleicht wissen, ob es wohl noch andere klare Hinweise darauf oder Beweise dafür gibt, dass die Bibel tatsächlich durch Botschaften vom Schöpfer selbst entstanden ist? O doch, dafür gibt es eine Anzahl von ‚Beweisen'. Zum ersten stößt man auf Hinweise beim Betrachten ihrer Entstehungsgeschichte.

Das Rätsel ihrer Entstehung

Die guten Menschen auf diesem Planeten, die Gottes Botschaften an sie aufschrieben, hatten sehr unterschiedliche Berufe, ein sehr unterschiedliches Bildungsniveau, lebten zu verschiedenen Zeiten und noch dazu an verschiedenen Orten. Es waren Fischer, Hirten und Bauern, wie Johannes, Jakobus, Petrus und Amos, Schriftgelehrte wie Esra und Paulus, Könige wie David und Salomo, Staatsmänner wie Moses und Daniel, Priester wie Hesekiel und Jeremia, Frauen wie Mirjam, Debora, Maria und Elisabeth, ein Arzt, Lukas, ein Jurist, Josua, ein Zollbeamter, Matthäus, sowie viele andere Männer und Frauen unterschiedlichster Herkunft.

So verschieden wie die Berufe, waren auch die Orte, Länder und Kulturen, in denen diese Männer Gottes Botschaften schriftlich festhielten. Sie lebten in Palästina, Persien, Babylon, Rom, Ägypten, Griechenland, in der Türkei und auf den Inseln des Mittelmeers.

Verschieden waren auch die Zeiten, in denen geschrieben wurde. Tausendsechshundert Jahre liegen zwischen den ersten und den letzten Berichten dieser Menschen. Vor sechstausend Jahren wurden die ersten Keilschrifttafeln verfasst, die man als Grundlage der Bibel ansieht. Die jüngsten Bücher der Bibel sind noch nicht zweitausend Jahre alt. Verschieden waren auch die kulturellen Umfelder, die Philosophien, Denkweisen, Gebräuche, die Geschichtsauffassung und die Weltbilder, die die Menschen in diesen unterschiedlichen Epochen mit geprägt hatten.

Nicht zuletzt war auch das Lebensalter der Schreiberinnen und Schreiber verschieden. Es gab Jugendliche unter ihnen und echte Greise, sowie Männer und Frauen in der Mitte ihres Schaffens und Lebens.

In Anbetracht dieser unzähligen Verschiedenheiten erscheint es zunächst wie ein unlösbares Rätsel, dass sich trotzdem eine so harmonische Einheit durch die Bibel zieht. Aber nicht nur die Einheit ist es, die fasziniert, sondern auch die Tatsache, dass die Vielzahl und Vielgestalt dieser Berichte sich nicht widersprechen! Im Gegenteil – so muss der vorurteilsfreie Leser erkennen – sie ergänzen sich! Wie aber ist dieses Rätsel zu erklären?

„Die heiligen Schriften bilden ungeachtet ihrer unendlichen Verschiedenheit hinsichtlich ihrer Verfasser, ihrer Zeiten, ihrer Formen, ihrer Sprache dennoch eine einheitliche, mit sich selber vollkommen zusammenschließende, gegen alle anderen Schriften abschließende und mit denselben in eine einheitliche Wechselwirkung tretende Heilige Schrift, in einer so vollkommenen Einheit des Geistes, als wären sie geschrieben von einer Feder, aus einem Grundgedanken, in einem Jahr, in einem Moment.

Diese Einheit der Heiligen Schrift beruht auf der Einheit ihres ewigen Geistes, ihres ewigen Prinzips, ihres ewigen Inhalts, ihres ewigen Zwecks.“ Die Lösung des Rätsel der einzigartigen Einheit der Bibel besteht also darin, dass es hinter allen Schreibern nur einen ‚Urheber‘ der Bibel, einen Autoren gibt, für den alle geschrieben haben. Gott hat sich allen seinen Schreibern offenbart und ihnen den inneren Auftrag gegeben, seine Botschaften an die Menschen aufzuschreiben. So hat die Bibel tatsächlich einen außerirdischen Ursprung, sie ist das Wort Gottes!

Das Wunder ihrer Erhaltung

„Mesdames, Messieurs," begann der französische Philosoph Voltaire bei einem Fest in seinem Hause in Paris eine Ansprache, in der er dann auch, wie er meinte, eine Prophezeiung aussprach: „Ich sage Ihnen voraus, dass in fünfzig Jahren die Bibel ein Buch sein wird, das man nur noch im Museum findet. Die Leute werden es anschauen und sich darüber wundern, dass früher die Menschen solch einen Unsinn geglaubt haben."

Zunächst schienen ihm die Entwicklungen seiner Zeit Recht zu geben. Wenige Jahre nach seinem Tod begann die französische Revolution, in der die Religion abgeschafft wurde und man die Bibeln öffentlich verbrannte. In Lyon verspottete man die Bibel, indem man sie in einer feierlichen Prozession von einem Esel durch die Strassen schleifen ließ.

Aber die Revolution ging vorüber. Bald darauf entstanden überall in Europa und Amerika Bibelgesellschaften, die die Bibel in Millionen von Exemplaren drucken und verbreiten ließen. Im Jahre 1804 wurde die ‚Britische und Auswärtige Bibelgesellschaft' gegründet, die schon damals die Bibel in 72 Sprachen druckte. Heute sind es bereits 875 Sprachen in einer Auflage von fast zweihundert Millionen.

Diese Bibeldruckerei suchte in Paris ein Haus als Lager für französische Bibeln für ganz Frankreich und dessen Kolonien. Es ergab sich, dass sie dafür das Haus des verstorbenen Philosophen Voltaire erwarb. Dies ereignete sich genau fünfzig Jahre, nachdem Voltaire jene Prophezeiung über die Bibel ausgesprochen hatte.

Mehr als zehn Jahrhunderte hindurch wurden alle Leser der Bibel von der Inquisition, der ‚Kirchenpolizei', verfolgt, verhaftet, gefoltert und hingerichtet. Rund fünfzig Millionen Menschen mussten ihren Glauben an die Bibel mit dem Leben bezahlen. Wie wertvoll muss ihnen dieses Buch gewesen sein, dass sie eher ihr Leben gefährdeten, als das Lesen der Bibel aufzugeben!

Auch in Russland und in den Staaten des Ostblocks wurde die Bibel verboten oder bekämpft. Tausende starben als Märtyrer in den siebzig Jahren bolschewistischer Verfolgung. Aber auch diese

Schreckensherrschaft ging vorüber. Sie wurde gefolgt von einem großen Hunger nach der Bibel in ganz Russland.

Als ich unlängst nach einer Reihe von Bibelvorträgen in einer russischen Stadt zweitausend Bibeln an die Zuhörer verteilen konnte, standen Freudentränen in den Augen der Empfänger. Viele küssten gar das Buch in ihren Händen.

„Die Bibel! Wahrlich kein gewöhnliches Buch! Gehasst und verfolgt wie kein anderes und doch unzerstörbar; verachtet und verehrt, verspottet und hoch angesehen, totgesprochen und doch lebendig. Mächtige Kaiser und Könige und Priester haben keine Mühe und keine Schuld gescheut, um es zu vertilgen, Weise und Gelehrte haben es im Schweiß ihres Angesichts gründlich widerlegt und nun, da die Kritik es bemeistert und die Wissenschaft damit aufgeräumt hat, verbreitet es sich mit erstaunlicher Geschwindigkeit in Hunderten von Sprachen, in vielen Millionen Exemplaren über die ganze Welt, wird von einem Pol zum andern gepredigt und gelesen; und in seiner Kraft, im Glauben daran lassen sich Neger lebendig verbrennen und Armenier und Chinesen zu Tode martern. – Ei, ihr Gelehrten und Kritiker alle, schreibt doch einmal so ein Buch, so wollen wir an euch glauben!“[4] Es ist wirklich ein Wunder, dass die Bibel trotz aller Anfeindungen und Verfolgungen im Laufe von fast zweitausend Jahren erhalten geblieben ist. Dieses Wunder lässt sich nur erklären, weil die Bibel kein menschliches Buch ist, sondern einen außerirdischen, göttlichen Ursprung hat und der Schöpfer seine Worte allen Widerständen zum Trotz eben wunderbar erhält.

Die Archäologie als historischer Beweis

An einem schönen Frühlingstag im Jahre 1947 kletterte der Beduinenjunge Muhammad Dib in den Felshängen bei Qumran nördlich des Toten Meeres auf der Suche nach einem verlorenen

[4] F. Bettex, Die Bibel Gottes Wort, S. 54.

Schaf. Plötzlich stieß er auf einen Felsspalt, der vermuten ließ, dass sich eine Höhle dahinter verbarg. Er warf einen Stein in die Öffnung und lauschte auf das Fallgeräusch. Er hörte ein Klicken, als ob durch den Stein etwas zerbrochen worden war. Der Junge erhoffte sich einen verborgenen Schatz und lief sofort nach Hause, um seinem Vater davon zu berichten. Eilends brachen der Vater und zwei seiner älteren Söhne auf in Richtung der vermutlichen Schatzhöhle. Sie erweiterten den Spalt, krochen durch die Öffnung und entdeckten eine Anzahl alter Tongefässe am Ende der Höhle. Enttäuscht, dass diese Tonkrüge keinen Schatz enthalten, sondern lediglich einige alte Lederrollen mit unbekannten Schriftzeichen, kehrten sie zurück und verkauften diese Schriftrollen in Bethlehem für einige kleine Münzen an einen Antiquitätenhändler.

Sammler wiederum erwerben einige davon, und ein Bündel von vier Schriftrollen gerät in die Hände des orthodoxen Erzbischofs Samuel von Jerusalem. Er zeigt seinen neuen Besitz einigen Experten der ‚American School of Oriental Research.‘ Die Archäologen erkennen sofort, dass es sich bei diesen Schriftrollen um biblische Handschriften von hohem Alter handeln muss.

Bei weiteren Analysen wurde bekannt, dass eine der Schriftrollen von sieben Metern Länge den gesamten Text des Propheten Jesaja in hebräischer Sprache enthält! Die Nachricht von diesem archäologischen Fund wurde zur Sensation für die ganze Welt. Bisher kannten die Experten ausschließlich Abschriften der biblischen Bücher in einem Alter von etwa 1200 Jahren. Nun lagen Handschriften vor, die aus der Zeit Jesu Christi und sogar noch aus dem ersten vorchristlichen Jahrhundert stammen.

Alarmiert begann nun die Suche nach weiteren Höhlen in den Felsen bei Qumran, wo die Essener vor 2000 Jahren ein Kloster betrieben hatten. Diese mussten beim Anmarsch der römischen Armee im Jüdischen Krieg ihre wertvollen Bibelhandschriften in Form von Lederrollen in Tonkrügen verbergen und sie in den Felsen in Höhlen verstecken. Die Eingänge wurden unkenntlich gemacht. Dort lagerten diese Schriften etwa zweitausend Jahre, bis die Suchmannschaften elf dieser Höhlen mit mehr als fünfhundert

Handschriften auffanden. Ergebnis dieser Suche waren Abschriften des gesamten Alten Testaments in Form von Schriftrollen.

Der Vergleich mit den bisher bekannten hebräischen Handschriften ergab, dass sich am Text der Bibel im Laufe der Jahrhunderte so gut wie nichts geändert hatte. Mittels der Kohlenstoff-14-Methode, der ‚Atomuhr', wurden auch die Leinenhüllen, in denen die Lederrollen eingewickelt waren, untersucht: Sie zeigten das genaue Datum an: Die Schriftrollen waren in einem Zeitraum von zweihundert Jahren vor der Zeitepoche von Jesus Christus bis 68 nach Christus verfasst worden.

‚Und die Bibel hat doch recht', überschrieb Werner Keller sein Buch über die Ausgrabungen in den biblischen Ländern. Es gehört noch immer zu einem der weitest verbreiteten Bücher seiner Art und wurde in viele Sprachen übersetzt. Der für die englische Ausgabe gewählte Titel lautet: ‚The Bible as History' (Die Bibel als Geschichte).

Die meisten der Ausgrabungsstätten in Italien, Griechenland, Kreta, Ägypten, Palästina, Türkei und Mesopotamien konnte ich persönlich kennen lernen und war jedes Mal überwältigt von den genauen historischen Angaben der Bibel, die hier in den Ruinen als steinerne Zeugen reden.

„Alle Bücher des Neuen sowohl wie des Alten Testamentes sind von der Wolke materialistischer Zweifel und Ungewissheit befreit," schrieb Prof. Charles Marston in seinem Werk ‚Steinerne Zeugen – die Bibel ist wahr'. Die Archäologie liefert die wissenschaftliche ‚Beweisführung' für die historische Echtheit der Bibel.

Als eine außerirdische Urkunde wird die Bibel aber noch durch einen weiteren ‚Beweis' bestätigt. Einer, der objektiv und für jeden nachprüfbar ist.

Prophetie und Geschichte

„Meinen Sie, dass es möglich ist, nach Bagdad und von dort nach Babylon zu fahren", fragte ich den kurdischen Politiker in einem Krankenhaus in Kurdistan, welches ich im Rahmen eines humanitären Einsatzes organisatorisch zu leiten hatte.

„Auf keinen Fall“, wehrte er ab, „das ist viel zu gefährlich. Sie werden in Bagdad als Geisel festgehalten und kommen vielleicht nie wieder frei“.

Er zeigte mir die Narben der Folterungen, die er in den irakischen Gefängnissen durchlebt hatte. Die Schilderungen der durchlittenen Schmerzen waren so schrecklich, dass mir augenblicklich die Lust verging, die archäologische Stätte innerhalb dieser Gefahrenzone aufzusuchen. Da wir uns aber während dieses Einsatzes so nahe der antiken Stadt Babylon befanden, dass uns nur wenige hundert Kilometer von ihr trennten, ließ mich der Gedanke an eine Reise dorthin nicht wirklich los.

Vergeblich hatte ich mich bereits früher um eine Einreise nach Bagdad und damit auch nach Babylon, das nur 80 km südlich davon liegt, bemüht. Nun, da das Ziel so nahe war, drohten erneut politische Umstände ein unüberwindbares Hindernis zu sein.

Eines Tages landeten zwei amerikanische Hubschrauber neben unserem Krankenhaus. Der amerikanische Verbindungsoffizier zwischen der US- und der Irakischen Armee besuchte uns. Er freute sich, mit uns Deutsch sprechen zu können und kam gelegentlich mit seinem Hubschrauber zum Krankenhaus, um sich über unsere Arbeit dort zu informieren.

So ergab es sich, dass er auch von meinem Herzenswunsch erfuhr, die Stadt zu sehen, in welcher der biblische Prophet Daniel gelebt und die Weissagungen über das Weltgeschehen und über Europa niedergeschrieben hatte.

„Fahren Sie ruhig nach Babylon“, ermutigte mich der Offizier, „und wenn Sie in Schwierigkeiten kommen sollten, helfe ich Ihnen“. Auf seinen Zuspruch hin wagten wir dann doch die Fahrt, kamen gut nach Babylon und – seine Hilfe in Anspruch nehmend – schließlich auch wieder sicher zurück.

Es war überwältigend, mit eigenen Augen zu sehen, wie genau sich die Prophetie über die Stadt Babylon, die der biblische Prophet Jesaja in seinem 13.Kapitel vor 2700 Jahren als ein Wort von Gott aufgeschrieben hatte, in Erfüllung gegangen war:

„Babylon.wird dasselbe Schicksal erleiden wie die Städte Sodom und Gomorra, die Gott vernichtet hat. Nie wieder wird sich dort jemand ansiedeln, es bleibt unbewohnt für alle Zeiten. Kein Nomade schlägt dort seine Zelte auf, kein Hirt lässt seine Herde rasten. Nur Wüstentiere halten sich dort auf, die Häuser werden voll sein von Eulen. Der Ort wird ein Wohnplatz der Strauße und ein Tanzplatz der Böcke. Hyänen werden in den zerstörten Burgen heulen und Schakale in den Ruinen der Lustschlösser. Babylons Tage sind gezählt, bald schlägt seine letzte Stunde." (Jes. 13,19).

In dem riesigen Ausgrabungsgebiet wohnt in der Tat heute kein einziger Mensch. Eine Stadt, die damals etwa zwei Millionen Einwohner zählte, in der es drei- und vierstöckige Häuser gab, die den gewaltigen Palast des Königs Nebukadnezar beherbergte, deren Ischtar-Tor und prachtvolle Prozessionsstrasse berühmt waren in der antiken Welt, der zum Himmel ragende Turm Etemenanki, die hängenden Gärten der Semiramis, die als eines der sieben Weltwunder galten, der unbezwingbare zweifache Mauernring von 6 km Länge, und die bebauten Ufer des Euphratflusses, der sich mitten durch die Stadt zog und sie in die Neustadt und die Altstadt teilte und von einer hohen Bogenbrücke überspannt wurde ...heute leer, öde und verlassen!

Wir – ich hatte noch einige Mitarbeiter des Krankenhauses auf die Reise in einem Kleinbus mitgenommen – wanderten mehrere Stunden in glühender Hitze durch die ausgegrabenen Straßen und Häuser, durch die Paläste, deren Außenmauern der ehemalige Präsident Saddam Hussein wieder aufbauen ließ, ebenso wie die Prozessionsstrasse.

In dem ganzen Gebiet lebt heute niemand, nicht ein Nomadenzelt war zu sehen. Nicht einmal in dem angenehmen, neu erbauten Restaurant am Rande wohnen dessen Besitzer. Auch das Museum und der kleine Basar waren menschenleer, als wir dort ankamen.

Erst gegen Mittag reisten die Verkäufer und Beamten an und verließen den Platz wieder vor Einbruch der Dunkelheit. Schließlich erblickten wir auf einem Hügel mitten im weiten Ruinenfeld einen Palast des Präsidenten. Er hatte beschlossen, dort wenigstens zeitweise zu wohnen. Damit wäre die Erfüllung der Prophetie, dass niemand mehr dort wohnen wird, zunichte geworden.

Aber der Palast blieb lange Zeit eine Bauruine. So bleibt es bis heute dabei, dass Babylon nicht mehr bewohnt werden wird.

Die Prophetie hatte ein weiteres Detail vorausgesagt: *„Trokkenheit soll kommen über ihre Wasser, dass sie versiegen."* (Jer. 50,38) Deshalb suchten wir auch vergeblich nach dem Wasserstrom Euphrat in der einstigen Größe von Elbe oder Rhein. Heute ist der Fluss dort nicht mehr auffindbar, da er seinen Lauf etwa 6 km nach Westen verlagert hat. Die Stadt ist tatsächlich eine dürre, trockene Wüste geworden.

Auch die Suche nach dem Turm von Babel gestaltete sich entlang der biblischen Prophezeiung. Endlich standen wir an den Resten dieses ältesten Bauwerkes der Geschichte: Sein Fundament, 93 m im Quadrat und einst auch 93 m hoch, einst ein Tempelturm mit dem Schrein des Gottes Marduk an der Spitze. In diesem Augenblick flogen aus einem schilfverdeckten Wasserloch einige aufgeschreckte Vögel in die Höhe. Da lief mir ein Schauer über den Rücken. Denn wortwörtlich erfüllte sich vor unseren Augen die Bibelstelle über die wilden Tiere und Vögel als einzige Lebewesen im zerstörten Babylon.

Zweitausend und siebenhundert Jahre vorher waren diese Worte von biblischen Schreibern aufgezeichnet worden! Solch eine exakte Prophezeiung kann kein Menschen liefern. Denn nur Gott kennt wirklich die Zukunft:

„Wer hat das im voraus angekündigt, so dass wir es anerkennen und sagen müssten: Er hat recht gehabt? Keiner von euch hat es angekündigt, keiner vorausgesagt, kein Wörtchen hat man von euch gehört. Ich als erster, ich allein habe das den Leuten … angekündigt. – Was ich früher vorausgesagt habe, ist eingetroffen. Nun kündige ich Neues an. Ich sage es euch im voraus, noch ehe es eintrifft."… „So spricht der Herr: Fraget mich um das Zukünftige; weiset meine Kinder und das Werk meiner Hände zu mir!" (Jes. 45,11)

In Babylon hatte der Prophet Daniel von Gott eine Reihe von Voraussagen über die Weltreiche Babylon, Persien, Griechenland, Rom und schließlich über die Staaten Europas erhalten. Zweitausend und sechshundert Jahre Geschichte sind hier vorausgesagt worden. Alles ist genau eingetroffen. Wir leben heute in der letzten Erfüllung dieser großen Geschichtsweissagung. Wir lesen die prophetischen Worte über das Schicksal der Völker Europas und können die genaue Erfüllung im Ablauf der europäischen Geschichte der letzten fünfzehnhundert Jahre erkennen. Selbst die heutige Situation in Europa ist genannt worden, sowie ein Abriss der kommenden Entwicklungen. (siehe Dan. 2 und 7)

Seit fast zweihundert Jahren verfolgen Kenner der biblischen Prophetie auch die Erfüllung der Weissagung über die Vereinigten Staaten von Nordamerika und ihren Weg zur universalen Herrschaft. (siehe Offenb. 13) Hier wird die kommende Weltregierung vorausgesagt und unsere globale Zukunft, damit wir die Möglichkeit haben, uns darauf einzustellen.

Es gibt viele Hundert Prophezeiungen in der Bibel, die genauestens eingetroffen sind. Allein im Leben von Jesus Christus, seiner Geburt, seinem Wirken, Sterben und Auferstehen erfüllten sich 333 einzelne Prophezeiungen.

Nationen, Völker, Staaten, Königreiche kamen und gingen, wie sie vorausgesagt worden waren. Das Schicksal von Städten und großen Persönlichkeiten ist genau so eingetroffen, wie die Weissagung es vorher genannt hatte. Die ganze Geschichte ist nichts anderes als erfüllte Prophetie, und die Prophetie nichts anderes als vorausgesagte Geschichte. Darin ist deutlich zu erkennen, dass die Bibel das Wort Gottes ist und Gott allein der Herr der Zukunft. So sind die biblischen Schriften nicht ein Werk von uns Erdenbewohnern, sondern sie haben einen außerweltlichen, außerirdischen Ursprung.

Wissenschaft und Bibel

Zwanzig Jahre lang zog Prof. R. N. Glück vom Hebrew Union College in Cincinnati, USA, kreuz und quer durch Palästina und suchte nach Spuren antiker Kupferminen, wie sie in der Bibel genannt sind. Naturwissenschaftlich allerdings galt es als sicherer

Kenntnisstand, dass es im ‚Heiligen Land' keine Metallvorkommen gibt.

„Vor dreitausend Jahren", sagte dagegen Prof. Glück, „muss es hier Erz, d.h. Kupfer gegeben haben! König Salomo ließ in der Gegend am Jordan Erz gießen ‚in dicker Erde', steht in der Bibel im ersten Buch der Könige, Kapitel 7,45.46. Ich bin der festen Überzeugung, dass es noch Kupferminen in diesem Land gibt." Endlich erfuhr er von Arabern südlich des Toten Meeres, dass ein Ruinengelände von ihren Vorfahren ‚Kupferruine' benannt worden war. Sofort begab er sich dort hin und begann zu graben. Hervor kamen verfallene Mauern und Öfen mit schwarzer Kupferschlacke! Hier musste einst eine große Kupferschmelze gestanden haben.

Er fand noch weitere sieben solcher Anlagen etwas weiter südlich. Er befand sich an den berühmten Kupferminen des Königs Salomo!

Vier Jahre später konnte er in der Nähe von Akaba am Roten Meer eine sehr große Verhüttungsanlage ausgraben. Er hatte das Zentrum des antiken Hüttenwesens in Israel vor dreitausend Jahren entdeckt.

„Bei meinen Nachforschungen", schreibt Prof. Glück, „bin ich der Beschreibung der Bibel wortwörtlich gefolgt: ‚Ezeon-Geber, das bei Eilath liegt am Ufer des Schilfmeeres im Lande der Edomiter. so heißt es im 1.Buch Könige 9,26." Geologen und Techniker stellten fest, dass sich dort Erzvorkommen befinden, die schon etwa 100 000 t. Kupfer geliefert hatten, aber jetzt noch doppelt so viel liefern können.

Schließlich fand man auch die Eisenvorkommen, von denen in 5.Mose 8,7-9, also vor 3500 Jahren, berichtet wurde. Fünfzehn Millionen Tonnen Eisenerz ist heute noch bei Beer Seba in riesigen Halden vorrätig.

Bei der Bewässerung des Landes half ebenfalls die Bibel, die davon berichtet, wo es Brunnen und Drainagesysteme gab.

Selbst in der Landwirtschaft half die Bibel mit Namen von Bäumen, die dort vor Jahrtausenden wuchsen, und erwähnt Feld- und Gartenfrüchte, die damals angebaut wurden. Auf diese Weise konnte u.a. die Wüste Negev wieder fruchtbar gemacht werden. Bei der Aufforstung pflanzte man 20 Millionen Bäume, und zwar Tamarisken, die einzigen Bäume, die in der Bibel genannt werden und die in diesem trockenen Gebiet gedeihen können.

Früher war man der Auffassung, dass die Bibel ein veraltetes Weltbild enthalte, das durch die moderne Naturwissenschaft längst überholt sei. Inzwischen hat man jedoch gefunden, dass die Bibel schon vor Jahrtausenden Erkenntnisse erwähnt, die erst heute durch die Naturwissenschaft entdeckt wurden. Das lässt auf einen überirdischen und außerirdischen Ursprung der Bibel schließen, denn die Menschen in biblischen Zeiten hatten weder die naturwissenschaftlichen Mittel noch Methoden, um zu diesen modernen Erkenntnissen zu gelangen.

Wir lesen in der Bibel (Jer. 33,22), geschrieben vor 2600 Jahren, dass die Sterne am Himmel als ‚unzählbar' bezeichnet werden. Diese Erkenntnis widersprach der damaligen naturwissenschaftlichen Ansicht. Der größte Astronom des Altertums, Claudius Ptolemäus in Alexandrien, lehrte, dass es 1056 Sterne gäbe. Tycho de Brahe, der bedeutendste Sternbeobachter des Mittelalters, gab als Ergebnis seiner Forschungen an, dass am Himmel 777 Sterne stünden. Sein Nachfolger Johannes Kepler aus Prag erfand das Fernrohr und zählte damit 1005 Sterne am Firmament. Heute kennt die Astronomie mittels Teleskopen und Radioteleskopen von hundert Metern Durchmesser, Milliarden von Milchstraßensystemen oder Galaxien, die jeweils wieder aus Milliarden von Sonnen bestehen, so dass niemand imstande ist die Sterne zu zählen. So ist heute das alte Wort der Bibel bestätigt, dass die Sterne ‚unzählbar' sind.

Eine weitere astronomische Erkenntnis der Gegenwart ist die ‚Leere' des Weltraums. Zwischen den einzelnen Sternen, den Fixsternen oder Sonnen, besteht ein sehr großer Abstand. Stellen wir uns als Modell einen Schneesturm mit wirbelnden Schneeflocken vor. Aber nun sind diese Schneeflocken als Bilder für unsere Sonnen nicht dicht nebeneinander, sondern weit von einander entfernt: Eine Flocke fällt in Berlin, die zweite in München, die nächste in Köln und die weiteren in ähnlichen Entfernungen. Das wäre das

Bild unserer Milchstrasse mit ihren Milliarden Schneeflocken bzw. Sonnen. Dazwischen ist leerer Raum. Die Erde schwebt in diesem Vakuum, gehalten vom Gravitationsgesetz, von dem wir nicht wissen, was es ist. Die Bibel aber schreibt schon vor mehr als dreitausend Jahren: *„Die Erde hängt an nichts.“* (Hiob 26,7). Wörtlich heißt es hier: *„Gott breitet aus den Norden (der Erde) über dem leeren Raum, lässt die Erde schweben über dem Nichts.“*

Jahrtausende lang hielt man unsere Erde für eine Scheibe. Auch Bibelleser interpretierten dieses antiquierte Weltbild in die Bibel hinein, ohne zu beachten, dass schon vor 2700 Jahren unsere Erde in Jesaja 40,22 als eine Kugel bezeichnet wird. Die ethymologische Untersuchung des hebräischen Wortes ‚khug‘ an dieser Stelle zeigt seinen Ursprung in dem Verb ‚chakag‘. Dies bedeutet: ‚sich drehen, drehen, rotieren‘. Eine konkordante Untersuchung dieses Wortes zeigt, dass dieses im Alten Testament viermal verwendet wurde und jeweils eine bestimmte geometrische Form oder Gestalt ausdrückt. Im Vergleich von Hiob 26,10 und 1.Mose 1,6-8 wird hier eine Wölbung dargestellt. So hat die Erde nicht eine zweidimensionale Form wie eine Scheibe, sondern eine dreidimensionale Gestalt, nämlich die einer Kugel.

Das Alter der Erde wird oft mit vielen Jahrmillionen angegeben, während in der Bibel nur sechstausend Jahre genannt werden. Die naturwissenschaftliche Grundlage für die Altersbestimmung der Erde im Kosmos ist die Lichtgeschwindigkeit, die bekanntlich 300 000 km/sec beträgt. Seit der dänische Astronom Roemer im Jahre 1675 als erster die Geschwindigkeit des Lichtes maß, sind fünfzig andere Messungen durchgeführt worden, die zeigten, dass die Lichtgeschwindigkeit nicht schon immer eine Konstante war, sondern ganz deutlich eine Abnahme aufweist. Eine Analyse auf dem DEC 10 Computer der Flinders Universität in Südaustralien wurde von Trevor Norman, Professor für Mathematik, durchgeführt. Das Ergebnis zeigt eine Kurve der Abnahme der Geschwindigkeit des Lichtes, die 1960 eine konstante Linie bildet und im Jahre 4082 vor Christus begann. Die Einzelheiten beschreibt Barry Setterfield in seinem Buch.

Im Bereich der Quantenphysik hat man in mehreren Labors der Welt die Schranke der Lichtgeschwindigkeit durchbrochen und die doppelte, ja sogar die 4,7 fache Lichtgeschwindigkeit bei der Datenübertragung erreicht. Noch höhere Werte sind in den einzelnen Labors in der Zukunft möglich. Es ist denkbar, dass die Lichtgeschwindigkeit in der Vergangenheit der Erdgeschichte so hoch war, dass die zeitgeschichtlichen Abläufe viel schneller geschahen und das Alter der Erde nur einen kleinen Teil der bisher angenommenen Jahrmillionen beträgt. Demnach seien die Angaben der Bibel über das Alter der Erde von sechstausend Jahren zeitgemäße und sichere naturwissenschaftliche Erkenntnis.

In der neueren Zeit lehrte die Physik, dass auf der Erde die Summe der Energie konstant ist. Alle Energieformen – die potentielle, statische, elektrische, chemische, kinetische und thermische Energie – erfahren zwar Umwandlungen, bleiben jedoch als Gesamtenergie konstant. Am Anfang der Bibel lesen wir in 1.Mose 2,1.2, dass die Welt vollendet wurde, also konstant bleibt, keine Energie aufnimmt oder abgibt, also gleich bleibt.

Neben der Erhaltung der Energie ist auch der zweite Thermodynamische Hauptsatz der Physik in der Bibel enthalten. Er beinhaltet bekanntlich, dass alle Energiequellen abnehmen oder veralten, ein heißer Gegenstand z.B. von selbst abkühlt (Gesetz der Entropie). Vor mehr als dreitausend Jahren wurde diese Tatsache in Psalm 102,26.27 beschrieben.

Die Atomphysik lehrt, dass die ganze Welt aus Atomen besteht. Jedes Atom wird aus dem Kern und die darum kreisenden Elektronen gebildet. Der Kern ist geballte Energie. Demnach gibt es keine feste Materie, sondern nur Formen der Energie, die wir lediglich Materie nennen. Aufgrund des Kausalgesetzes von Ursache und Wirkung hat auch jede Energie eine Quelle, einen Ursprung. Dieser Ursprung kann nicht im Materiellen liegen, weil es ja genau genommen keine Materie gibt, sondern im Übermateriellen, nicht im Physischen, sondern im Metaphysischen, d.h. nicht im Räumlichen, sondern im Überräumlichen. Anders ausgedrückt, liegt der Ursprung nicht in der Immanenz, d.h. innerhalb unserer Welt von

Zeit und Raum, sondern in der Transzendenz, wie wir jene Welt nennen, die unser Denken und Verstehen übersteigt und dennoch wirklich ist, ja die Ursache und Grundlage unserer realen Welt bildet. Genau dies lehrt die Bibel schon seit Jahrtausenden (siehe Heb. 1,2.3. Kol. 1,17). Unsere Welt ist demnach aus dem ‚Nichtsichtbaren' (Heb. 11,3) aufgebaut. Die Atome, die Schwerkraft, der Magnetismus, die Elektrizität, die verschiedenen Wellenbewegungen und Energieformen sind unsichtbar. Auch dies steht in der Bibel: Die Welt ist aus ‚nicht Sichtbarem' aus dem ‚sinnlich nicht Wahrnehmbaren' entstanden.

Bei der Entstehung des Menschen im Mutterleib sieht heute die Wissenschaft drei Aktionsebenen. Die atomare Ebene, bei der die beiden ersten Keimzellen aus Atomen, den kleinsten Teilen der Erde, bestehen. Das steht seit dreitausend Jahren in der Bibel in Psalm 139,13-17, wo davon gesprochen wird, dass der Mensch aus den – so wörtlich – ‚niedrigsten Teilen der Erde im Mutterleib gebildet wurde'.

Die nächste ist die genetische Ebene mit dem genetischen Code in den Spiralen der Kernschleifen in der Keimzelle, Helix genannt. Diese Spiralen meint der selbe Bibeltext: Der Mensch ist ‚gewoben, mit farbigen Fäden gewirkt oder zusammengerollt' worden bei seiner Entstehung im Mutterleib.

Die dritte Ebene ist die strukturelle oder programmierte Ebene, die in dieser Bibelstelle in Vers 16 enthalten ist. Das Gehirn des Menschen gleicht einem riesigen Computer, der viele tausendmal leistungsfähiger ist als jeder von Menschen gebaute Elektronenrechner. Das Programm als sogenannte Software, sowie auch das Gehirn selbst als sogenannte Hardware muss von einem Ingenieur und Programmierer geplant und ins Dasein gerufen worden sein.

Derselbe Psalmvers formuliert diesen Gedanken als ‚Buchrolle', in die Gottes ‚Gedanken' und auch die Zeiten der Ausführung seines Planes mit jedem einzelnen Menschen eingezeichnet sind.

Unser Gehirn wird von vielen tausend Millionen Zellen gebildet, sowie sämtliche Körperteile. An dieser Stelle seien nur einige

Tatsachen hervorgehoben: Jede Zelle steht mit der Zentrale, dem Gehirn, in Verbindung. Elektrische Energie wird vom Gehirn in alle Zellen geleitet. Diese Energie wird auf biochemischem Wege durch Ionenaustausch erzeugt infolge einer Kybernetik, die nicht intermolekulär, also nicht materiell, sondern eine geistige Steuerung ist. Sobald diese geistige Steuerung aussetzt, fehlt die Energie im Körper, und der Mensch ist tot. Der Ursprung dieser geistigen Steuerung liegt also nicht im Gehirn selbst, es hat keine Selbststeuerung, sondern muss auf eine noch unerklärliche Weise von außerhalb erfolgen. Genau diese Fakten stehen schon seit Jahrtausenden in der Bibel. In den Sprüchen Salomos heißt es: „*Eine Leuchte des Herrn ist des Menschen Geist; die geht durch alle Kammern des Leibes*" (Spr. 20,27) Hier werden die Zellen ‚Kammern' genannt, das Hebr. Wort ‚cheder' bezeichnet dunkle Kammern, auch die dunklen Innenräume des Tempels. Das ist eine zutreffende Darstellung der Körperzellen. Der Leib wird ein ‚Tempel Gottes' genannt, der selbst kein Licht hat, sondern direkt von Gott erleuchtet wird. Die Übereinstimmung mit den neurophysiologischen Erkenntnissen ist überwältigend. Die ‚Leuchte des Herrn' geht durch alle Kammern des Leibes. Von einem zentralen Punkt aus geht also diese Energie zu allen Zellen. Eine ‚Leuchte' ist eine Lichtquelle, von der elektromagnetische Energie emissiert wird, die durch alle Zellen geht. Das Geheimnis der immateriellen Steuerung der Erzeugung und Übertragung von Energie wird in der Bibel gelöst. Es ist der ‚Geist des Menschen', der nicht unabhängig ist, sondern eine „Leuchte des Herrn'.

Bedeutsam ist in diesem Zusammenhang auch das hebräische Wort ‚chaphasch', welches meint: ‚Forschen, suchen, die Weisheit des Prüfens, ein Suchen und ein Sich suchen lassen, gesucht werden'. Damit wird die Tätigkeit dieser ‚Leuchte des Herrn' beschrieben und die Ähnlichkeit mit der Übertragung der elektrischen Ströme gezeigt, wenn eine Nervenzelle ‚feuert'. Diese Energie in den Axonen läuft bis zu den Schaltungen, den Synapsen, wo sie den Übergang ‚sucht' und von den Rezeptoren auf der anderen Seite des synaptischen Spaltes in den Dendriten ‚gesucht wird'.

Nachdem es nun fünfhunderttausend Milliarden solcher Schaltstellen im Gehirn gibt, zeigt dies, dass diese Struktur wahrhaft meisterhaft, ja göttlich ist, ‚eine Leuchte des Herrn'. Sobald Gott seinen Geist in sich ‚zurückzieht', wie es in Hiob 34,14.15 Pred. 12,7 Psalm 104,29,30 Luk. 23,46 dargelegt wird, hören die Gehirnströme auf, die Zellen zerfallen, und der Mensch ist tot, er wird wieder zu ‚Erde'. (1.Mose 3,19). Die Atome und Moleküle, aus denen der Körper besteht, lösen ihre Verbindungen wieder auf, und der Mensch ist nichts anderes als Erde.

Gottes Geist aber bleibt bestehen, er kann nicht zerfallen oder vergehen. Wohl bemerkt ist es Gottes Geist und nicht des Menschen Geist, der bleibt. Der immaterielle, also geistige Ursprung des Menschen, nämlich der ‚Herr' selbst als Schöpfer und Erhalter des Menschen, zieht seinen ‚Geist', oder ‚Odem', oder ‚Licht' zu sich. Damit hat der Ursprung des Menschen nicht aufgehört zu bestehen, sondern ist und bleibt ‚in Gott', der den Menschen am ‚Jüngsten Tage' wieder zurück ins Dasein ruft, in der sogenannten ‚PALINGENESIA', der Neuschöpfung in einer realen und sehr persönlichen Auferstehung.

Die Erkenntnisse aus den Bereichen der Geologie, Botanik, Zoologie, Biologie usw., die in der Bibel zu finden sind, könnten Bücher füllen! Doch diese kurzen Hinweise sollen genügen, um das Vertrauen in ein außerirdisches Buch zu stärken, welches dem Stand der Wissenschaft jederzeit ‚gewachsen' ist. Dort, wo vermeintlich Unwissenschaftliches gefunden werden will, wage ich deshalb die Behauptung, dass die Wissenschaft noch nicht auf dem Stand der Bibel angekommen ist. Statt unberechtigter Kritik verdient dieses Buch unser uneingeschränktes Vertrauen.

Schon die ersten Seiten der Bibel, die fünf Bücher Mose, wurden vor 3500 Jahren geschrieben. Es ist möglich, dass dazu Keilschrifttafeln als Vorlage dienten, die schon vor mehr als 5000 Jahren, also lange vor der Sintflut, entstanden waren. In einem Zeitraum von 1100 Jahren schrieben die Propheten Gottes in Hebräisch die 34 Bücher des Alten Testamentes, die 400 Jahre vor der Zeit von Jesus Christus fertiggestellt waren. Dazu kamen die 27

Bücher des Neuen Testamentes in Griechisch, deren Entstehungszeit zwischen 50 und 100 Jahre nach Christus liegt.

So ist die Bibel, Griechisch ‚He Biblos – Das Buch' genannt, eine Sammlung von 66 Büchern, an denen vierzig Schreiber beteiligt waren. Sie schrieben die Information, die sie von Gott, also aus dem Überirdischen, Außerirdischen, d.h. aus dem Weltall erhalten hatten.

Eine übersinnliche Erfahrung

Auf dem Hauptbahnhof in Frankfurt/Main treffen sich plötzlich zwei Jugendfreunde, die sich seit zwanzig Jahren nicht mehr gesehen haben. „Manfred, bist du's? Das ist aber eine Freude!" ruft der eine, der kräftig und frisch aussieht. „Mein Zug fährt erst in einer Stunde. Da könnten wir ja zusammen frühstücken und uns unterhalten".

Der andere, der elegant gekleidet, aber müde und verdrießlich aussieht, geht mit in die Cafeteria. Er erzählt aus seinem Leben: „Ich bin durch das Erbe und den Wunsch meines Onkels hier in Frankfurt Großkaufmann geworden und führe das miserable Leben eines reichen Junggesellen. Morgens gehe ich gähnend in mein Büro, mache manchmal gute Abschlüsse, manchmal auch schlechte – ist mir alles egal! Dann esse ich in einem der ersten Restaurants – merkwürdig, wie schlecht sie hier kochen – oder liegt es an mir – kurz, das Essen schmeckt mir nicht. Und meine Freunde -alles stumpfsinnige Typen. Ich habe alles versucht: Frauen, Wein, Kino und Theater, Konzerte, Spielbank, Reisen, Sport – und bin eigentlich alles überdrüssig. Lohnt es sich überhaupt noch zu leben? Ich komme mir trotz meines teuren Autos und meines vielen Geldes wie der Elendeste und Miserabelste vor! Wie lange soll man dieses fade Treiben noch hinschleppen?"

„Mir ist es da anders ergangen", erzählt nun sein Jugendfreund. „Weißt du noch, damals an der Universität? Wir dachten damals sehr ähnlich, waren Idealisten und wollten aus unserem Leben das Beste machen. Als sich unsere Wege trennten, sah ich bald ein, dass ich aus eigener Kraft meine Leidenschaften nicht im Griff hatte. Ich wäre, wie die meisten von uns, sehr leichtsinnig geworden. Da habe ich einen ganz edlen Freund kennen gelernt, der mich wie seinen eigenen Bruder behandelte. Er zeigte mir den inneren Zusammenhang zwischen Anständigkeit und Glücklichsein – dass ich nicht glücklich sein könnte, wenn nicht mein Gewissen zur Ruhe käme – und dann half er mir von einer Gelegenheit zur andern ehrlicher und besser zu werden. Seither ist dieser Freund meine ganze Freude. Ich bin glücklich verheiratet – aber noch mehr Freude und Kraft gibt mir der tägliche Gedankenaustausch mit diesem Freund. Er ist einfach wunderbar, harmonisch, klar, treu und so voll Mitgefühl und Liebe, dass ich keine Worte finde, um ihn dir richtig zu schildern. Alles, was ich geworden bin, verdanke ich ihm“.

„Tja, lieber Manfred, es hat eben nicht jeder das Glück, solch einen wunderbaren Freund zu finden!“ erwidert nun Alfred, und seine Worte klingen etwas neidisch und fast ärgerlich.

„Doch, doch, mein Freund will auch dein Freund werden. Du sollst ihn auch kennen lernen“, rief Manfred eifrig.

„Wie kommst du darauf? Was soll das heißen? Wer ist denn dieser merkwürdige Freund?“

In diesem Augenblick wird über den Lautsprecher der verspätete Zuganschluss von Manfred ausgerufen. Eilig bezahlen sie und begeben sich auf den Bahnsteig. Manfred steigt ein und beugt sich aus dem offenen Fenster zu seinem Jugendfreund hinab und sagt leise, dass es die Umstehenden nicht hören können:

„Mein Freund, der auch alles für dich tun will -..heißt Jesus Christus. Er ist alle Tage bei uns bis an der Welt Ende“.

Betroffen zuckt Alfred zusammen und schlägt die Augen nieder. Im nächsten Augenblick setzt sich der Zug in Bewegung. Manfred hat, wie unzählig viele andere, eine geistige Erfahrung gemacht, die nicht mit den Sinnen zu erfassen, sondern übersinnlich ist. Es ist die Erfahrung mit Jesus Christus, dem Herrn über das Weltall.

Dazu schreibt Prof. E. Pfennigsdorf : „Der Zugang zu diesem Erlebnis steht jedem offen, dem es klar geworden ist, dass er sich selber nicht erretten kann. Denn das Christentum ist ja nicht eine Summe von Lehren, die nur den Wissenden zugänglich wäre, auch nicht eine Reliquie der Vergangenheit, die vor dem Wissen nicht bestehen könnte, sondern es ist eine gewaltige Persönlichkeit, Jesus Christus, der in die Geschichte eingetreten ist, nun aber, befreit von den Schranken der Endlichkeit, durch die Macht des in ihm erschienenen göttlichen Lebens sich als der Herr und Heiland in Sünden-, Lebens- und Todesnot selbst bezeugt… er hat die Macht durch sein einzigartiges, heiliges, den Menschen geweihtes Leben sie zu Gotteskindern zu machen. Dieses Innewerden seiner unerfindlichen Art und Größe, diese Erfahrung seiner zugleich richtenden und seligmachenden Kraft ist der letzte, aber auch unumstößlichste Beweis für die Wahrheit des Christentums";[5] – ein Beweis für den außerirdischen Ursprung der Bibel, durch den wir Christus kennenlernen können. Dieselbe wunderbare, übersinnliche, persönliche Erfahrung kann jeder machen, der sich in das Studium der Bibel vertieft. Ein derartig erlebter persönlicher Erfahrungsbeweis für den außerirdischen Ursprung der Bibel ist unumstößlich. Der Anatom und Physiologe R. Wagner bestätigt:

„Das ist gewiss die wunderbarste Eigentümlichkeit der Schrift – (der Bibel) – dass sie gegen den, der sich mit wahrhaftigem Ernst und eindringlicher Hingabe in sie vertieft und seine inneren und äußeren Erlebnisse an ihr prüft, zur Überzeugung ihres göttlichen Ursprungs in unerschütterlicher Weise führt.[6]"

5 E. Pfennigsdorf, Christus im Deutschen Geistesleben, Stuttgart, S. 21.

6 R. Wagner, Der Kampf um die Seele, S. 124.

DIE UNBEKANNTEN FLIEGENDEN OBJEKTE

Wissenschaftliche Forschungen

Im Lauf der letzten Jahrzehnte wurden mehr als einhunderttausend Sichtungen von den sogenannten ‚Unbekannten Fliegenden Objekten' (UFO's) berichtet. Entsprechend sind eine Anzahl von Forschungsgesellschaften und Forschungslaboratorien weltweit entstanden, um diese Beobachtungen zu prüfen. Einige davon sind im folgenden genannt:

MUFON (Mutual UFO Network) ist eine Gesellschaft in den USA zur Erforschung der UFO-Sichtungen, die nicht nur die Beobachtungen, sondern auch die kritischen Beurteilungen objektiv zu werten sucht.

MUFON – CES (CENTRAL EUROPEAN SECTION) ist die selbe Gesellschaft mit ihrer europäischen Abteilung in Wiesbaden, zu der fünfzig namhafte Wissenschaftler aller Disziplinen gehören: Ärzte Ingenieure, Astronomen, Physiker, Chemiker, Biologen, Psychologen und Informatiker.

ATIC (Air Technical Intelligence Center) ist der Technische Geheimdienst der amerikanischen Luftwaffe, eine staatliche Einrichtung der Regierung. Die Ergebnisse ihrer Forschungen werden meist nicht veröffentlicht. Dagegen wendet sich in einer Protestreaktion eine andere Gesellschaft:

CAUS (Citizens Against UFO-Secrecy) ist eine Gruppe von US-Bürgern, die fordern, dass die Forschungsergebnisse der amerikanischen Regierung über die UFO's nicht geheimgehalten, sondern der Bevölkerung bekannt gegeben werden.

APRO (Aerial Phenomena Research Organization) ist eine amerikanische Gesellschaft, die mit allen Forschungsmethoden die Phänomene der UFO-Erscheinungen unabhängig von Regierungsstellen untersucht.

CSIOP (Committee for the Scientific Investigation of Claims of the Paranormal) ist eine Forschergruppe in den USA, die sich besonders mit den übernatürlichen Erscheinungen der sogenannten Außerirdischen beschäftigt. Alles, was als übernatürlich bezeichnet wird, unterliegt ihrer kritischen Beurteilung und genauesten Prüfung.

SSE (Society for Scientific Exploration) ist eine Gesellschaft für wissenschaftliche Forschung in den USA, die es sich zur Aufgabe gemacht hat, mit naturwissenschaftlichen Methoden dem Geheimnis der UFO's auf die Spur zu kommen.

CUFOS (Center for Ufo Studies) sammelt in den USA alle Studien über das Erscheinen und die Beurteilung der UFO-Beobachtungen.

CENAP (Zentrales Erfassungsnetz für Anomale Phänomene) mit Sitz in Mannheim ist eine unabhängige deutsche Gesellschaft, die alle außergewöhnlichen Phänomene kritisch untersucht und registriert.

GEP (Gesellschaft zur Erforschung des UFO- Phänomens) hat ihren Sitz in Lüdenscheid und versucht das Geheimnis der unbekannten Flugobjekte zu ergründen.

GEPAN (Groupe d'Études des Phénomenes Aerospatiaux Non Identifiés) ist eine Forschungsgesellschaft für die unbekannten Phänomene im All und arbeitet intensiv in Frankreich. Sie wird aber noch von einer größeren Gesellschaft übertroffen:

LDLN (Lumieres dans la nuit) ist die größte Forschungsgesellschaft in Frankreich, die im Bereich der Ufologie tätig ist.

NLO (Neopasnanije Letajuschtschie Objekti) ist die Bezeichnung für die russische UFO-Forschung mit Sitz in Moskau. Hier befindet sich auch ein weiteres Zentrum, genannt:

NTORES ist ein UFO-Forschungszentrum in Moskau. SOJUS ist das wohl bekannteste Zentrum für die Weltraumforschung der russischen Regierung. Diese gelten als die größten UFO-Forschungsgesellschaften.

Darüber hinaus gibt es eine Vielzahl kleinerer Unternehmen und dazu Tausende von Studiengruppen weltweit, die sich mit den UFO's befassen.[7]

---

[7] Illobrand von Ludwiger, Der Stand der UFO-Forschung, Frankfurt 1992.

Grundsätzliche Kriterien

„Ein Besuch von Astronauten ferner Planeten auf unserer Erde ist zur Zeit in keiner Weise wissenschaftlich gesichert", schreibt Erich von Däniken. Er gibt damit zu, dass seine Bücher auf Phantasie und unbewiesenen Hypothesen gegründet sind.[8]

Die Milchstrasse setzt sich aus Milliarden von Sonnen zusammen, welche von einander so weit entfernt sind, wie die Glühbirnen in unserem obigen Modell, nämlich etwa 500 km. Weil die Leuchtkraft dieser Sonnen so stark ist, erscheinen sie in der Milchstrasse als dicht nebeneinander stehend und bilden optisch eine milchige Strasse im Dunkel der Nacht.

Die gewaltigen Entfernungen zwischen den Sonnen werden in Lichtgeschwindigkeit gemessen. Das Licht legt in einer Sekunde die Strecke von dreihunderttausend km zurück, und braucht von unserer Sonne bis zur Erde achteinhalb Minuten, das sind fast 180 Millionen km. Ein Düsenflugzeug mit der Geschwindigkeit von 1000 km/h müsste für diese Strecke etwa siebzehn Jahre unterwegs sein.

Die Sonne, die unserem Sonnensystem am nächsten liegt, ist Alpha Centauri, 4,3 Lichtjahre entfernt. Ein Lichtjahr ist eine nicht mehr vorstellbar große Entfernung: Es sind 365 mal 24 mal 60 mal 60 mal 300 000 km! Geschrieben ist es eine neun mit zwölf Nullen.

Ein Raumfahrzeug, das mit einer Rakete die Anziehungskraft der Erde und die Anziehungskraft der Sonne überwinden und unser Sonnensystem verlassen wollte, könnte dies nur mit einer Geschwindigkeit von 17 km in der Sekunde tun. Solch ein Raumschiff brauchte bis zur nächsten Sonne, Alpha Centauri, nicht weniger als 76 000 Jahre, allein für die Hinreise. Wenn diese Sonne nur einen bewohnten Planeten hat, der sie umkreist, von dem wir dann zur Erde zurückkehren, dann brauchte man noch einmal 76 000 Jahre, und es wären inzwischen 5 000 Generationen auf unserer Erde geboren und gestorben. Diese Größenordnungen müsste man in die

[8] E. von Khuon, Waren die Götter Astronauten?, Econ 1970, S. 27.

Überlegungen einer bemannten Raumfahrt durch sogenannte Planetarier einbeziehen.

Fest steht bis dato, dass es in unserem Sonnensystem außer der Erde keine bewohnten Planeten gibt. Raumfahrzeuge von anderen Sonnensystemen bräuchten nach unseren irdischen Berechnungen also viele Jahrtausende für ihre Reise.

Lassen sich zukünftig nicht auch Raumschiffe mit viel größeren Geschwindigkeiten entwickeln? Nehmen wir an, ein neues Raumschiff würde ein Fünftel der Lichtgeschwindigkeit erreichen. Dann, so hat es Prof. Braunbeck, Universität Tübingen, errechnet, müsste man solch einer Rakete die 25millionenfache Erdfluchtenergie mitgeben, also 25 Millionen mal mehr, als z.B. die Saturn V. leistet. Solche riesigen Mengen an Treibstoff für die Raketen stehen uns nicht zur Verfügung.[9]

Dazu kommt noch eine weitere Überlegung. Um die Geschwindigkeit von 1 000 km/s zu erreichen (die Lichtgeschwindigkeit aber ist 300 000 mal schneller) bräuchte man zehntausendmal mehr Energie als benötigt würde, um die Erdfluchtgeschwindigkeit zu erzielen. Dieses sind utopische Zahlen. Selbst bei dieser unerreichbaren Geschwindigkeit würde eine Reise zu Alpha Centauri immer noch dreitausend Jahre dauern.

Die Geschwindigkeit der gesichteten Ufos wurde mit unseren Geschwindigkeiten verglichen. Es ist höchst unwahrscheinlich, dass sie so schnell sind, um in einem Menschenalter unser Sonnensystem zu erreichen.

Forschungsergebnisse

Die Disziplin für die Beschäftigung mit den UFO's, die Ufologie, unterteilt drei Klassen von Phänomenen:

UFO's sind feste Strukturen, die eine physikalische Wechselwirkung mit ihrer Umgebung aufweisen, wie z.B. Lichtscheinwer-

---

[9] von Khuon, a.a.O. S. 24.

fer, die von den unbekannten Flugobjekten auf die Erde scheinen. (siehe Einleitung dieses Buches) Natürliche Erklärung der Lichterscheinungen. Paranormale Lichter. Hierzu zählt besonders das Gebiet des UFO-Spiritismus. Insgesamt findet man acht Versuche, die Erscheinungen der UFO's zu erklären.

UFO's sind reale, materielle Flugkörper, deren Ursprung und Herkunft nicht genau zu ergründen sind. Es wird vermutet, dass es sich um Raumfahrzeuge aus dem All, vielleicht von anderen Planeten, handeln könnte. Es gibt viele, die daran unerschütterlich glauben. Eine Schwierigkeit wird dabei aber übersehen: Diese Flugkörper bewegen sich so, wie es bei uns nach unseren physikalischen Gesetzen nicht möglich ist. Beispielsweise biegen sie in schnellster Fahrt plötzlich im rechten Winkel in eine andere Richtung ab. Für diesen Richtungswechsel ist sonst eine lange Kurve notwendig.

UFO's sind halbphysikalische Objekte, die nur zur Hälfte mittels erdspezifischer Strukturen erklärbar sind. Zur anderen Hälfte müssen diese aus anderen Dimensionen im Weltall stammen.

UFO's haben eine rein geisthafte immaterielle Spektralnatur. Rein naturwissenschaftlich ist das Dasein solch einer Spektralnatur jedoch noch nicht nachgewiesen.

UFO's sind gar keine materiellen oder halbmateriellen Flugkörper, sondern es sind Wesen aus dem All, die uns noch unbekannt sind und nur wie irdische Flugobjekte aussehen. Es sind Persönlichkeiten aus dem Weltraum, sogenannte Außerirdische, welche selbst erscheinen.

UFO's sind reine Naturerscheinungen, die mit anderen Planeten oder dem Weltraum überhaupt nichts zu tun haben. Auf einige solcher Erklärungen wird weiter unten eingegangen.

UFO's sind militärische Geheimwaffen. Diese Erklärung mag auf einen Teil der Beobachtungen zutreffen, wird aber anderen Phänomenen nicht gerecht.

UFO's sind absichtliche Fälschungen kluger Geschäftemacher. Dies konnte in zahlreichen Fällen tatsächlich nachgewiesen werden, nicht jedoch in allen.

UFO's sind okkulte Phänomene, die man nur durch die Praktiken des Spiritismus erklären kann. Tatsächlich spielt diese neue, esoterische Richtung des sogenannten UFO-Spiritismus eine entscheidende und nicht zu übersehende Rolle in der Erklärung dieser Erscheinungen.

„Es ist eine Tatsache, dass viele Anhänger des UFO-Gedankens sich einer Heilslehre verpflichtet, sich einer Art von Religionsgemeinschaft zugehörig fühlen. Naturwissenschaftliche Argumente gelten dabei sehr wenig. Es geht um eine Glaubensfrage. Die Wesen von anderen Sternen sind ganz offensichtlich aus Furcht und Hoffnung geboren".[10]

Natürliche Erklärungen

Aus der Fülle der untersuchten UFO-Sichtungen, die als ganz normale Naturerscheinungen entlarvt wurden, sollen hier nur einige Beispiele angeführt werden, wie sie von den Forschern der einzelnen Gesellschaften vermittelt wurden:

Mit einem guten Fernglas konnte jemand deutlich die Bewegungen eines leuchtenden Flugkörpers am Himmel erkennen. Der Beobachter hielt ihn zweifelsfrei für ein UFO. Eine Kontrolle ergab, dass dieser Mann sein Fernglas auf den Planeten Venus gerichtet hatte. Der betrachtete Planet schien sich zu bewegen, da er das Fernglas mit der bloßen Hand hielt und es sich unmerklich bewegte. Also stammten die Bewegungen nicht von dem leuchtenden Gegenstand, sondern von seinen unbewussten Handbewegungen.

Auch Satelliten, die sich deutlich am Himmel bewegten, sind schon für UFO's gehalten worden. Heißluftballons sahen am Himmel aus entsprechender Entfernung wie runde Gebilde, wie UFO's, aus. Viele haben sich dadurch täuschen lassen. Diese Ballons werden auch von Wetterstationen oder für militärische Zwecke einge-

[10] Von Khuon, a.a.O. S. 26.

setzt. Fallschirme mit Leuchtmunition, militärisch genutzt, sind von unkundigen Betrachtern für UFO's gehalten worden.

Sehr viele Fotos von angeblichen UFO's zeigen deutlich diese Objekte am Himmel, die angeblich rein zufällig eingefangen werden konnten. Bei der Prüfung der Negative stellten sich Fehler im Schichtmaterial heraus, die nicht das mit dem Auge Wahrgenommene wiedergaben. So zeigten die Foto-Abzüge Objekte, die es in Wirklichkeit gar nicht gibt.

Geschickt zusammengestellte Trickfotos und Trickfilme zeigen keine UFO's, sondern nur das, was der Zuschauer oder Betrachter dafür halten muss, weil er absichtlich getäuscht worden war.

In einem Fall war aus einem fahrenden Auto gefilmt worden. Die Aufnahmen zeigten deutlich leuchtende Gebilde, die nacheinander auftauchten und wieder verschwanden und nach Meinung des Filmers nur UFO's sein konnten. Die Entstehung dieses Filmmaterials wurde daraufhin noch einmal rekonstruiert. Dabei kam heraus, dass beim Filmen das Okular nicht genügend abgedeckt worden war und Licht einfallen konnte. Das Auto war an beleuchteten Straßenlaternen vorbeigefahren und eine Lampe nach der anderen wurde von hinten durch das Okular auf den Film produziert. Als Ergebnis waren bei der Vorführung des Films runde, bewegliche Leuchtkörper zu erkennen.

Bewusst angelegte Fälschungen haben häufig sehr deutliche UFO-Aufnahmen gezeigt, um leichtgläubige und unkritische Zuschauer zu täuschen und den eigenen Umsatz zu sichern. Die Fälscher haben damit viel Geld verdient.

Militärische Geheimwaffen in Form von ferngelenkten Flugkörpern wurden von Uneingeweihten aus der Ferne für UFO's gehalten. Bekannt wurde in diesem Zusammenhang das sogenannte ‚Fliegende Auge' mit dem Namen Shadow, das die Amerikaner im Golfkrieg zur Beobachtung der feindlichen Linien eingesetzt hatten. Shadow flog über die Stellungen der irakischen Armee, und zwar so tief, dass die Soldaten erschreckt die Hände hochstreckten, um sich zu ergeben, weil sie nicht wussten, dass diese Flugkörper nur ferngesteuert waren.

Die amerikanische Luftwaffe hat in verschiedenen Teilen der USA diese Fluggeräte stationiert. Bei ihren Erprobungsflügen wurden sie sehr oft für UFO's gehalten. Hier klärt sich auch das in der Einleitung dieses Buches geschilderte UFO-Erlebnis von Bad Aibling. Es handelte sich dabei um solche ‚Shadows', die aber geheimgehalten werden mussten. Deshalb wurden alle Ermittlungen eingestellt, auch die der Münchener Staatsanwaltschaft.

Die Aufklärungsarbeit der oben genannten Forschungsgesellschaften erbrachte auch Kugelblitze, Feuerbälle, Irrlichter oder sogenannte Spuklichter in Sumpfgebieten. Diese wurden fälschlicherweise für UFO's gehalten.

Eine Vielzahl von Sichtungsberichten unbekannter Flugkörper sind auf dem Weg der Hypnose entstanden. Unkritische Zuhörer schenken ihnen Glauben. So wird ein ganzer Mythos der Ufologie produziert. Dinge, die sich nur in der Welt des Denkens abspielen, werden nach außen projiziert, obwohl sie bar jeder Realität sind.

Die Massensuggestion spielt in dieser Frage ebenfalls eine Rolle, sobald eine Gruppe von ‚Gläubigen' zusammen ist, die eine homogene Masse, oder ein gemeinsames Unbewusstes, bilden. Sie sind fest davon überzeugt, etwas gesehen zu haben, was dann in der Realität später einer Nachprüfung nicht standhalten kann.

Paranormale Massensuggestionen werden von den Psychiatern unter den Forschern auch genannt, eine Massenhypnose mit dem Unterschied, dass hier übernatürliche Dinge eine Rolle spielen, die in das Gebiet des Okkultismus fallen. Sie können weder psychologisch noch physikalisch erklärt werden. Hier befinden wir uns auf dem Boden des Spiritismus und seines neuen Zweiges, dem UFO-Spiritismus.

Der Ufo-Spiritismus

Ein moderner Zweig des Spiritismus ist der UFO-Spiritismus. Sowohl der klassische Spiritismus, als auch der UFO-Spiritismus stammen aus dem Außerirdischen. Beide haben den gleichen Ursprung, die gleiche Leitung, die gleichen Ziele und die gleichen Methoden mit den gleichen Täuschungen und Lügen.

Im Jahre 1758 beschrieb Swedenborg seine ‚Astralreisen' zu den Planeten. Dort habe er mit den Bewohnern gesprochen.

Im Jahre 1908 erzählte Mrs. Smeard, ein spiritistisches Medium, dass die Verstorbenen sich auf dem Planeten Mars aufhalten.

Im Jahre 1924 seien Kontakte mit den Marsmenschen durch Hypnose vorgekommen. Auch mit anderen Planeten seien auf die gleiche Weise Verbindungen aufgenommen worden.

Im Jahre 1929 behauptete ein Schweizer Medium, das den Namen Helen Smith annahm, Kontakt mit den Marsbewohnern zu haben, deren Sprache erlernt und ihre Freunde in der ‚Marssprache' unterrichtet zu haben.

Zwischen 1950 und 1960 berichteten zahlreiche Ufologen, dass sie Botschaften von den Bewohnern der Planeten Mars, Venus, Saturn, Jupiter, Clarion (d.i. eine fiktive Zwillingserde) und vom Mond erhalten hätten. Durch den astronomischen Forschungsfortschritt wurde etwas später dieses Lügennetz entlarvt. Diese Planeten sind unbewohnbar. Die Hitze, die Kälte und das Fehlen einer Atmosphäre lassen sämtliche dieser Planeten alles andere als paradiesische Gefilde sein.

Von 1970 bis in die frühen 80er Jahre zogen UFO-Spiritisten wie Uri Geller, Betty King und Mr. Adamski die Aufmerksamkeit der Weltöffentlichkeit auf ihre frappierenden Künste.

Spiritistische UFO-Kirchen entstanden. Bücher mit Millionenauflagen und ungezählte Fernsehauftritte wurden zu einer sensationellen Einnahmequelle materialistischer Profitgier.

Zwischen 1965 und 1988 nahm eine Sensationsgier, ein UFO-Fieber, UMMO genannt, die Sinne vieler Spanier und Franzosen bis in Regierungskreise hinein gefangen. Dieser Massenbetrug konnte sich fast zwei Jahrzehnte lang halten.

In den Jahren von 1962 bis 1982 wurde der Tod von neun Menschen durch die Erscheinungen von UFO's mit ihren tödlichen Strahlen beklagt.

Seit 1950 bis heute wurden, nach Augenzeugenberichten, Hunderte von Menschen durch UFO's entführt. Fachleute haben diese Zeugenberichte inzwischen als Massenpsychose und Psychopathien enttarnt. Erkennbar wird, dass der moderne UFO- Spiritismus aus dem gleichen Lügennetz gesponnen ist wie der allgemeine Spiritismus.[11]

Ufo's und sogenannte Totenerscheinungen

Bei einer Tagung mit evangelischen und katholischen Theologen sowie Vertretern des Spiritismus über das Leben nach dem Tode erzählten uns Eltern von ihrem Erlebnis mit der außersinnlichen Wahrnehmung. Durch einen Autounfall hatten sie ihren Sohn verloren. In einer spiritistischen Sitzung erlebten sie nun eine sogenannte Materialisation ihres verstorbenen Sohnes. Sie hatten den Eindruck, dass er es selber war und schlossen ihn freudestrahlend in ihre Arme. Es war ein wunderbarer Trost für sie, und sie besuchten von nun an regelmäßig diese Sitzungen.

Ein ähnliches Erlebnis: Eine Mutter sorgte sich um ihren Sohn, der im letzten Krieg als Soldat an der Front kämpfte, und betete um seine Bewahrung. Dennoch erhielt sie eines Tages die Mitteilung, dass er vermisst sei. Da traf sie eine Freundin, die sie in einen spiritistischen Kreis einlud, wo, wie sie meinte, die Toten erscheinen und sicher auch ihr Sohn zu treffen sei. Sie lehnte ab, weil das Befragen der Toten von der Kirche verboten sei.

Zwei Wochen später kam ihre Freundin zu ihr und erzählte ganz aufgeregt, dass in jenem Kreis auch ihr toter Sohn erschienen sei und nach ihr gefragt habe. Da ließ sich diese Mutter nicht mehr halten und besuchte die nächste Sitzung. Tatsächlich erlebte sie hier die Erscheinung ihres Sohnes, den sie getröstet in die Arme schloss. Nächste Woche zur gleichen Zeit werde er wiederkommen, versprach die Erscheinung.

---

[11] Weldon/Levitt, Ufos und Okkultismus, Asslar 1980.

Zwei Tage vorher stand sie in der Küche bei der Arbeit, als es an die Türe klopfte. Draußen stand ihr Sohn. Sie war überrascht: „Du kommst heute schon? Du wolltest doch erst übermorgen kommen.“ „Mutter, Mutter, ich bin's doch selber, ich war an der Front vermisst, war im Feindesland, konnte mich aber wieder zu meinen Kameraden durchschlagen. Jetzt habe ich Sonderurlaub bekommen, um Dich zu sehen.“

„Du bist gar nicht tot?“

„Aber Mutter, sieh mich doch an, ich bin doch Dein Sohn!“

Die Freundin berichtete dem Medium im spiritistischen Kreis von der Heimkehr des angeblich toten Sohnes. Die schüttelte nur die Schultern mit der Bemerkung: „Dann ist uns wohl ein anderer Geist erschienen.“

Das ist tatsächlich der Kummer der Vertreter des Spiritismus, dass sie sich nicht sicher sind, ob hinter diesen Materialisationen die Verstorbenen oder andere Wesen stehen, die sie zum Narren halten.

So schreibt Dr. A.B. Childs, einer ihrer Vertreter aus der Zeit des Anfangs des modernen Spiritismus im „Banner of Light“ vom 26.10.1864: „Die niedrigen Geister ... wollen uns zu ihrem eigenen Vergnügen täuschen ... Aber die weisen Geister ... täuschen uns absichtlich zu unserem Besten.“ „Gibt es irgendein Heilmittel für die lügenden Geister?“ lautet die Überschrift der Spiritistenzeitschrift „The Medium“ vom 2.5.1874.

T. Smith klagt in ihrem Buch „Voices from the Void“ über „regelrechte Täuschungen zu allen Zeiten der Geschichte des Spiritismus“. Ganze Kapitel schrieb Stainton Moses in seinem Buch „Spirit Teachings“, wie schwierig es sei, die „irreführenden personifizierten Geister zu entlarven.“

Wiedererweckung des antiken Geisterglaubens

Es war am 31. März 1848. In einem einsamen Dorf namens Hydesville in New York lebte eine Methodistenfamilie, John Fox und seine Frau Margaret mit ihren Töchtern. Mitten in der Nacht hörten sie plötzlich ein Klopfen, dessen Lärm durch das ganze Haus drang und alle aus dem Schlaf schreckte. Die beiden Töchter, die fünfzehnjährige Margaretta, und die zwölfjährige Katie, machten sich einen Spaß aus dem Klopfen. Als es wieder zu hören war, klatschten sie in die Hände und Katie rief:

„Mr. Pferdefuß, tu, was ich tue!" Sie klatschte dreimal.

Als Antwort klopfte es dreimal. Sie probierten weiter.

Für jedes Klatschen folgte ein Klopflaut. Bald hatten sie ein Klopfalphabet ausgemacht und empfingen direkte Botschaften von diesem unsichtbaren Geist. Das war die Geburtsstunde des modernen Spiritismus.

Die beiden Mädchen wurden die ersten Medien. Wie ein Lauffeuer breitete sich diese Neuigkeit aus. Bald entstand eine eigene Bewegung in den Vereinigten Staaten und schließlich in der ganzen Welt. Nach zehn Jahren zählte man schon dreißigtausend Medien und über drei Millionen Anhänger in den USA.

Es entstanden überall auf der Welt spiritistische Gesellschaften und sogar spiritistische christliche Kirchen. L. E. Froom nennt in seinem Buch „Spiritualism Today" (Washington 1963) drei Epochen in der Geschichte dieser Bewegung:

Seine Entstehung 1848 und Ausbreitung in den USA.

Seine Umwandlung in eine christliche Kirche vom Jahre 1893 an, und schließlich:

Sein Einzug in die Welt der Wissenschaft und Forschung durch die Gründung der Parapsychologie.

Wissenschaftliche Prüfung des Spiritismus

Im Jahre 1882 wurde in England die „Gesellschaft für Psychische Forschung" gegründet. Ihr folgten ähnliche Organisationen in den USA, Frankreich, Deutschland, Holland, Österreich, Italien, Russland, Südamerika, Südafrika, Indien.

Prof. J.B. Rhine eröffnete an der Duke-Universität in Durham, North Carolina, im Jahre 1932 ein Laboratorium für psychische

Forschung. Jedoch schon früher in den zwanziger Jahren hatte er mit seinen Experimenten begonnen, um festzustellen, ob die Toten wirklich erscheinen können. Seit 1934 machte er zuerst Versuche mit dem britischen Medium E. Garrett, später mit zwanzig anderen Medien. Dabei wandte er Methoden an, die frei von Irrtum waren. Nach 35 Jahren intensiver Forschung kam er zu dem Ergebnis: „Wir fanden nicht den geringsten Beweis.“[12]

H. Garland kommt nach vierzig Jahren Forschung zu dem gleichen Ergebnis: „Die Frage nach der Identität der manifestierten Intelligenzen bleibt unbeantwortet.“[13]

Corliss Lamont kommt gleicherweise zu der Erkenntnis, dass es keine Beweise für das persönliche „Überleben der Toten“ gibt und fasst zusammen: „Die Spiritisten sind weit davon entfernt den Nachweis dafür erbracht zu haben, dass das persönliche Überleben die einzige und gesicherte Erklärung für das von ihnen gesammelte Untersuchungsmaterial ist.“ Er zitiert dann den Psychologen William James: „Die Geister-Hypothese zeigt deutlich solch eine Hohlheit, Nichtigkeit und Geistesverworrenheit, dass schon der Gedanke wehtut, dies sei der Zustand der Verstorbenen.“

George Whitehead schreibt in seinem Buch „An Inquiry into Spiritualism“, S. 43 von „irregeführten Eindrücken“ und „fehlerhaften Schlussfolgerungen“ aus den sinnlichen Wahrnehmungen. „Bei diesen psychischen Phänomenen kommt es ganz offensichtlich zu Sinnestäuschungen.“

Prof. Hyslop, der Sekretär der „Amerikanischen Gesellschaft für Psychische Forschung“, schreibt in seinem Buch „Contact with the Other World“: „Die Widersprüche sind so zahlreich, dass man noch nicht einmal auf den Versuch hoffen kann, diese Phänomene auch nur oberflächlich zu erklären.“[14]

Dr. William Potter spricht von „endlosen Widersprüchen und Ungereimtheiten.“ Der kath. Prof. Gebhard Frei schreibt in seinem

[12] L. E. Froom, Fellow Travelers of Spiritualism, Washington, S. 11.
[13] H. Garland, Forty Years of Psychic Research, S. 387. zitiert bei Froom, S. o.
[14] Froom, a.a.O. S. 14.

Buch „Probleme der Parapsychologie“ auf Seite 101: „Die Parapsychologie kann zur Frage des Todes a priori keine Aussage machen. Was in der riesigen Literatur der letzten hundert Jahre darüber geschrieben wurde, sind Antworten des Glaubens nicht des Wissens … Über das Sterben und die postmortale Existenz ist von der Parapsychologie her keine Antwort zu erwarten.“[15]

Prof. Wilhelm Wundt, ein Pionier auf dem Gebiet der experimentellen Psychologie, hält die Ansprüche einen Beweis für die Existenz der Geister von Verstorbenen zu liefern, für „Schwachsinn“: Er argumentiert: „Die großen Geister der Menschheit, die auf den Ruf zahlloser Medien bereitwillig erscheinen, sind wohl durch ihren Übergang ins Jenseits schwachsinnig geworden. Was sie verkünden, trägt nicht ihren Stempel, sondern den der Medien“.

Prof. Bender, Parapsychologisches Institut der Universität Freiburg, spricht sogar von „Betrug“ wobei die „Sonderexistenz dissoziierten, psychischen Materials sich als Inkarnation von Verstorbenen ausgibt.“ (K. Koch, a.a.O., S. 219) Er erwähnt auch, dass auf der ganzen Welt achtzehn hauptamtliche Parapsychologen sich mit diesen Phänomenen experimentell beschäftigen.[16]

Es ist bemerkenswert, dass in allen Instituten, die mit wissenschaftlicher Genauigkeit und mit täuschungssicheren Methoden arbeiten, dasselbe Ergebnis vorliegt: Es sind nicht die Geister der Verstorbenen, die in den spiritistischen Zirkeln auftreten! Allerdings bleibt bei diesen Phänomenen ein Rest, der nicht erklärt werden kann. Es sind nicht die Verstorbenen, die sich hier manifestieren, sondern intelligente Wesen, über die nichts ausgesagt werden kann. Ein Parapsychologe, Dr. Tischner, gibt offen zu: „Gestehen wir also unsere völlige Unwissenheit ein.“ (K. Koch, a.a.O., S. 217) Seine Kollegin, Dr. Moser, bekennt: „Ein Rest bleibt, der echt ist über alle Täuschungen hinaus.“ (K. Koch, a.a.O., S. 217) Auch Prof. Bender spricht von „Rätseln“.

---

[15] G. Frei, Probleme der Parapsychologie, S. 101.
[16] K. Koch, Seelsorge und Okkultismus, Wüstenrot 1953, S. 219.

Der Ursprung des Geisterglaubens

Eine der höchsten Autoritäten im Spiritismus ist die „National Spiritualist Association of Churches of the United States of America“, die ein Handbuch herausgibt, ein „Spiritualist Manual“, in dessen 9. Auflage 1955 eine Erklärung der verschiedensten Aktivitäten gegeben wird, so auch der sogenannten Totenerscheinungen: „In jedem ist ein Funke Gottes.“

Beachten wir noch einmal das Dilemma der Medien, die nicht wissen, welche Geister sie zu Narren halten und täuschen. Sollte dies der „Funke Gottes“ sein?

In der Spiritistenschrift „Banner of Light“, 4. 11. 1865, steht die Auskunft eines berühmten Mediums:

Frage: „Wissen Sie etwas von einem solchen Geist oder einer Person, die wir Teufel nennen?“

Antwort: „Sicherlich. Und doch ist dieser selbe Teufel unser Gott, unser Vater.“

Dr. Childs sagt in seinem Buch „Christ and the People“ dass der sogenannte Teufel der Geist Gottes in der Natur ist. Der Gott dieser Welt ist Luzifer, wie er in vielen Texten der Rockmusik verherrlicht wird. Wer ist dieser Luzifer? Zur Klärung dieser Frage wollen wir einen Blick ins Universum werfen und dann auch in die Vergangenheit schauen.

Unser Planet Erde kreist um die Sonne herum. Die Sonne zieht mit etwa 400 anderen Sonnen ihre Kreisbahn um das Zentrum der Milchstrasse herum. Sie braucht dafür Millionen Jahre. Machen wir uns ein Bild von der Größe der Milchstrasse. In einem Modell sehen wir die Sonne als eine elektrische Glühbirne hier in unserem Raum. Die nächste Sonne, also die nächste Glühbirne ist dann tausend Kilometer entfernt, die nächste wieder tausend Kilometer in der anderen Richtung, und so fort. Solch eine Gruppe von 400 „Glühbirnen“ kreist um die Milchstrasse, von der wir am nächtlichen Horizont soviel Sterne dicht nebeneinander sehen, dass es wie eine Strasse aus Milch aussieht. Dennoch ist jeder einzelne lichte Punkt dort oben eine riesige Sonne, oft tausendmal größer als unsere Sonne, die bereits einer Million und zweihundertfünfzigtausend Planeten der Raumgröße Erde Platz bietet. Jeder der Sonnen der Milchstrasse ist von der anderen so weit entfernt wie eine Glühbirne 1000 km zur nächsten Glühbirne. Im Ganzen aber besteht die Milchstrasse aus Milliarden von einzelnen Sonnen. Hier versagt tatsächlich unsere Vorstellungskraft.

Doch gehen wir noch einen Schritt weiter und fragen, wie viele solcher Milchstrassen, oder auch Galaxien genannt, es im Universum gibt? Wir haben bisher mit unseren Teleskopen und Radioteleskopen viele Millionen solcher Galaxien im Weltall geortet. An der Harvard-Universität in Cambridge, Massachusetts, haben Astronomen am nördlichen Himmel ein Milchstraßensystem entdeckt, das sie die „Große Mauer“ nannten. Es umfasst rund zweitausend Galaxien. Die Maße dieser Sternenansammlung: 500 mal 200 Millionen Lichtjahre.

Unser Milchstraßensystem hat einen Durchmesser von einhunderttausend Lichtjahren. Kehren wir zurück zu unserer Milchstrasse. Wenn jede dieser Milliarden Sonnen darin von nur je einen bewohnten Planeten umkreist wird, wie unsere Sonne von der Erde, dann können wir davon ausgehen, dass es Milliarden Erden mit Bewohnern gibt. Wenn nun jede Galaxie ebenso viele bewohnte Planeten hat, also zwei Millionen mal Milliarden, dann können wir uns diese Zahl nicht mehr vorstellen.

Schon vor dreitausend Jahren wussten die Propheten Israels durch göttliche Offenbarung von der Vielzahl der himmlischen Sphären: *„Siehe, der Himmel und aller Himmel Himmel können dich (Gott) nicht fassen.“* (1. Kön. 8,27; 5. Mose 10,14; 2. Chron. 2,5. 6,18)

Als man bei den Ptolemäern in ihren Sternwarten noch die sichtbaren Sterne zählte, wie auch bei uns noch vor zweihundert Jahren, da sprachen sie schon von der „unzählbaren“ Schar der Sterne. Vor 4000 Jahren sprach der Herr zu Abraham: *„Siehe gen Himmel und zähle die Sterne; kannst du sie zählen? und sprach zu ihm: So zahlreich sollen deine Nachkommen sein … Ich will deine Nachkommen machen wie den Staub auf Erden. Kann ein Mensch* *den Staub auf Erden zählen, der wird auch deine Nachkommen zählen." (1. Mose 15,5; 13,16)*

Schon vor der Erschaffung der Erde gab es Bewohner des Weltalls: *„Wo warst du, als ich die Erde gründete? ... als mich die Morgensterne lobten und jauchzten alle Gottessöhne?"* (Hiob 38,4.7) Auch das Neue Testament spricht immer von den Himmeln in der Mehrzahl, und es stellt fest, dass diese bewohnt sind: *„Freuet euch, ihr Himmel und die darin wohnen."* (Offb. 12,12) Diese Bewohner werden auch die „Epuranier" genannt. (Joh. 12.13; 1. Kor. 15,40.48; Eph. 3,10; 6,12; Phil. 2,10; Hebr. 12,22)

Wir Menschen auf diesem Planeten Erde werden vom ganzen Kosmos wie auf einer Bühne beobachtet: *„Denn wir sind ein Schauspiel geworden der Welt und den Engeln und den Menschen."* (1. Kor. 4,9) Sie lernen dadurch mehr über die Weisheit Gottes. Eph. 3,10.

Der schönste und klügste Engel am Thron Gottes war Luzifer, was soviel wie Lichtträger heißt. Er aber wurde stolz auf seine Vorzüge, und mit dem Stolz kam auch die Ehrsucht und Machtgier. Ohne Grund und Ursache lehnte er sich nun gegen Gott auf und wollte „gleich sein dem Allerhöchsten".

Sein Abfall von Gott wird im Bilde des Königs von Babel in Jes. 14. und im Bilde des Königs von Tyrus in Hes. 28. geschildert. Alle Bemühungen Gottes Luzifer zufrieden zu stellen, blieben umsonst. (Hiob 1+2) Luzifer wurde zum Satan, zum Verderber. Er zog eine große Schar von den „Sternen des Himmels" auf seine Seite. Sie glaubten seinen Einflüsterungen, dass Gott ihn ungerecht behandle, ohne diese Anschuldigungen nachzuprüfen.

So entstand eine Rebellion im Weltall, die nach einer Auseinandersetzung mit den Getreuen Gottes durch Christus entschieden wurde. Satan und seine Anhänger, deren Zahl sehr groß ist, wurden auf diese Erde verbannt. (Offb. 12,4.7-12; Luk. 10,18; 2.Petr. 2,4) Hier müssen sie bis zu ihrem Ende am jüngsten Gericht bleiben.

Auf unserem Planeten versuchen sie auch die Menschen gegen Gott aufzuwiegeln und von seiner Liebe abzuhalten. Christus nennt Satan den Fürsten dieser Welt und Paulus sogar den Gott dieser Welt, den Vater der Lüge und den Mörder. (Joh. 8,44; 12,31; 14,30; 2.Kor. 4,4)

Christus kam auf diese Erde, um Satans Werk zu zerstören und den Tod als Folge des Abfalls von Gott aufzuheben. (Hebr. 2,14.15; l.Joh. 3,8) Diese abgefallenen Wesen unter der Führung des Luzifer sind die wahren und geheimen *„Herren dieser Welt, die bösen Geister, die in der Finsternis dieser Welt herrschen."* (Eph. 6,12)

Damit ist das „Rätsel", wie es Prof. Bender nannte, gelöst, der „unerklärbare Rest, der echt ist über alle Täuschungen hinaus" (Dr. Moser) in den Manifestationen des Spiritismus klar geworden. Bei den Medien handelt es sich um Besessenheit, wie sie im Neuen Testament oft geschildert wird.

Prof. Oesterreich, Universität Tübingen, in seinem Buch „Die Besessenheit", Langensalza 1921, gelingt mit einem sehr reichhal tigen Material der Beweis, dass heute dieselben Arten der Besessenheit durch die Dämonen zu finden sind wie zur Zeit Christi. In den Seancen geben sie auch selbst zu „Abgesandte Luzifers" zu sein. Darüber liegen viele Berichte vor.

Der Psychiater Dr. Lechler berichtet aus seiner Sprechstunde: „Die Besessenheit ist weder ein veralteter, biblischer Bericht noch eine theologische Erfindung, sondern furchtbare Wirklichkeit." „Lechler betont, dass diese Phänomene der neutestamentlichen Schilderungen mit den Merkmalen der Besessenheit in der Gegenwart übereinstimmen.[17] …

Als Merkmale dämonischer Beeinflussung nennt er: Unempfänglichkeit gegenüber allem Göttlichen, religiöse Zweifel, die Unfähigkeit zu wahrer Sündenerkenntnis, das Unvermögen zur Sammlung beim Bibellesen und Beten, dauernde Friedlosigkeit, innere Unruhe, Angstzustände, Zornesausbrüche, Streitsucht, Lästerungen, Schwermut, der Drang zum Selbstmord. Dazu kommen die verschiedenen Süchte: Alkoholsucht, Sucht zur Unsittlichkeit, zum Lügen, zum Stehlen, Rauchsucht, Rauschgiftsucht."

---

[17] Dr. Lechler, Psychopathie, München 1949, S. 227.

Das sind keine Einzelstimmen, eine große Zahl von Psychologen, Psychiatern und Theologen kommen zu dem gleichen Ergebnis. Es ist eine erwiesene Erfahrungstatsache, dass die Dämonen *„in der Finsternis dieser Welt herrschen"* (Eph. 6,12) Finsternis heißt im Lateinischen das Okkulte.

Jeder Mensch auf diesem Planeten muss sich in seinem Leben entscheiden, ob er sich auf die Seite Christi stellen will oder auf die Seite Satans. Wer keine Entscheidung treffen will oder kann, bleibt automatisch unter der Herrschaft des „Fürsten dieser Welt". Christus verspricht: *„Welche der Sohn Gottes frei macht, die macht er recht frei."* (Joh. 8,36; 12,31.32)

Spiritismus und Politik

Es ist verständlich, dass Politiker in verantwortlichen, schweren Entscheidungen Rat und Hilfe brauchen. Nicht wenige wenden sich dann dem Okkultismus zu. Die Königin Victoria in England hatte ständig ein spiritistisches Medium namens John Brown als Berater, dazu kam noch das berühmte Medium Robert James Lees, der insgesamt achtmal von der Königin empfangen wurde.

Auch den beiden Politikern Gladstone und Disraeli konnte er mit seinem Rat aus dem Jenseits zur Seite stehen.

Auch die Kardinale Manning, Newman und Gibbons sowie die Erzbischöfe Temple und Benson sind ihm zu Dank verpflichtet.

Der deutsche Kaiser Wilhelm hatte als spiritistische Ratgeberin das Medium Fr. Schön konsultiert. Der russische Zar stand ganz unter dem Einfluss des Spiritisten Rasputin und weiterer Medien.

Es ist daher kein Wunder, dass alle diese Ratschläge zur Entfesselung des ersten Weltkrieges beitrugen. Im Jahre 1917 unterzeichnete Sir Arthur James Balfour, britischer Außenminister, aufgrund von Ratschlägen aus der okkulten Welt die sogenannte „Balfour Declaration". Den Juden wurde dadurch von der englischen Regierung in Palästina eine nationale Heimstätte zugesagt, gleichzeitig aber wurde auch die arabische Bevölkerung unter den

Schutz der britischen Krone gestellt. Das Palästina-Problem ist zu einem unlösbaren Konflikt geworden, der viel Blut kostete und der heute noch anhält.

In der Zeit zwischen den beiden Weltkriegen gehörte der Arzt Sir Arthur Conan Doyle, der als Medium für das „Evangelium des Überlebens nach dem Tode" eintrat, zu den Ratgebern von Präsident Roosevelt in den USA, von König Edward VI. von England und dem Minister Lloyd George.

Winston Churchill hatte als junger Mann spiritistische Sitzungen besucht und Kontakt mit einem Geist aufgenommen. Als er nun als Kriegsberichterstatter der „Morning Post" im Burenkrieg in Afrika war, verirrte er sich einmal im afrikanischen Busch und wurde von diesem Geist auf unfassbare Art gerettet. Seither hatte Churchill keine entscheidenden Beschlüsse gefasst, ohne vorher seinen „Hausgeist" befragt zu haben. Die britische Presse berichtete offen darüber.

Ebenso bekannt wurde auch, dass die britischen Politiker Herbert Morrison und Sir Stafford Cripps in ihren Entscheidungen Wegweisungen durch spiritistische Medien erhielten.

Auch der kanadische Ministerpräsident Mackenzie King machte keinen Hehl daraus, dass er Verbindung zur „jenseitigen Welt" pflegte.

In den Anfängen seiner politischen Laufbahn geriet Adolf Hitler in München in einen spiritistischen Kreis, von dem durch die Geister die nationale Erhebung Deutschlands prophezeit wurde. Das Werkzeug dafür wurde von ihnen ausersehen, Adolf Hitler. Seither stand er unter dem ständigen Einfluss eines mächtigen Geistes, den er öfters den „Segensbringer" nannte, und mit dem er fortdauernd in Verbindung war. Erst fünf Minuten nach Zwölf war der Spuk vorbei und Hitler endete durch Selbstmord.

Nachdem England, Frankreich, Deutschland, Kanada und die USA jenseitige Berater für wichtige politische Entscheidungen hatten, wollte auch Russland nicht bei Seite stehen. Joseph Stalin zog ein spiritistisches Medium, Wolf Messing, in seinen näheren Kreis. Ein parapsychologisches Institut wurde in Moskau eingeführt und die „okkulte Kriegführung“ studiert. So wurde der zweite Weltkrieg zu einem furchtbaren Inferno, das die wahre Natur jener geheimen „Ratgeber“ verrät. Christus hatte im letzten Buch des Neuen Testamentes diese dämonische Wirksamkeit vorausgesagt: *„Es sind Geister der Teufel, die tun Zeichen und gehen aus zu den Königen auf dem ganzen Kreis der Welt, sie zu versammeln in den Krieg...“* Offb. 16,14.

Als nächstes ist eine Weltregierung und Weltreligion als totale Diktatur vorausgesagt, wo der „Gott dieser Welt“ seine absolute Herrschaft über die ganze Erde aufrichten wird. Unsere Lage wäre dann hoffnungslos, doch Christus sagte gleich im nächsten Vers in Offb. 16,15 zu unserem Trost voraus: *„Siehe, ich komme!“* Sein Wiederkommen zur Beendigung der dämonischen Herrschaft auf Erden und zum Beginn seines ewigen Gottesreiches ist unsere Hoffnung, die uns der gibt, der selbst *„die Wahrheit, der Weg und das Leben ist“*. Joh. 14,6)

Spiritismus in den christlichen Kirchen

Der Spiritist Sir Arthur Conan Doyle, der Berater von Roosevelt und Eduard VI, und sein Kollege Sir Oliver Lodge behaupteten, dass die Geister eine „neue Offenbarung aus dem Jenseits“ bringen mit dem Ziel, das „traditionelle Christentum vollständig umzugestalten,“ in anderen Worten, „der Spiritismus wird die Grundlage schaffen für einen Ökumenischen Zusammenschluss der Christenheit unter einer allumfassenden Geisteinheit der Religion. So können Protestanten und Katholiken wieder durch und auf der spiritistischen Grundlage einig werden, eine Weltreligion des wissenschaftlich erwiesenen Überlebens.“ (L. E. Froom, Spiritualism Today, S. 14)

Sir Doyle stellt den Spiritismus als die „Zentrale Lehre“ des Christentums dar. Er behauptet, dass die Auswirkungen des Pfingstgeschehens zur Zeit der Apostel total verblassen neben dem, was der moderne Spiritismus an Kraft- und Wundertaten vollbringen wird. Er steht mit dieser Vorhersage nicht allein da, die spiritistische Literatur ist voll von diesen Aussagen.

Verschiedene Schritte führen zur Verwirklichung dieses Zieles. Nach den Klopfzeichen von Hydesville im Jahre 1848 wurden bald spiritistische christliche Kirchen gegründet, die genauso wie andere Kirchen gestaltet waren, nur dass der Geisterkult im Zentrum stand. Christus wird als der große Mittler, das große Medium bezeichnet. Pfingsten sei die größte spiritistische Manifestation in der Geschichte gewesen. Diese Kirchen schlossen sich zusammen in der „National Spiritualist Association of Churches of the USA."

Ein weiterer Schritt war die Gründung der Pfingstgemeinden zu Beginn unseres Jahrhunderts. In einer religiösen Erweckungswelle traten wie zu Pfingsten die Sprachengabe, die Heilungsgabe und die Prophetengabe auf, wie man es bezeichnete. Die Vorhersage des Mediums Doyle begann sich zu erfüllen.

Die neuen Pfingstgemeinden breiteten sich über die ganze Welt aus. „Im Juni 1907 kam es zu den sogenannten Kasseler Vorgängen," schreibt Pastor Rudolf Bäumer im „Informationsbrief 150 der Bekenntnisbewegung ‚Kein anderes Evangelium'" vom Februar 1992, S. 21, und fährt fort: „Bei evangelistischen Vorträgen entstanden tumultartige Szenen ... Die Versammelten gerieten immer mehr in eine ekstatische Hochstimmung. In diesem Zustand wälzten sich Männer und Frauen am Boden, stießen Schreie und Hallelujarufe aus und redeten in Zungen ... Die Zungenredner sprachen Dinge aus, die hart an der Grenze des Zumutbaren lagen ... Die Pfingstversammlungen wurden allmählich zum öffentlichen Ärgernis. Es kam zu Straßenaufläufen der Kasseler Bevölkerung. Nach einigen Wochen mussten die Versammlungen auf Drängen der Polizei abgebrochen werden.

Diese und ähnliche Vorgänge riefen geradezu nach einem klärenden, wegweisenden Wort." Am 15. September 1909 kamen darum in Berlin 56 Abgeordnete verschiedener christlicher Kirchen und Gemeinschaften, der sogenannten Evangelischen Allianz zusammen. Sie besprachen neunzehn Stunden lang unter Gebet und Bibelstudium das Wirken der Pfingstbewegung. Sie sahen den direkten Zusammenhang mit dem Spiritismus und seinen Phänomenen. Sie führten die ernsten Warnungen der Bibel an: *„Wer die Toten fragt, der ist dem Herrn ein Gräuel.“* 5.Mose 18,10-12.

Okkulte Praktiken sowie Homosexualität wurden als Gräuelsünden in Israel mit dem Tod bestraft. 3.Mose 20,6.13. König Saul wandte sich entgegen dem Gebot Gottes an ein Medium in dem Ort Endor. l.Sam.28. Er wurde dafür von Gott verworfen und kam ums Leben. (1. Chron. 10,13) In Jesaja 8,19.20 wird geraten, Gott zu fragen und nicht die Toten, weil sie wirklich tot sind, *„die Toten aber wissen nichts, sie haben auch keinen Lohn mehr – denn ihr Gedächtnis ist vergessen ... sie haben kein Teil mehr auf der Welt an allem, was unter der Sonne geschieht ... bei den Toten ist weder Werk, Kunst, Vernunft noch Weisheit.“* (Pred. 9,5.6.10)

Christus warnte vor falschen Propheten, die große Zeichen und Wunder tun. (Mat. 7,15-23; 24,23-25) Besonders das Wort in 2. Kor. 11,13-15 war wegweisend: *„Falsche Apostel und trügerische Arbeiter verstellen sich zu Christi Aposteln. Und das ist auch kein Wunder; denn er selbst, der Satan, verstellt sich zum Engel des Lichtes. Darum ist es nicht ein Großes, wenn sich auch seine Diener verstellen als Prediger der Gerechtigkeit; welcher Ende wird sein nach ihren Werken.“*

In der Geschichte finden wir Berichte, wie selbst berühmte Männer und Frauen sich von den gefälschten Erscheinungen der sogenannten Toten täuschen ließen.

Hier nur einige Beispiele. Dem Gründer der Montanisten erschien ein Geist, der sich als „der Herr, Gott der Vater“ ausgab. Zu Beginn des vorigen Jahrhunderts ließ sich in der Kirche der Presbyterianer Pastor Irving, das Haupt einer Erweckungsbewegung in England von einem Geist täuschen, den er ungeprüft zu sich reden ließ und der behauptete: „In mir seht ihr Christus im Fleisch, durch mich und in mir hat Gott alles Fleisch vom Tode erlöst.“ Pastor Irving verfiel in die Gabe der sogenannten Zungenrede und brachte eine Spaltung in die Bewegung.

Stainton Moses, ein Pfarrer, wurde zu einem berühmten Medium, ebenso der Baptistenprediger Dr. Monk. „Der Geist, der durch Smith das Mormonenbuch schrieb, bezeugte: ‚Ich bin Jesus Christus, der Vater und der Sohn', und die Mormonen glaubten ihm." (E. Lohmann, Pfingstbewegung und Spiritismus, Frankfurt, S. 43)

Die Gründer der Theosophen, Anthroposophen und der Christlichen Wissenschaft pflegten die Verbindung mit dem Spiritismus. Der Vater der Heilsarmee, William Booth, sprach oft mit seiner verstorbenen Mutter, und Billy Graham, der moderne Erweckungsprediger, sprach mit seiner verstorbenen Großmutter.

Papst Pius XII. hatte wiederholt die Erscheinung eines Geistes, der sich als Pius X. ausgab und auch Glauben fand.

Das Ergebnis der Beratungen in Berlin im Jahre 1909 wurde als die Berliner Erklärung bekannt gemacht: „Die sogenannte Pfingstbewegung ist nicht von oben, sondern von unten. Sie hat viele Erscheinungen mit dem Spiritismus gemein. Es wirken in ihr Dämonen, welche von Satan mit List geleitet, Lüge und Wahrheit vermengen, um die Kinder Gottes zu verführen." (E. Edel, Der Kampf um die Pfingstbewegung, Erfurt 1949, S. 24)

Durch diese Erklärung wurde diese Bewegung in Deutschland ziemlich isoliert.

Die zweite Welle der Pfingstbewegung nach dem zweiten Weltkrieg war noch viel stärker als die erste und erfasste die ganze Welt. Versammlungen mit Tausenden und Abertausenden fanden in allen Erdteilen und fast allen Ländern statt. Männer wie Robert Fierro, Branham, Allen, Erickson, Gardner, Grant, Green, Hardt, Hayes, Jackson, Jeffrey, Karols, Lindsay, Nunn, Osborn, Cerullo, McAlister, Coe, Oral Roberts, Roberts Liardon, Dr. Lester Sumrall, Dr. John Avanzini, Leigh Valentine, Robert Tilton, Reinhard Bonnke und viele andere vollbrachten Heilungswunder im Namen Jesu. Viele Tausende streckten die Arme hoch und riefen: „Wir nehmen Jesus als unseren Heiland an."

Man spricht von „Weltpfingsten" und hält „Weltpfingst-Konferenzen" in aller Welt ab. „Der Spätregen hat begonnen" überschreibt C.J. Plett seine Broschüre im Philadelphia-Verlag in Leonberg 1949. Die Ereignisse zu Pfingsten in der Zeit der Apostel wird als „Frühregen des Heiligen Geistes“ bezeichnet, und die Pfingstbewegung jetzt als der „Spätregen“.

In dem Pfingstblatt „Mitternachtsruf“ wird das Wirken von R. Fierro in Südamerika berichtet mit der Überschrift: „Der Spätregen setzt sich fort.“ (3Jg. Nr. S. 3) Hier wird erzählt, wie Methodisten, Baptisten, Presbyterianer, Nazarener und Allianzglieder unter den Besuchern sind. Fierro berichtet: „Die Methodistenprediger schlangen ihre Arme um mich, bedeckten mich mit ihren Küssen und sagten: ‚Br. Fierro, uns fehlt, was du besitzest.‘“ (a.a.O., S. 6)

„Das größte Wachstum verzeichnen den Angaben zufolge die Charismatiker und Pfingstler, die von 3,7 Millionen Anhängern im Jahr 1900 (0,66 Prozent aller Christen) auf 429 Millionen heute (24 Prozent) anstiegen.“ (Zs. Arbeitskreis Christlicher Publizisten, April 1993, S. 16)

In Deutschland jedoch distanzieren sich die Vorstände der Gemeinschaftsverbände und Freikirchen wieder von dieser Bewegung. E. Edel schreibt (a.a.O., S. 51): „Der Gnadauer Verband kam zur Beratung zusammen und stellte fest, dass die Bestimmung der Berliner Erklärung auch heute noch vollinhaltlich zu Recht bestehe‘. Pfingstgeschwister mit geistlichen Gaben … dürfen nicht in die Gemeinschaften aufgenommen werden.“

Missionar Roeckle und der württembergische Pfarrer Otto Witt bemühten sich vergeblich um eine Revision der Berliner Erklärung zugunsten der „Neuen Pfingstbewegung“. Es kamen sogar Geistesbotschaften ihnen zu Hilfe. Durch „göttliche Inspiration“ wird 1952 in Kanada einer der Pfingstevangelisten mit folgender Botschaft betraut: „Du wirst in Deutschland einer Konferenz beiwohnen, auf der du meine Worte übermitteln sollst. Sage deinen Brüdern, es handle sich um das Berliner Edikt. Die führenden Männer, die dieses einst aufstellten und unterschrieben haben, erregten Mein großes Missfallen und verhängten dadurch einen Fluch über ihr Land, insofern als sie Mein Wirken missdeuteten und Meinem Geist Vorschriften machten. Es sollen ebensoviel führende Brüder zusammentreten und gleich Daniel ehrlich bekennen:

Wir und unsere Väter haben gesündigt und sind widerspenstig gewesen. Wir bekennen und widerrufen, dass wir Unrecht an Deinem Volke getan haben, denn wir haben Deiner Gnadenheimsuchung einen Damm entgegengesetzt und damit das Feuer der Erweckung ausgelöscht." (Mehr Licht, The Voice of Healing, 31Jg. Nr. 6, Hamburg, S. 2)

Die Evangelikalen trauen dieser sogenannten Botschaft von Gott nicht. Die Mitgliederversammlung des Gnadauer Verbandes bestätigt im Jahre 1972 wieder die Berliner Erklärung: „Auf verschiedene Anfragen und Aufforderungen hin, sich von der Berliner Erklärung … zu distanzieren, stellt die Mitgliederversammlung fest, dass weder eine Korrektur noch Zurücknahme dieser Erklärung begründet noch der Gnadauer Verband heute dazu berechtigt ist. Sie sieht in der Berliner Erklärung ein von Gott in jener Stunde gegebenes notwendiges Wort." (R. Bäumer, a.a.O., S. 21)

In seinem Buch „Pfingstbewegung und Spiritismus" Verlag Orient, Frankfurt/M. schreibt Pastor Ernst Lohmann auf S. 78: „Die Bibel sagt klar und deutlich, wenn bei einem Propheten das Wahre und Falsche gemischt ist, dass er wahre und falsche Botschaften bringt und behauptet, sie wären von dem Herrn ihm gegeben, so ist er ein falscher Prophet." (Vergl. 5. Mose 18,20) „Das ist eben das Kennzeichnende bei diesen Botschaften in Zungen bei der ‚Pfingstbewegung', dass diese Botschaften, auch die falschen, gegeben werden im Auftrage Gottes und oft eingeleitet werden mit den Worten: ‚Ich, Jesus' oder ‚Ich, der Herr sage'."

Auf S. 50 in seinem Buch berichtet der Verfasser von einer Schwester, die durch Handauflegung das Zungenreden bekommen hatte, aber Zweifel an der Echtheit dieser Gabe bekam. „Wir beteten mit und für die Schwester einige Stunden. Der Geist, der in ihr war, und der vorher von Golgatha, vom Blut, von der Herrlichkeit, von Erweckungen geredet hatte, schimpfte jetzt in ganz furchtbarer Weise auf uns durch Zungenreden … er drohte mit Vernichtung, ja sogar mit dem Tode … Schaurig ist es zu wissen, dass diese tobenden, fluchenden und mit Mord drohenden Dämonen bisher zu Kindern Gottes von Golgatha, von Erweckungen und anderen göttlichen Dingen geredet haben und Glauben fanden. Wo soll das Volk Gottes hinkommen, wenn es solchen Dämonen glaubt?"

In der sogenannten „Dritten Welle" der Pfingstbewegung in der Gegenwart tritt die Charismatische Bewegung ihr Erbe an und erobert nach und nach alle christlichen Kirchen, auch die Katholische Kirche. Die Bekenntnisbewegung der Evangelikalen erhebt 1992 warnend ihre Stimme gegen das Zungenreden und Organisationen wie die „Internationale Gemeinschaft der Kaufleute des vollen Evangeliums" oder die charismatische „Geistliche Gemeinde-Erneuerung", sowie die „Arbeitsgemeinschaft für Gemeindeaufbau", die mehrere „Kongresse für Evangelisation und Gemeindeaufbau" abhielten.

Die Pastoren Affeld und Nestvogel nehmen öffentlich Stellung und schreiben: „Besonderen Anstoß hat unser Hinweis erregt, dass man bei John Wimber und Yonggi Cho (führende Männer der Charismatischen Bewegung – Anm. d. Verf.) auch auf Phänomene stoße, welche die ‚Grenze zum Okkultismus bereits überschritten haben' ... Wir denken dabei an Chos magische Inkubationsmethode, die sich in analoger Weise bei den buddhistischen Mönchen der Sokakakai-Sekte findet. Cho äußerst sich dazu ausführlich in seinem grundlegenden Buch ‚Die vierte Dimension' (Bd. l, 2. Auflage, Köln 1987, S. 7-28.)

Als Beispiel aus der Arbeit von John Wimber sei auf Berichte von Kongressen hingewiesen, bei denen Teilnehmer ihre Selbstkontrolle verloren haben, was sich etwa in krankhaften Lachanfällen, Fallen auf den Rücken oder Herumwinden auf dem Fußboden geäußert hat. (Q. Wimber/K. Springer, Die Dritte Welle, Hochheim 1988, S. 133.176f) Wimber selbst qualifiziert derartige Phänomene als Wirkungen des Heiligen Geistes." (Informationsbrief 150, a.a.O., S. 18.19)

Es sind also die gleichen Ereignisse wie 1907 in Kassel, die zu der Berliner Erklärung geführt hatten. Diesmal übernimmt ein Theologe die Aufgabe der Vermittlung zwischen den Evangelikalen und der Charismatischen Bewegung, Prof. Peter Wagner, vom „Fuller Seminar" in Kalifornien, als dem Zentrum der Gemeindewachstums-Methoden. „Wagner hält es mittlerweile für seine Hauptaufgabe, das charismatische Gedanken- und Geistesgut gezielt in die evangelikalen Kreise hineinzutragen. Mit dem Schwung der sog. ‚Dritten Welle' will er biblische Vorbehalte wegschwemmen. Nürnberg war ein Meilenstein in Wagners Strategie … Wagner will eine ‚Versöhnung zwischen Charismatikern, Evangelikalen und Liberalen' … Wir aber sagen nein zu der Nürnberger Vereinnahmungsstrategie." (a.a.O., S. 19.20) Die Äußerungen der Pastoren Affeld und Nestvogel „decken sich mit der Auffassung unserer Organisation" erklärt die Bekenntnisbewegung. (a.a.O., S. 18) Diese Feststellung hat den gleichen Stellenwert wie die Berliner Erklärung von 1909.

Das theologische Schlüsselwort in der biblischen Begründung für die Ablehnung der Charismatischen Zungenrede als sogenannte Manifestation des Heiligen Geistes zeigt Pastor W. Gottwaldt in seinem Buch „Biblisches Zungenreden heute?", Liebenzell 1973. Er weist nach, dass das Zungenreden" nichts anderes ist als das Reden in einer fremden, natürlichen Sprache zur Verkündigung des Evangeliums in dieser Sprache. Das ist die biblische Definition der Zungenrede, von der die Charismatische Bewegung abweicht und eine eigene, unbiblische Erklärung als „Ekstatische Begeisterungsrede" als Grundlage für ihre Tätigkeit erfindet.

Ein indischer Wissenschaftler nennt diese ekstatische Zungenrede nach seinen Erfahrungen einen „zeitweisen Wahnsinn", verursacht durch Massensuggestion oder auch durch Autosuggestion, manchmal spielt auch Hypnose dabei eine Rolle. „Ein himmlisches Wonnegefühl" erfüllt die Menschen, die diese „Zungengabe" empfangen haben. Es ist eine Euphorie, die auch durch bestimmte Drogen zu erreichen ist und eine Störung der normalen Gehirnfunktionen hervorruft. Wer solch ein „göttliches" Wonnegefühl erlebt hat, ist kaum davon zu überzeugen, dass seine sogenannte „Geistestaufe" nichts mit Gott zu tun hat. Christus hat diese Tatsache sehr ernst vorausgesagt: *„Nicht jeder, der zu mir sagt: Herr, Herr! wird in das Reich der Himmel eingehen, sondern wer den Willen meines Vaters in den Himmeln erfüllt. Viele werden an* *jenem Tage zu mir sagen: Herr, Herr, haben wir nicht i Namen geweissagt, und in deinem Namen Dämonen au: und in Deinem Namen viele Machttaten vollbracht? D ich ihnen offen sagen: Niemals habe ich euch gekannı von mir, ihr Täter der Gesetzlosigkeit."* (Mat. 7,21-23) (Simon Übersetzung)

Christus spricht hier nicht von einzelnen Personen, oder von wenigen, sondern er nennt „viele", die sich selbst in bezug zu ihren „Geistesgaben" täuschen und getäuscht werden. Das Zentrum der Charismatischen Bewegung ist demnach offensichtlich morbid und okkult und sollte keinen echten Christen irreleiten.

Mit schnellen Schritten ist der Spiritismus seinem Ziel, eine einzige Weltreligion zu schaffen, beträchtlich näher gekommen. Inzwischen haben sich wirklich die protestantischen Kirchen in der Ökumene, dem Weltkirchenrat, vereint und Freundschaft mit dem Papsttum geschlossen, und die charismatisch-spiritistische Bewegung bringt diese beiden noch enger zusammen. Vor mehr als hundert Jahren sah eine Schreiberin der Gemeinde der Adventisten, E. G. White, diese Vereinigung voraus:

„Die Protestanten der Vereinigten Staaten werden die ersten sein, die ihre Hände über den Abgrund ausstrecken, um die Hand des Spiritismus zu erfassen; sie werden über die Kluft hinüberreichen zum Handschlag mit der römischen Macht, und unter dem Einfluss dieser dreifachen Verbindung wird jenes Land den Fußstapfen Roms folgen und die Gewissensrechte mit Füssen treten. Da sich der Spiritismus dem heutigen Namenschristentum anpasst, hat er größere Macht zu hintergehen und zu verstricken. Durch die Wirksamkeit des Spiritismus werden Wunder geschehen; Kranke werden geheilt und viele unstreitig übernatürliche Taten vollbracht werden. Und da die Geister ihren Glauben an die Bibel beteuern und Achtung vor den Einrichtungen der Kirche bekunden, wird ihr Werk als eine Offenbarung göttlicher Macht angenommen werden." (E. G. White, Der Große Kampf, Hamburg, S. 589)

Diese vorausschauende und erfüllte Erklärung von Offb. 13-16 zeigt unseren Weg zu einer Weltreligion als Folge einer Weltregierung, die in unseren Tagen kurz vor ihrer Verwirklichung steht. Es wird dann zwei Gruppen von Menschen geben, die einen werden bei der Weltreligion zustimmen, die anderen werden als kleine Minderheit abgesondert und verfolgt werden. Alle echten Nachfolger Christi werden dann zusammenstehen, wenn sie jetzt auch noch durch manche Konfessionsgrenzen getrennt sind. Sie bilden die Endgemeinde, die Christus bei seinem Wiederkommen in Herrlichkeit retten wird.

WIEDERVERKÖRPERUNG ALS FIKTION

Die Lehre der Seelenwanderung

Im Allgemeinen vertreten die Anhänger der UFO-Lehre die Ansicht, dass der Mensch schon einmal auf dieser Erde als eine andere Person gelebt habe. Sie glauben an die Reinkarnation oder Wiederverkörperung desselben Menschen in seiner heutigen Persönlichkeit. Diese Auffassung wird zu prüfen sein.

Die Zeitung „Idea-Spektrum" veröffentlichte eine Zeichnung mit folgender Überschrift: Esoterik Studio – heute Reinkarnation 5. Folge. Links von dem Moderator sitzt auf einem Stuhl ein Baby mit dem Schild um den Hals: Ich war Xerxes. Daneben hat ein Hund Platz genommen mit der Erklärung: Ich war Ramses. Rechts vom Sprecher steht noch ein Stuhl mit einer Gans und dem Schild: Ich war Cleopatra. Den Abschluss bildet eine Sonnenblume in einem Blumentopf: Ich war Karl der Große.

Nach einer Allensbach-Umfrage glauben heute schon mehr als zwölf Prozent der deutschen Bevölkerung an die Lehre der Reinkarnation oder Wiederverkörperung. Ihren Ursprung hat diese Auffassung in Asien.

Die Lehre der Seelenwanderung in Asien

Brahma sei der das All erfüllende Geist als Prinzip des Lebens, er ist entweder unpersönlich, ist also kein Gott – das ist der atheistische Hinduismus – oder er ist persönlich – das ist der Theistische Hinduismus. Er wird umgeben von der Welt der Götter und der Menschen, aber diese Welt ist MA-YA = Täuschung, sie ist keine Wirklichkeit. Der Mensch trägt einen Teil von Brahma in sich, Atman genannt. Der ihn umkleidende Körper ist ebenfalls Maya = Unwirklichkeit, genau wie die Welt um ihn. Wie der Mensch damit umgeht, bestimmt sein Karma, das sind alle seine guten oder bösen Taten. Sie werden mit dem Darma, dem Gesetz der Gerechtigkeit beurteilt. Die Schlechten werden bestraft, die Guten belohnt. Die Erlösung vom Bösen, die Moksha geschieht durch den Tod. Lohn oder Strafe folgen in einem nächsten Leben. Der Atman trennt sich vom Scheinleib und wird wieder in einem anderen Leib verkörpert. Diese Reinkarnation geschieht viele Male in der sogenannten Samsara, dem Rad der Wiederverkörperungen.

Am Ende dieser Kreisläufe wird Atman wieder zu Gott, der Mensch wird Gott. Der berühmte Reformhindu Vivekananda beschreibt das Schicksal des Menschen in folgender Weise, gestützt auf die Veden, die heiligen Schriften der Hindus.

Es gibt drei Arten von abgeschiedenen Seelen, die Vollkommenen, die Guten und die Bösen. Die Vollkommenen folgen den Sonnenstrahlen und gelangen in die Sonnensphäre, von dort in die Mondsphäre, dann in die Blitzsphäre und schließlich in die Brahmaloka, den Himmel der Götter. Dort werden sie eins mit dem Unendlichen. Sie werden allmächtig und allwissend, „sie werden sein wie Gott." (1. Mose 3,5)

Die Guten, aber noch nicht Vollkommenen, steigen auf in die Mondsphäre und in die dortigen Himmel, wo sie die Körper von Göttern erhalten und wie Götter lange Zeit in Freuden leben. Weil ihr Karma aber noch nicht rein ist, sinken sie eines Tages wieder ab in die Sphäre von Luft und Wolken und fallen schließlich als Regentropfen auf die Erde. Hier werden sie von den Pflanzen aufgesaugt, und diese werden von den Menschen gegessen. Jetzt sind sie wieder im Körper eines Menschen, sind wiederverkörpert.

Die Bösen werden nach dem Tod zu Dämonen und Spukgeistern und leben zwischen der Mondsphäre und der Erde. Nach einiger Zeit erreichen sie als Regentropfen wieder die Erde, gelangen in die Pflanzen und werden nun von Tieren gefressen, von Schlangen, Würmern, Affen usw. So werden sie als Tiere wiederverkörpert.

Zuletzt in der Samsara, der Kette der Wiederverkörperungen, werden sie zu einer Kuh. Sie steht dicht vor der Moksha, der Erlösung, weil sie als nächstes wieder als Mensch auf die Welt kommen darf.

Diese Reinkarnationen setzten sich endlos in Ewigkeit fort. Dieser Glaube kennt zwar die Gerechtigkeit von Lohn und Strafe, aber keine Gnade und keine Vergebung, keine erlösende Liebe und keine Versöhnung.

Die Auswirkungen dieses Glaubens in Indien

Im Blick auf das unbeschreibliche Elend in den Slums in Indiens Städten versteht man das Wort Vivekanandas: „Keine Religion auf Erden hat in so erhabenen Tönen die Würde des Menschen gepredigt. Und keine Gesellschaft tritt den Nacken der Elenden so unbarmherzig in den Staub wie Indiens Gesellschaft." (Romain Rolland, Vivekananda, S. 56)

Wie ertragen diese in den Staub getretenen Menschen ihre tiefe Erniedrigung, ihre Armut und ihre Leiden? Sie sehen ihr Leben als Strafe an für die Fehler, die sie in einem früheren Leben begangen haben. Sie haben zwar selbst keine Erinnerungen an diese Verfehlungen, aber dennoch werden sie dafür bestraft. Nach der Gerechtigkeit in diesem Strafsystem darf man nicht fragen. Sicher ist diese Auffassung im Gegensatz zu den Menschenrechten und auch zu der Gerechtigkeit Gottes. Das Neue Testament stellt fest: *„Gott hat die Zeit der Unwissenheit übersehen." (Apg. 17,30) Er richtet nach unseren Werken.*

„Es ist dem Menschen gesetzt einmal zu sterben, darnach aber das Gericht." (Hebr. 9,27; 2.Kor. 5,10)

Am bedauernswertesten sind in Indien die Frauen. Sie werden als Menschen zweiter Klasse angesehen, müssen die schwersten Arbeiten verrichten und sind überall benachteiligt. Wie ertragen sie ihr Los? Es wird ihnen beigebracht, dass sie in einem früheren Leben ein Mann waren, aber weil sie damals schwere Fehler begangen haben, müssen sie als Strafe dafür als Frau wieder auf die Welt kommen. Frausein ist Strafe, ein ganzes Leben lang. Sie ertragen alles in der Hoffnung, später wieder als Mann auf die Welt zu kommen.

Heiraten ist religiöse Pflicht im Hinduismus und wird von den Eltern selbst in die Hand genommen, die ihre Kinder oft schon früh verheiraten. Für das Mädchen muss dem Bräutigam eine Mitgift bezahlt werden, die sogenannte Dowry, die oft so hoch ist, dass sich ihre Familie mit einer so großen Geldsumme lebenslang verschuldet und bei den hohen Zinsen auch verarmt.

Immer wieder kommt es vor, dass sich Mädchen das Leben nehmen, um ihre Familie vor Armut zu bewahren. Sie hoffen durch dieses Opfer später als Mann wieder inkarniert zu werden.

Ebenso erschreckend ist das Devadasi-System. Junge Mädchen von neun bis fünfzehn Jahren werden an einem Opferfest zu Tausenden in den Tempel der Göttin Vellama gebracht und dort ihre Weiblichkeit der Göttin geopfert. Diese Mädchen werden Devadasi genannt und dürfen nicht mehr heiraten. Sie werden in den Dörfern bei reicheren Bauern als Konkubinen gehalten, und fast die Hälfte von ihnen enden als Prostituierte in den großen Städten. Das alles tun sie in der Hoffnung in einem späteren Leben nicht mehr als Frau, sondern als Mann wieder diese Welt zu betreten.

Eine weitere Ursache für das Elend in Indien ist das Kastensystem. Durch die Wiederverkörperung wird der Mensch in einer bestimmten Klasse der Gesellschaft geboren, aus der er sich sein Leben lang nicht mehr befreien kann. Die niederen Kasten sind den höheren gegenüber stets benachteiligt. Am schlimmsten geht es den Kastenlosen, die Knechtsdienst und Sklavendienst leisten müssen. Es ist auch unmöglich in eine höhere Kaste einzuheiraten. Dazu ein Beispiel:

Eines Morgens fand man in einem Dorf unweit des berühmten Taj Mahals drei junge Menschen an einem Baum erhängt, ein Mädchen und zwei Männer. Polizeiliche Nachforschungen ergeben, dass der eine junge Mann in das Mädchen verliebt war und sie heiraten wollte. Da er jedoch zu einer unteren Kaste gehört, lehnen die Eltern der Braut die Ehe rundweg ab. Da beschließen die beiden Liebenden zu fliehen und irgendwo in Indien unbekannt ein gemeinsames Leben aufzubauen. Ein Freund hilft ihnen bei der

Flucht. Sie werden jedoch entdeckt und von den wütenden Dorfbewohnern in einer Lynchjustiz kurzerhand aufgehängt.

Die Polizei verhört die Mutter, sie sagt: „Ich konnte mir nicht vorstellen, dass meine Tochter mit einem Mann einer niedrigen Kaste lebenslang verbunden sein sollte.“

Zahllose andere Erlebnisse werfen noch mehr Licht in dieses dunkle Kapitel der verheerenden Auswirkungen der Reinkarnation. Dieses unsoziale System der Kasten steht außerhalb der Menschenrechte, aber es ist eine Folge der Lehre von der Wiederverkörperung.

Mahatma Gandhi, der Vater der indischen Nation, bezeichnet die Reinkarnation als eine so schwere Last, dass sie niemand tragen könne.

Der indische Dichter und Nobelpreisträger, Dr. Tagore, schreibt gegen die „Selbstverwirklichung“ des Menschen, die in dem Streben, ein möglichst hohes Karma zu erreichen und damit in einer höheren Kaste wieder inkarniert zu werden, nichts anderes als krassester Egoismus ist.

Stanley Jones erzählt in seinem Buch „Christ on the Indian Road“ von einem hochgestellten indischen Richter, der auf der Suche nach der Vollkommenheit war. Er sagte traurig: „Ich kenne mehr Hindus als Sie, Aryas, Brahmas, Theosophen und Orthodoxe; ich kenne keinen einzigen, der das Ziel erreicht hätte.“

Dadurch entsteht ein gewisser Pessimismus, der die Psyche der Inder schwer belastet. Man erreicht sein Ziel in diesem Leben nicht, man bleibt auf halbem Wege stecken. Tagore bemerkt dazu: „In Indien kommt man in allem bis zu einer gewissen Höhe, dann bleibt man stecken.“ Dieser Pessimismus wirkt sich selbst auf die Arbeit des Inders aus. So sind z.B. die Produkte der indischen Industrie oft unfertig und nicht ausgereift oder vollendet. Unter dieser Minderung der Qualität leidet die Wirtschaft in erheblichem Maße. Wir haben immer wieder erlebt, wie die Inder selbst kein Vertrauen zu ihren technischen Produkten haben, sondern ausländische Waren bevorzugen und auch besser bezahlen. Die tiefste Ursache für diese Defizite liegt in der Lehre von der Wiederverkörperung.

So wie der einzelne eigensüchtig nach der Verbesserung seines eigenen Karmas zum Zwecke einer besseren Wiederverkörperung strebt, zeigt auch das Wirtschaftsleben einen krassen Egoismus mit dem höchsten Ziel eines persönlichen Profites, ohne den entsprechenden Einsatz zu leisten. Viele Inder bedauern die Korruption und Täuschungen, die an der Tagesordnung sind.

Die Lüge lähmt das Vertrauen, das jedoch die Grundlage der Liebe ist. So gibt es fast gar kein soziales Bemühen in Indien, wo es aber vorhanden ist, kann man leicht die Wurzeln in den christlichen Vorbildern finden.

Durch die mangelhafte Sozialstruktur in Indien gibt es auch keine Sozialversicherung und keine allgemeine Altersversicherung. Wer also alt wird, muss von seinen Kindern versorgt und unterhalten werden. Das ist nur möglich, wenn man möglichst viele Kinder zur Welt bringt, die dann im Alter die Eltern versorgen. Die hohe Säuglingssterblichkeit fordert eine große Kinderzahl, um die Altersversorgung zu sichern. Das wiederum bewirkt die Bevölkerungsexplosion mit den unlösbaren Problemen als Folge.

Die Lehre der Reinkarnation ist die heimliche und schwere Last, die die Nation Indiens nicht hochkommen lässt und die Würde des Menschen zutiefst in den Staub tritt.

Das gleiche Bild bietet sich in der Politik, die subtil vom Kastenwesen beherrscht ist, und zu der wenig Vertrauen unter der Bevölkerung besteht. Die politische Mafia zwingt die Bevölkerung bestimmte Parteien zu wählen und bringt politische Gegner kaltblütig um.

Inder prüfen Berichte über ein früheres Leben

„Wie heißt Du?"
„Francis Kodituwakku."
„Wie alt bist Du?"
„49 Jahre"
„Bist Du verheiratet?"

„Ja."

„Woher weißt Du, dass Du 49 Jahre alt bist?"

„Ich weiß nicht."

Der so Gefragte ist ein kleiner Junge von 3 $^{1}/_{2}$ Jahren, von dem behauptet wird, dass er sich an ein früheres Leben erinnern kann.

Ein indischer Professor, Dr. A. Kovoor, leitet einen amtlichen Prüfungsausschuss, der den Fall untersucht. Francis Kodituwakku ist im Alter von 52 Jahren in Kandagoda in Matara gestorben. Sieben Monate danach wird nur 300 m von seinem Haus ein Junge geboren, der nun mit dreieinhalb Jahren behauptet, der reinkarnierte Francis zu sein.

Man stellt dem Jungen siebzig Fragen, nur vier Antworten sind richtig. Außerdem ist er nicht als Frühgeburt mit sieben Monaten zur Welt gekommen, er ist also zwei Monate vor dem Tod des Francis gezeugt worden. Er konnte demnach nicht der sogenannte Inkarnierte sein. Die Prüfungskommission entlarvte diesen Fall als Täuschung.

Mehrere akademische Prüfungsausschüsse untersuchten zahlreiche ähnliche Fälle in Indien und Sri Lanka. Sie kamen stets zu dem gleichen Ergebnis: Es gibt nicht einen einzigen Fall der Rückerinnerung an ein früheres Leben in der langen Kette der Wiederverkörperungen. Auch die Fälle, wo durch Hypnose detaillierte Berichte über ein Vorleben in anderen Personen gegeben wurden, konnten einer genauen Prüfung nicht standhalten.

Dr. Marcuse, einer der Gutachter, schreibt: „Die angebliche Beweisführung für die Reinkarnation durch hypnotische Rückerinnerung ist totaler Unsinn und nichts als Scharlatanerie." (A. Kovoor, Gods, Demons and Spirits, S. 147)

Dr. Radakrishnan, der „Brückenbauer" zwischen östlichem und westlichem Denken, der zweite Staatspräsident der indischen Union, wies unmissverständlich darauf hin, dass „der Hauptgrund für die Verwerfung des Glaubens für die vielen Wiedergeburten die Tatsache ist, dass es niemand gibt, der eine Erinnerung an ein früheres Leben beweisen könnte." (B. K. Lall, Contemporary Indian Philosophy, S. 282)

„Keiner der … Berichte über eine Erinnerung an ein (!) früheres Leben konnte verifiziert werden, ebenso wenig wie die viele Jahrhunderte nach Buddhas Tod aufgeschriebene, offensichtlich legendere Erzählung von Buddhas Erinnerung an 100 000 gelebte Leben … Es lässt sich nicht übersehen, dass trotz aller Attraktivität der Wiedergeburtsidee sehr gewichtige Gründe gegen sie sprechen, wie man ja auch unter gebildeten Indern, Chinesen und Japanern nicht wenig Skepsis gegenüber der Reinkarnationsidee antrifft.“ (Hans Küng, Ewiges Leben?, München, 1982, S. 89)

Wissenschaftliche und religiöse Überlegungen

In der indischen Medizin arbeitet man in der Neurochirurgie mit westlichen Arbeitsmethoden. Man weiß genau, dass bei dem Ausfall bestimmter Hirnregionen Funktionsstörungen, Gedächtnisstörungen und Bewusstseinsveränderungen bis hin zum Verlust des Bewusstseins entstehen. Das Bewusstsein ist also nur bei Funktion der Gehirnzellen möglich. Beim Absterben der Zellen ist darum auch kein Bewusstsein im Tode mehr vorhanden. Ein Transfer des Bewusstseins ist daher wissenschaftlich gesehen nicht möglich.

Diese Tatsache ist eine Erklärung dafür, dass es nicht einen einzigen Fall einer Rückerinnerung an ein sogenanntes früheres Dasein vor dem Leben gibt. Die indische und westliche Psychiatrie erheben schwere Bedenken gegen die Wiederverkörperung mit der Vorstellung einer Übertragung des Bewusstseins von einer Person zu einer anderen.

„Der Mensch kann infolge einer Gehirnerschütterung seine Muttersprache oder auch seine Vergangenheit vergessen. Einer an retrograder Amnesie Erkrankter formulierte: ‚Ich weiß, dass ich lebe, aber ich weiß nicht, wer ich bin.‘ Sein „Ich“ ist nicht mehr das gleiche wie bei einem gesunden Menschen. Das „Ich“ eines Menschen ist die Kontinuität seines Bewusstseins, dem seinerseits das Gedächtnis zugrunde liegt.“ (K. Platonow, Unterhaltsame Psychologie, S. 179)

In der Hirnforschung hat man erkannt, dass es drei Arten von Gedächtnis gibt, das Ultra-Kurzzeitgedächtnis, das Kurzzeit- und das Langzeitgedächtnis. Das Ultra-Kurzzeitgedächtnis besteht aus elektrischen Impulsen oder Signalen, die in die Gehirnzelle gelangen und dort einige Sekunden gespeichert werden. Sie können von außen durch Sinneseindrücke kommen oder von anderen Gehirnzellen übertragen werden. In dem Augenblick des Todes, bei dem das EEG, das Elektro-Enzephalogramm die Nichtexistenz von Gehirnwellen feststellt, kann es keine elektrische Übertragung und damit kein Gedächtnis mehr geben.

Das Kurzzeitgedächtnis hat eine materielle Basis, wie Dr. Harald Kluge, Abt. für Neurobiochemie der Universität Jena, erklärt: „Die Nutzung vorhandener Übertragungsmechanismen (elektrische und chemische Transmission) mit präexistierenden Substanzen." Das Langzeitgedächtnis beschreibt Dr. Kluge als „die Nutzung der vorhandenen Übertragungsmechanismen in ‚vervollständigter' Form über Stimulation des genetischen Apparates beteiligter Nervenzellen mit der Folge der Bildung neuer Kontaktstellen … und neuer Kontakte (Proteine etc.) auf der Basis der Stimulation vorhandener Genabschnitte."

Man kann daher das Gedächtnis als eine materielle Struktur innerhalb der Gehirnzellen bezeichnen, eine Speicherung von Informationen wie bei einem Computer. Wenn der Datenträger beim Computer, also die Diskette, zerstört ist, gibt es keine Information mehr, alle Daten sind gelöscht. So gibt es im Gehirn auch kein Gedächtnis und damit kein Bewusstsein und kein „Ich" mehr, wenn die Gehirnzellen durch den Tod zerstört sind.

Einen sehr interessanten Einblick auch in die Forschungen über die Reinkarnation gibt Dr. Harald Kluge, Universität Jena, s.o., von der Sicht der Naturwissenschaft: „Aus der Sicht der Neurowissenschaften hat der Elementargedanke der Reinkarnationslehre , die neue Einfleischung des Geistes nach dem Tode in Form eines wertmäßigen Auf- oder Abstieges in einen anderen tierischen oder menschlichen Körper überhaupt keine wissenschaftliche Berechtigung. Geist, Bewusstsein, Gedächtnis sind immaterielle Leistungen des menschlichen Gehirns, die untrennbar an molekulare Informationsträger und Speicher von neuronalen Hirnzellen als materieller Basis gebunden sind. Sie sind von der gesunden Funktionsweise des Gehirns, d.h. von seiner funktionierenden Organisation in Form von genetisch präformierten Verknüpfungsorten bestimmter neuronaler Zellpopulationen nach dem ebenfalls genetisch präformierten Dominanzprinzip abhängig und gehen mit dem Tode verloren. Wir sprechen von der Ausbildung sogenannter hierarchischer Systemstrukturen, die durch Informationsaufnahme aus der Umwelt, Lernen und Gedächtnisbildung auf der Basis genetischer Präformiertheit ihre komplettierende Ausprägung erfahren. Lernen und Gedächtnis als menschliche Geistesleistungen – die Krone stellt die Ausbildung des Langzeitgedächtnisses dar – sind als immaterielle Leistungen immer also an materielle Basisstrukturen der verschiedenen biologischen Ebenen gebunden, (molekulare, integrative, informationelle Ebenen).

Als gläubige Christen erkennen wir die genetische Präformiertheit der materiellen und immateriellen Hirnfunktionen und der Gedächtnisbildung als geniale Schöpfungsleistung unseres großen dreieinigen Gottes an. Sie war nur durch Ihn vollziehbar und ist auch nur durch IHN wiederholbar. In späteren Betrachtungen und Zitaten sollen sie summarisch noch in folgender Weise vervollständigt werden:

Das einmalige und nur durch Ihn wiederholbare Prinzip der Schöpfung des menschlichen Geistes und Körpers in Form einer untrennbaren Einheit … hat in jedem einzelnen Menschen individuelle Ausprägungen aufgrund sowohl seiner spezifischen biologischen (genetischen) Anlagen, als auch seiner differenten und variierenden Umwelteinflüsse.

Jeder Mensch ist als Schöpfungsprodukt Gottes ein Individuum. Die logische Konsequenz: Eine von der Reinkarnationslehre proklamierte Trennung in Form einer ‚Geistesisolation' und ‚Geisteswanderung' in einen anderen menschlichen oder gar tierischen Körper ist völlig unmöglich. Die moralische Konsequenz: Die Reinkarnationslehre und unsere göttliche Schöpfungslehre sind unvereinbar."

„Sowohl die Annahme der Präexistenz wie die der Postexistenz einer separaten, vom leiblichen Substrat unabhängigen Seelensubstanz entspricht weder unseren Erfahrungen noch den Ergebnissen heutiger Medizin, Physiologie und Psychologie, die heute im allgemeinen von der psychosomatischen Einheit ausgehen. Dies alles entspricht aufs Ganze gesehen auch nicht dem Alten und Neuen Testament, wo – anders als im platonischen Dualismus – eine ganzheitliche Auffassung vom Menschen vertreten wird." (Hans Küng, Ewiges Leben?, München 1982, S. 89)

Was die Hindus damals bei der Erfindung der Lehre von der Reinkarnation auch noch nicht wussten, ist der einzigartige Aufbau des menschlichen Gehirns. Allein das Großhirn besteht aus mehr als vierzehn Milliarden Gehirnzellen, die durch feine Fasern oft hundertmal und mehr miteinander verbunden und verkabelt sind. Legt man diese Fasern in eine Linie, so reicht diese bis zum Mond, das sind 380 000 km, und dann noch ein halbes Mal um die Erde herum am Äquator, also noch einmal 20 000 km mehr. Dieses verzweigte Kabelnetz ist elektrischen Leitungen vergleichbar, die wiederum untereinander durch viele Schaltungen reguliert sind. Diese hochkomplizierten Schaltungen sind jede für sich ein kleines Wunderwerk. Vom richtigen Funktionieren dieser Schaltungen, Synapsen genannt, hängt die Steuerung aller physischen und psychischen Funktionen und das Wirken unseres Bewusstseins ab.

Bei dieser Erkenntnis entsteht unwillkürlich die Frage, warum der Schöpfer den Menschen so einzigartig wunderbar gemacht hat? Jeder Mensch ist ein einmaliges, unwiederholbares Meisterwerk des Schöpfers, das er für sich selbst geschaffen hat. Warum sollte er dieses geliebte Menschenkind immer wieder durch den Tod zerstören und neu bilden in einer Kette von schier endlosen Reinkarnationen? Warum sollte er das Ich des Menschen immer wieder umwandeln und seine Identität zerstören und damit seinen Plan der Liebe selbst zunichte machen? Sicher sind diese Fragen mit der Weisheit und der Liebe Gottes nicht vereinbar.

Auch die Souveränität Gottes wird dadurch ins Lächerliche gezogen. Seine wunderbare Welt wird zu einer seelenlosen grausamen Maschine degradiert, in der das menschliche Ich millionenfach und millionenmal zermahlen wird, obwohl es doch Gottes Liebe erkennen und widerspiegeln soll in einem endlosen Glück.

In solch einer grausamen Todesmaschinerie gibt es keine Hoffnung auf die Auferstehung, das Wiedersehen mit unseren Verstorben, keine Hoffnung auf die Freude des ewigen Lebens bei und mit Christus. So ist die Reinkarnation die Bankrotterklärung der Hoffnung und des Menschseins schlechthin.

Ein weiteres Problem bei der erdichteten Reinkarnation ist die Persönlichkeitsspaltung. Prof. Platonow berichtet von einem Fall:

„Feiida, eine junge Französin, war ein krankes, verschlossenes, trauriges und ängstliches Mädchen. Verlor sie für einen kurzen Augenblick das Bewusstsein, so erwachte sie als vollkommen anderer Mensch: Sie war dann lustig, rege, kokett und sogar leichtsinnig. Nach einiger Zeit wurde sie – abermals nach einem kurzzeitigen Bewusstseinsverlust – wieder zu der, die sie immer schon gewesen war. Das Mädchen lebte sozusagen zweierlei Leben; sie vergaß jedes Mal, was in dem anderen Zustand mit ihr geschehen war, prägte sich aber alles das ein, was mit dem derzeitigen Zustand in Verbindung stand.“ (Platonow, a.a.O., S. 179)

Man kennt viele Fälle dieser Spaltung der Persönlichkeit. Ein Junge lebte sogar in Gestalt von sechs verschiedenen Persönlichkeiten. Dabei ergibt sich die pragmatische Frage, welche dieser verschiedenen Persönlichkeiten reinkarniert werden sollte?

Das Neue Testament (l.Kor. 15) kennt die Heilung der Krankheiten des Menschen und seine völlige Wiederherstellung in der Auferstehung, die eine atomare Umwandlung des Menschen ist, denn in l.Kor. 15,52 heißt es im Griechischen „en atoma = im Atom“. Ganz deutlich und unmissverständlich sagt Gottes Wort in Hebr. 9,27: *„Es ist den Menschen gesetzt, einmal zu sterben, darnach aber das Gericht.“* Noch klarer kann es nicht gesagt werden: EINMAL zu sterben.

Psychologische Erklärung der Reinkarnation

„Als ich mich auf die Prüfungen vorbereitete und sehr müde war, trat bei mir ein seltsamer Bewusstseinszustand auf," erklärte mir ein Student. Ich sitze und lese oder höre eine Vorlesung, und plötzlich scheint es mir ganz deutlich, als ob alles das, was ich da lese oder höre, schon einmal in der gleichen Form da gewesen ist, genauso wie jetzt. Ich weiß aber sehr gut, dass ich diese Vorlesung früher noch nicht gehört habe und dass ich überhaupt zum ersten Mal in diesem Hörsaal bin. Man sagt sich das, aber trotzdem verschwindet der Eindruck nicht, dass alles schon einmal da war. Sagen Sie, ist das nicht gefährlich?" Ich konnte ihn beruhigen. Dem Psychiater ist dieses Gefühl des schon Bekanntseins (eine Störung des Wiedererkennens) das sogenannte „deja vus" (franz.: schon gesehen), das vor allem bei Übermüdung auftritt, gut vertraut.

Dieses Phänomen wurde häufig zur Quelle von Aberglauben: Der fromme Mensch dachte, dass er physisch an diesem oder jenem Ereignis in der Vergangenheit nicht teilgenommen habe, dass wohl aber seine Seele dabei gewesen sei. Sie habe alles miterlebt und gesehen. Ein solches Gefühl entsteht, wenn etwas an tatsächlich früher Erlebtes erinnert, nur denkt der ermüdete Mensch nicht daran. Darum scheint es auch so, als ob alles schon einmal da gewesen sei." (Platonow, a.a.O., S. 180)

Man kann sich gut vorstellen, dass solche psychologischen Erlebnisse im Bereich des Gefühls zu der Vorstellung eines Lebens noch vor dem Leben beigetragen haben. Der indische Psychologe S. Kakar beschreibt in seinem Buch „The Inner World", wie die indische Mythologie aufgrund der psychologischen und sozialen Umwelteinflüsse entstanden ist. Das Unbewusste spielte dabei die Hauptrolle.

So sind tatsächlich die Vorstellungen einer Seelenwanderung und einer Wiederverkörperung Traumvorstellungen des Unbewussten, die schließlich zu einer religiösen Tradition geworden sind. Sie hat die Jahrhunderte überdauert und ist in der Religion des Volkes tief verankert, obwohl sie mit der Wirklichkeit, mit der Welt der

Tatsachen nichts zu tun hat. Es sind mystische Vorstellungen, die sich im Inneren des Menschen abspielen, aber die nur so wahr sind, wie ein Traum wahr ist, ohne Bezug zur objektiven Wahrheit.

Im Neuen Testament ist jedoch alles auf reale Tatsachen gegründet, die die Schreiber selbst gesehen, gehört, betastet und jahrelang als Zeugen miterlebt haben. Hier gibt es nichts Mystisches und nichts Mythologisches, sondern es handelt sich um wirkliche, erlebte, geschichtliche Fakten, die vielfach bezeugt sind.

Diese geschichtlichen Ereignisse sind in der biblischen Prophetie viele Jahrhunderte und Jahrtausende vorausgesagt worden. Dazu ist aber kein Mensch von sich aus fähig. So ist die Prophetie ein Zeichen dafür, dass Gott sich den Menschen offenbart hat. Die Prophetie ist vorausgesagte Geschichte, und die Geschichte ist erfüllte Prophetie.

Die religiöse Grundlage für die Lehre der Wiederverkörperung ist vor allem eine ethische Frage. „Wie kann der Mensch von der Sünde befreit werden?“ Die Erfahrung lehrt, dass dies in einem ganzen Leben nicht möglich ist. Deshalb nimmt man die Vorstellung zu Hilfe, dass es in einem weiteren, und dann in noch weiteren Leben möglich sein wird. Der ganz natürliche und gute Wunsch nach Erlösung ist der Wahrheitskern in dieser pervertierten Lehre.

Indien ist das religiöseste Land der Welt. Der Glaube an die Wiederverkörperung hat als Ziel die Befreiung von der Sünde. Um der Sehnsucht nach Befreiung zu entsprechen, habe ich in Indien die Lehre des Prabhatananda entwickelt.

Prabhatananda anstelle der Samsara

Dieses Wort in Sanskrit heißt so viel wie „Himmlische Freude am Morgen.“ Der Mensch hat jeden Morgen, also 365 mal im Jahr und viele Tausende mal in der Lebenszeit, die Möglichkeit ein neues Leben zu beginnen, sein Leben neu zu gestalten und neu zu ordnen. Aus der Nacht des Schlafes, der dem „Tod gleicht wie ein Ei dem anderen“ (Voltaire) wird ihm ein neues Leben geschenkt, eine Art „Wiederverkörperung" seines eigenen Selbst. Was er gestern vor der Nacht des Schlafes ohne bewusstes Handeln versäumt hat oder verkehrt gemacht hat, das kann er heute nachholen. Er kann im Vertrauen zu Gott, seinem Schöpfer, göttliche Hilfe erfahren:

Gott selbst spricht durch einen seiner Sprecher: *„Du sollst mein Diener (oder Dienerin) sein; denn ich erwähle dich, und verwerfe dich nicht, – fürchte dich nicht, ich bin mit dir; weiche nicht, denn ich bin dein Gott; ich stärke dich, ich helfe dir auch, ich erhalte dich durch die rechte Hand meiner Gerechtigkeit... Denn ich bin der Herr, dein Gott, der deine rechte Hand stärkt und zu dir spricht: Fürchte dich nicht, ich helfe dir!"* (Jesaja 41,9-13) Das ist Prabhatananda, himmlische Freude am Morgen, jeden Morgen neu.

Diese Freude hat nicht ihren Ursprung in mir selbst, sondern sie ist von oben geschenkt, es ist himmlische Freude. Diese Freude setzt allerdings ein persönliches Verhältnis zu Gott voraus, es ist ein Verhältnis von Person zu Person.

Die Reformer im Hinduismus erkennen mehr und mehr diese Grundlage. Tagore rühmt den Menschen als eine „Beziehung innigster Liebe" zwischen Gott und seinem Geschöpf. Der Mensch ist nicht ein „Wer" oder „Was", sondern ein „Wozu", ein zielgerichteter Gedanke der Liebe Gottes, von und für Gott gedacht. „Meine Welt ist einem persönlichen Ich gegeben durch ein persönliches Wesen" (R. Tagore, Personality, S. 19)

Nach Vivekananda ist der Mensch „Gottes Gedicht in Versen, Reimen und Rhythmen in unendlicher Freude". Aber nicht nur ein Gedicht, fügt Tagore hinzu, sondern er ist ein „Kunstwerk" der Ausdruck der Persönlichkeit Gottes. Der Körper ist nicht Illusion oder Maya = Täuschung, sagt Tagore, sondern er ist der „Tempel Gottes". Das klingt neutestamentlich nach dem 1. Korinterbrief. Dichterisch drückt es Tagore so aus: „Der Himmel ist in ganzer Fülle in deinem lieblichen Körper, mein Kind, im Pulsschlag deines Herzens." (R. Tagore, Lovers Gift and Crossing, S. 49)

Gandhi sagte es noch deutlicher, nämlich dass der Mensch ein „Ausdruck Gottes" ist, und zwar in beidem, in seinem körperlichen und geistigen Aspekt als einer „Einheit" (B. Lall, a.a.O., S. 104).

Vivekananda verbindet die wissenschaftliche Sicht – der Mensch hat ohne Gehirnfunktionen kein Gedächtnis, kein Ich, keine Existenz – mit der religiösen Schau, dass der Mensch ein Gedanke oder ein „Gedicht" Gottes ist. Das unwissenschaftliche, rein „Spirituelle" und „Mystische" lehnt er als Unwahrheit, als „Aberglaube" und „Hypnose" ab. Wenn solche religiöse Auffassungen durch wissenschaftliche Entdeckungen erledigt werden, „dann waren sie die ganze Zeit hindurch nutzlos, unwürdig, abergläubisch, und je eher sie verschwinden, umso besser." (Vivekananda, Complete Works, 11. Ausgabe, S. 367) Das trifft nun nach den o.a. Erkenntnissen in vollem Umfang auf den Aberglauben der Reinkarnation zu.

Das Prabhatananda beinhaltet aber noch mehr. Da der Mensch „eine Beziehung innigster Liebe" zwischen Schöpfer und Geschöpf ist, bedeutet Sünde die Trübung und Trennung dieser Beziehung. Gott ist persönlich traurig und verletzt durch unser verkehrtes Denken und Handeln. Durch die Trennung von ihm, der das Leben ist, sind wir dem Tod verfallen. Da genügt kein persönliches Bemühen jeden Morgen neu, es besser zu machen, nein, jetzt geht es um unsere persönliche Schuld und um die Versöhnung von zwei Personen, Gott und mir. Das ist im Alten Testament so herzbewegend in dem Ringen Jakobs mit Gott dargestellt worden.

Jakob hatte seinen Bruder Esau betrogen und musste vor dessen Zorn fliehen und das Land verlassen. Er fand Zuflucht bei seinem Onkel Laban in Haran. Dort heiratete er und gelangte zu Reichtum und Ansehen. Nach vielen Jahren reiste er mit seiner ganzen Familie und seinen Herden wieder zurück in seine Heimat.

Sein Bruder aber kam ihm mit einem kriegerischen Heer entgegen und wollte Rache an ihm üben. Da betete Jakob zu Gott um Hilfe. Er sandte alle Angehörigen und die Herden über den Fluss Jabbok und blieb die Nacht über allein im Gebet diesseits des Flusses.

Da begegnete ihm der Herr selber in Menschengestalt. Jakob hielt ihn in der Dunkelheit für einen Feind und kämpfte mit ihm. Bei diesem Ringen erkannte er jedoch nach einiger Zeit, dass er mit Gott selbst kämpfte. Da sprach der Herr: *„Lass mich gehen,* *denn die Morgenröte bricht an.*" Dieses Wort heißt im Hebräischen genauer übersetzt: „Schick du mich fort!" Es ist die Scheidungsformel, die der Mann bei einer Scheidung seiner Frau zurief und damit von ihr geschieden war. „Geh fort!" und sie musste ihn verlassen.

Der Herr wollte die Beziehung zwischen ihm, dem Schöpfer, und Jakob, den er sehr liebte (Röm. 9,13), wie bei einer Scheidung abbrechen. Als Jakob nach dem Grund forschte, wird er etwa diese Antwort gehört haben:

Jakob, als du wegen deiner Betrügereien auf der Flucht vor deinem Bruder warst, gab ich dir die Vision von der Himmelsleiter, um dir zu zeigen, dass ich dich trotz deiner Fehler nicht verlasse, sondern mit dir bin und dir im fremden Lande beistehen werde. Als du dann in Eheschwierigkeiten warst, habe ich dir geholfen. Als du in deinem Geschäft vor dem Ruin standest, habe ich dich gerettet und dich zu einem wohlhabenden Mann werden lassen. Als Deine Feinde dich bedrohten, sandte ich dir Rettung. Das alles habe ich aus Liebe zu dir getan. Du hast alles angenommen, aber mir nicht ein einziges Mal gesagt: Herr, ich liebe dich auch!" Ich war immer nur gut genug, dir zu helfen, an mich hast du nie gedacht. Diese einseitige Liebe kann ich nicht mehr ertragen, wir wollen uns trennen, schicke du mich fort!" Der Herr gebrauchte hier aber nicht die Scheidungsformel des Mannes, er konnte Jakob nicht fortschicken, dafür hatte er ihn trotz allem immer noch zu sehr lieb. Deshalb sprach er wie die betrübte Frau, die die Behandlung ihres Mannes nicht mehr ertragen kann: „Schicke DU mich fort!"

In diesem Augenblick erkannte Jakob, dass seine ganze Religion nur Eigennutz und Selbstsucht war. Er hatte gebetet, um von Gott etwas zu empfangen. Er hatte den Zehnten von seinem Einkommen gegeben, um von Gott noch mehr als Gegenleistung zu erwarten. Dass der Herr ein liebendes Herz hat, sich wie ein Vater nach seinem Kinde sehnte und auf ein Wort der Liebe und ein Zeichen der Zuneigung wartete, hatte er nie bedacht. Jetzt merkte er, wie tief er Gott durch seinen Egoismus und seine Lieblosigkeit verletzt hatte. Es tat ihm so leid, dass er weinte. Er schlang seine Arme um den Herrn, bat ihn um Verzeihung und hielt ihn fest:

„Ich lasse dich nicht, bitte, verzeih mir und sei mir wieder gut!“ Der Herr drückte ihn an seine Brust, und alles war wieder gut. Jakob hatte jetzt sofortige Vergebung erfahren. Seine ganze verkehrte Religiosität war im Augenblick geheilt, er erlebte vollkommene Versöhnung. Nun hatte er seinen Schöpfer von ganzem Herzen lieb. Er war in diesem Moment zu einem neuen Menschen geworden. Der Herr gab ihm auch einen neuen Namen. Nicht mehr Jakob sollte er heißen, was übersetzt „der Listige“, oder „der Betrüger“ heißt, sondern „Israel“ war nun sein neuer Name, was auf Deutsch „Gotteskämpfer“ heißt.

Die Schilderung schließt mit den Worten: „Es ging ihm die Sonne auf.“ Der Morgen war da: Prabhatananda = himmlische Freude am Morgen. Wozu die Samsara unendlich viele Wiederverkörperungen fordert, hier hatte er im Augenblick an jenem Morgen das praktisch erhalten, wonach sich alle Menschen im tiefsten Herzen sehnen: Vollkommene Vergebung und das Erleben der Liebe Gottes, und zwar wahrhaftig und wirklich.

Nachdem Gott jeden Menschen durch seinen Gottesgeist am Leben hält, will er auch jedem Menschen seine Liebe offenbaren und schenken. In Christus begegnet uns seine Liebe in Menschengestalt. Er sagt: *„Siehe, ich bin bei euch alle Tage bis an der Welt Ende.“* (Mat. 28,20) Wer ihn annehmen will, erlebt selbst die Verkörperung der Liebe Gottes in seinem Leben, und zwar in einem Augenblick, so wie es Jakob in seinem Prabhatananda erfuhr. Einen Aspekt in der Lehre der Wiederverkörperung dürfen wir nicht übersehen. Viele ihrer Vertreter freuen sich auf ein neues Leben in einer anderen Gestalt. Berechtigt diese Freude zu der Auffassung, dass Sterben selbst schön ist? Auch diese Frage ist zu prüfen

IST STERBEN SCHÖN?

Berichte von Wiedererweckten

Bei den zahlreichen Berichten von Reanimierten aus dem klinischen Tod ist wohl der des Erhängten vom Roten Platz in Moskau besonders aufschlussreich. Bei der Wachablösung vor dem Leningrab am Roten Platz sieht einer der beiden Offiziere am Gitter eines Tores einen Mann hängen, der sich aus Liebeskummer das Leben genommen hatte, wie sich später herausstellte. Bei dem Gedanken, was mit diesem Mann zu tun sei, fällt ihm ein Professor ein, der unweit vom Roten Platz in seinem Labor Experimente mit einem künstlichen Herzen in Tierversuchen durchführt.

Er ruft den Professor an, ob er nicht auch einmal bei diesem Erhängten einen Versuch wagen wolle. Nach anfänglichem Zögern stimmt er zu: „Gut, bringen Sie den Mann so schnell wie möglich, am besten auf einer ausgehängten Türe als Unterlage, zu mir." Wenige Minuten später liegt der Erhängte auf dem Operationstisch in seinem Labor.

Er wird an das künstliche Herz angeschlossen. Die Maschine arbeitet. Injektionen helfen den Kreislauf wieder zu beleben. Aber der Körper ist zu kalt, die Bemühungen sind umsonst. Mit Heizöfen und warmen Umschlägen wird der ganze Körper auf die notwendige Temperatur erwärmt.

Die Herzmaschine arbeitet ununterbrochen, doch nichts geschieht. Da, nach etwa zehn Minuten, stößt der Erhängte einen tiefen Seufzer aus und schlägt bald darauf die Augen auf. Die Wiederbelebung ist gelungen.

Der Wiedererweckte berichtet einige Zeit später über das, was er nach dem Eintreten des klinischen Todes erlebt, hat. Seine Aussagen werden streng geheimgehalten, gelangen aber dann später doch in die Öffentlichkeit.

„Ich war in einem wunderschönen Land mit grünen Wiesen und Blumen," erzählt er langsam, stockend. „Ich traf viele Menschen, aber sie gingen alle weit vor mir. Ich suchte nach meiner Mutter, konnte sie aber nicht finden. Dann kam ich an einen Baum und legte mich darunter zum Ausruhen. Da stand plötzlich ein Trommler mit einer Trommel vor mir. Er trommelte immer lauter und wurde dabei immer größer, so groß wie ein Haus. Dann bin ich wieder aufgewacht. War das nur ein Traum von dem wunderschönen Land, oder träume ich jetzt? Was ist wirklich?"

Der wiedererweckte Selbstmörder erzählte seinen Rettern noch mehr von seinen Erlebnissen. Er sehnte sich nach jenem schönen Land, das er gesehen hatte. Tatsächlich lebte er nur noch eine Woche, denn die Schädigungen seines Körpers waren nicht mehr zu heilen.

Sein Bericht von dem schönen Sterben ist kein Einzelfall. Hunderte ähnlicher Erzählungen von Reanimierten, wie sie genannt werden, liegen zur Analyse vor.

Man hat daraus die unterschiedlichsten Schlussfolgerungen gezogen. Viele wollen darin den Beweis für ein Leben nach dem Tod erkennen, übersehen aber dabei, dass es sich hier in allen Berichten um den „klinischen Tod" und nicht um den faktischen Tod handelt.

Dr. Moody hatte 150 Fälle analysiert und kam zu dem Ergebnis: Es gibt keinen Beweis für ein Leben nach dem Tod. Als nächstes stellte er fest, dass es keinen Beweis für die Existenz einer Reinkarnation gibt. Beim klinischen Tod setzt zwar der Herzschlag aus, ebenso das Atmen und der Kreislauf, aber die Gehirnfunktionen sind noch vorhanden.

Bei dem faktischen, also wirklichen Tod, kann man keine elektrischen Gehirnwellen mehr feststellen, die Alpha- und auch die Betawellen sind nicht mehr vorhanden. Dadurch kann auch das Gedächtnis nicht mehr funktionieren und das Bewusstsein ist nicht mehr existent. Die Gehirnzellen fallen zusammen, es ist keine Reanimation mehr möglich.

Forschungen in Todesnähe

Alle Forscher haben übereinstimmend festgestellt, dass es sich bei allen Berichten von ehemals klinisch Toten nicht um Darstellungen nach dem Tod, sondern vor dem Tod handelt, und zwar in Todesnähe.

Es gibt für diese Sterbeerlebnisse verschiedene Erklärungsversuche:

Biochemisch. Durch bestimmte Drogen, LSD, Haschisch etc. entstehen Halluzinationen. Die Sehzentren im Gehirn werden stimuliert und man sieht Dinge, die durch das Unbewußte konstruiert werden, aber keine Wahrnehmungen von außen sind.

Psychotrope Drogen, wie Meskalin oder Ganja, werden bei vielen Völkern in den Tempeln verwandt, um religiöse Visionen zu erzeugen. Wir haben das in verschiedenen Tempeln in Südindien beobachten können. Bei Operationen werden Anästhesiemittel, wie Ketamin und Cyclohexamon, verwandt, die innere Erlebnisse wie Dissoziierung und Elevation hervorrufen können. Eine Patientin, z.B. wurde in der Zahnarztpraxis für eine schwierige Behandlung anästhesiert. Sie berichtete, wie sie dabei nach oben schwebte bis ,in den Himmel und dort ihre Verwandten traf. Sie konnte sich von oben auf dem Stuhl sehen und den Zahnarzt und seine Helfer an ihr arbeiten. Nach einiger Zeit schwebte sie spiralenförmig wieder nach unten und wachte in dem Zahnarztstuhl wieder auf.

Es ist möglich, dass sich im Augenblick des Sterbens spezifische biochemische Stoffe im Gehirn bilden, die diese Todesnähe-Erlebnisse verursachen.

Physiologisch. Es ist wahrscheinlich, dass durch den Stillstand der Atmung das Gehirn Sauerstoffmangel erleidet und sich in einer Art Agonie dagegen durch intensivere Tätigkeit wehrt. Dadurch werden auch die Sehzentren stimuliert und können Bilder und Erlebnisse konstruieren.

Psychologisch. In der Isolationsforschung stellte man bei den Versuchspersonen Halluzinationen und Träume fest, die durch den vollkommenen Abschluss von der Außenwelt im Gehirn fabriziert wurden. In den Einbildungen im Unbewussten kommen dann auch Denkprojektionen wie das Vaterbild oder Archetypen aus der Tradition in der Umwelt vor, die schöpferisch visuell zum Erscheinen gebracht werden.

Das Regulationssyndrom. Das ist das Ergebnis meiner eigenen Studien. Unser Unbewusstes hat die Fähigkeit unbewältigte Erlebnisse im Traum ins Gegenteil umzuwandeln. Wer am Tag hungern musste, träumt nachts von einer herrlichen Mahlzeit, die er mit Genuss verzehrt. Wer am Verdursten war, träumt von einer sprudelnden Quelle, wo er seinen Durst löschen kann. Diese Notlage konnte bei Verdurstenden in der Wüste so gar Tagträume und Halluzinationen hervorrufen, sie sahen plötzlich eine Oase mit einer Wasserquelle und liefen darauf zu. Nach einiger Zeit erkannten sie aber, dass sie einer Sinnestäuschung erlegen waren. Manche träumen nachts davon, dass sie fliegen oder schweben konnten. Das ist der diametrale Ausgleich für ein Erlebnis am Tage, wobei der Betreffende irgendwie unterdrückt worden war, psychisch oder physisch, wo er buchstäblich am Boden lag und sich nicht mehr helfen konnte. Im Traum wird er aus dieser Notlage befreit und kann aufwärts schweben, ja über die Köpfe der anderen fliegen. Das negative Erlebnis im bewußten Zustand wird durch das genau entgegengesetzte positive und noch verstärkte Erlebnis im Unbewußten ausgeglichen.

So gibt es zahllose Beispiele für diese Regulationsfähigkeit unseres Unbewußten. Es dient unserer seelischen Gesundheit. Bei einem Alkoholrausch wird diese Fähigkeit eingebüßt, und man erwacht mit dem sogenannten „Kater“. Das seelische Gleichgewicht ist jedoch bereits geschädigt.

Aus den zahlreichen Berichten der Reanimierten kann man die Wirkung der Regulierungsmechanismen unseres Unbewussten im Einzelnen erkennen.

Bewusstsein (Kortex)	**Unbewußtes** (Diencephalon)
„Es geht mit mir zu Ende!“	Es gibt einen neuen Anfang.
Es geht hinab nach unten.	Es geht aufwärts nach oben.
Es geht in die Dunkelheit.	Es geht in eine helle Welt.

Es geht in die Grube.	Ein Tunnel öffnet sich nach oben.
Die Welt um mich hört auf.	Eine neue Welt beginnt
Trennung von meinen Lieben	Die Verstorbenen sind alle da
Ich bin verzweifelt.	Ich bin voller Freude
Ich bin verloren.	Ich lebe ohne Ende
Ich suche meine Eltern.	Hier sind Vater und Mutter.
Ich habe Angst	Es gibt keine Furcht mehr.
Tiefste Agonie	Höchste Euphorie.

Es gibt noch viele Einzelheiten, die hier auftreten können, die hauptsächlichsten Mechanismen unseres Unbewussten sind jedoch bei fast allen Wiedererweckten ähnlich. Dr. Moody stellte bei 150 analysierten Berichten fest, dass keiner dem anderen ganz gleich ist. Es gibt kein einheitliches Bild von einem „Jenseits", von einem „Himmel". Die Vorstellungen von einem ewigen Leben oder einem Jenseits sind individuell und werden auch so erlebt. Diese im Gehirn gespeicherten Vorstellungen werden im Augenblick des Sterbens aktiviert und überdimensional projiziert als eine Art „Rettungsort" für den Menschen in der aussichtslosen Lage des Abschieds von dieser Welt.

Es sind also reaktivierte Gedächtnisinhalte, die wie im gewöhnlichen Traum neu gestaltet und ins durchaus Positive umgewandelt werden, weil die aktuelle Gemütslage ja zutiefst negativ ist.

Nicht immer aber scheint die Regulationsmechanik des Unbewussten so positiv zu sein, oder scheint das Sterben stets so „schön" zu sein. Dr. M. S. Rawlings, in seinem Buch „Jenseits der Todeslinie", Baden/Schw. 1987, S. 17.18, zitiert bei J. Tibusek, (Die neue Religiöse Kultur, Basel 1988), erzählt von seinen Erfahrungen mit ehemals klinisch Toten auf seinem Operationstisch, z.B. von einem 48-jährigen Patienten:

„Jedesmal, wenn sein Herzschlag und seine Atmung wieder einsetzten, schrie er: ‚Ich bin in der Hölle!' Er war völlig verängstigt und flehte mich an, ihm zu helfen ... Dann sah ich seinen wahrhaft alarmierenden Gesichtsausdruck. Er hatte einen furchtbaren Ausdruck – schlimmer als ich ihn je im Angesicht des Todes gesehen hatte … Dann geschah noch etwas sehr Merkwürdiges. Er sagte: ‚Verstehen Sie mich nicht? – Ich bin in der Hölle. Jedesmal, wenn Sie aufhören, muss ich wieder zurück in die Hölle! Lassen Sie mich nicht wieder in die Hölle!‘

Der Patient fragt Dr. Rawlings, wie er wohl von der Hölle errettet werden könne. Rawlings erinnert sich, dass man wohl Jesus Christus um Errettung bitten müsse. Nach anfänglichem Zögern betet er mit dem Patienten, dessen Zustand sich stabilisiert und der dann in ein anderes Krankenhaus überführt wird. Rawlings schreibt: ‚Ich ging heim, wischte den Staub von meiner Bibel und begann darin zu lesen.‘ Rawlings stellte bei seinen nun folgenden Recherchen fest, dass, … bei dem Gespräch mit Patienten sofort nach der Wiederbelebung genauso viele gute wie schlechte Erfahrungen zum Vorschein kamen.’“ (Tibusek, a.a.O., S. 44)

In diesen negativen Fällen geht der Patient scheinbar ganz mutig und getrost in den Tod, ohne sich um ein Jenseits zu kümmern. Aus seinem Unbewussten aber kommt die Warnung, dass er verloren ist, in die „Hölle“ kommt, wenn er nicht errettet wird. Hier ist also das Sterben ganz das Gegenteil von „schön.“

Wir fragen uns nach Herkunft und Sinn dieses Regulationssyndroms im Augenblick des Sterbens. Da Gott sowohl der Schöpfer als auch Erhalter des Menschen ist und jedem seine göttliche Liebe zuneigt, hat er diesen Mechanismus in unser Unbewusstes hineingelegt, um uns zu trösten oder auch zu warnen.

Wir kennen ein Beispiel aus dem Alten Testament. Der König Hiskia liegt im Sterben, aber er wird wieder gesund und berichtet über seine Begegnung mit Gott im Gebet: *„Herr, lass mich wieder genesen und leben! Siehe, um Trost war mir sehr bange. Du aber hast dich meiner Seele herzlich angenommen, dass sie nicht verdürbe; denn du wirfst alle meine Sünden hinter dich zurück. Denn die Toten loben dich nicht, und der Tod rühmt dich nicht, und die in die Grube fahren, warten nicht auf deine Treue; sondern allein, die da leben, loben dich so wie ich heute.“* Durch den Propheten Jesaja hören wir Gott sprechen: *„Ich will euch trösten, wie einen seine Mutter tröstet.“* Jes. 38,16-19; 66,13)

Die bestbezeugte Tatsache der Weltgeschichte

Es gibt nur einen einzigen Bericht auf der Welt von einem, der real tot war und wieder auferstanden ist. Das ist Jesus Christus. Der Engländer Frank Morrison zweifelte als junger Mann an der historischen Glaubwürdigkeit der Berichte über die Auferstehung Christi von den Toten. Dann prüfte er alle Quellen über die Auferstehung und kam zu dem Ergebnis, dass es eine Tatsache ist, die von den Freunden und von den Feinden Jesu bezeugt wurde. Er fasst seine Studien zusammen in dem Buch „Wer wälzte den Stein?" (Fischer TB 1961)

Der Althistoriker Hans Erich Stier hielt einmal einem liberalen Theologen, der nicht an die Auferstehung seines Herrn glaubte, entgegen: „Es ist für den modernen Historiker eine Zumutung, die Auferstehung Jesu nicht als geschichtliche Tatsache hinnehmen zu sollen."[18].

Die Auferstehung Jesu ist nicht ein Naturereignis, das wir mit naturwissenschaftlichen Kriterien beurteilen könnten, sondern eine Tat Gottes. Nicht in der Schöpfung liegt diese Tat begründet, sondern in dem Schöpfer. Die Auferstehung Jesu ist eine zweite Schöpfung, und wird als solche auch in der Hl. Schrift genannt:

„Gott auferweckte Jesus, wie denn im zweiten Psalm geschrieben steht: ‚Du bist mein Sohn, heute habe ich dich gezeugt'." (Apg. 13,33) Für das Wort „Zeugen" steht im griechischen Grundtext Gennao, was vom Wort Genesis = Schöpfung abgeleitet ist. Das hebräische Jalak in Psalm 2,7. heißt auch „ins Dasein gerufen werden". Diese Schöpfungstat Gottes ist in der biblischen Prophetie vorausgesagt worden. Es gibt 333 einzelne Prophezeiungen auf das Leben und Werk Christi im Alten Testament. (0. Meldau, Der Messias in Beiden Testamenten, Stuttgart 1984) Viele Jahrhunderte und Jahrtausende zuvor wurden Einzelheiten des Kommens Christi, seines Todes und seiner Auferstehung genannt. Die Prophetie

---

[18] H. Staudinger, Die historische Glaubwürdigkeit der Evangelien, Stuttgart 1971, S. 118.

ist das Zeugnis Gottes in der Geschichte, denn kein Mensch kann die Zukunft voraussagen.

Nach seiner Auferstehung sagte Jesus: *„Musste nicht Christus solches leiden und zu seiner Herrlichkeit eingehen? Und fing an von Mose und allen Propheten und legte ihnen alle Schriften aus, die von ihm gesagt waren ... denn es muss alles erfüllt werden, was von mir geschrieben ist im Gesetz Moses, in den Propheten und in den Psalmen."* (Luk. 24,26.27.44) Und weiter sagte er: *„Fürchte dich nicht! Ich bin der Erste und der Letzte und der Lebendige. Ich war tot, und siehe, ich bin lebendig von Ewigkeit zu Ewigkeit und habe die Schlüssel des Todes und des Grabes."* (Offb. 1,17.18)

In der Prophetie wird vorausgesagt, dass Christus im Grab sein werde bis zu seiner Auferstehung. Jesus bestätigt dies mit den Worten: *„Des Menschen Sohn wird drei Tage und drei Nächte mitten in der Erde sein."* (Mat. 12,40)

Bis zur Auferstehung werden alle Menschen im Grabe sein, die Guten und auch die Bösen: Joh. 5,28.29. Mehr als 20 mal wird darum der Tod ein Schlaf genannt, der für den Schlafenden nur einen Augenblick dauert, weil er ja ohne Bewusstsein ist und am Morgen der Auferstehung nicht weiß, wie lange er geschlummert hat.

Echte Hoffnung auf ein Wiedersehen

„Und auch ihr habt nun Traurigkeit; aber ich will euch wiedersehen, und euer Herz soll sich freuen, und eure Freude soll niemand von euch nehmen." Joh. 16,22) Das versprach Jesus seinen Jüngern, aber es gilt uns allen, und es betrifft auch unsere Verstorbenen. Christus sagt voraus: *„Ihr werdet sehen Abraham, Isaak und Jakob und alle Propheten im Reiche Gottes ... und es werden kommen von Osten und von Westen, von Norden und von Süden, die zu Tisch sitzen werden im Reich Gottes."* (Luk. 13,28.29) *„Denn wie der neue Himmel und die neue Erde, die ich mache, vor mir Bestand haben, spricht der Herr, so soll auch euer Geschlecht und*

Name Bestand haben. Und alles Fleisch wird einen Neumond nach dem ändern und einen Sabbat nach dem ändern kommen, um vor mir anzubeten, spricht der Herr." (Hes. 66,22.23) Hier wird das persönliche Erkennen und Wiedersehen vorausgesagt. Die Patriarchen werden namentlich genannt, die Propheten, und auch unser Name wird dort Bestand haben, also für immer bleiben.

Christus sagte nach seiner Auferstehung, dass er das A und das O, der Erste und der Letzte, der Anfang und das Ende ist, der Allmächtige, der Lebendige, der die Schlüssel des Grabes und des Todes hat. (Offb. 1,8.11.18) Das Ende ist der Herr, unser Ende ist der Herr, nicht der Tod, er ist nicht das Ende. Der Herr, der uns so wunderbar geschaffen hat, er wird uns auch ein zweites Mal schaffen aus unserem Schlaf des Todes, und wir werden sein, als hätten wir nur einen kurzen Augenblick geschlafen. Dann werden wir Gott sehen, denn er ist das Ende. (Offb. 21,6)

Das griechische Wort, das hier im Neuen Testament steht, heißt Telos, was wörtlich „das Ziel" heißt. Es gibt für uns also keinen Tod, sondern nur ein Ziel, und dieses Ziel ist Christus, der Schöpfer, Erlöser und Vollender der Welt. *„Gott aber ist nicht ein Gott der Toten, sondern der Lebenden; denn ihm leben sie alle,*" sagte Christus den Sadduzäern, die nicht an die Auferstehung glauben wollten.

Wie ist das zu verstehen, dass es für Gott keinen Tod gibt, sondern für ihn, aber nicht für uns, alle Toten noch immer und stets lebendig sind? Wenn für IHN die Toten noch lebendig sind, dann brauchen wir nicht die ägyptische Hilfsvorstellung einer unsterblichen Seele, die sich vom Menschen getrennt allein fortbewegt, um Trost zu finden. Der Herr selbst ist unser Trost.

Wir brauchen auch nicht die nur im Unbewussten beheimatete Traumvorstellung einer ständigen Wiederverkörperung solch einer erdichteten wandernden Seele, um vollkommen und sündlos zu werden, denn der Herr selbst ist unser Erlöser.

Ebenso brauchen wir auch nicht die Projektion unseres Unbewussten der Persönlichkeit unserer lieben Verstorbenen in die Wirklichkeit hinein, oder die Täuschungsmanöver der von Gott abgefallenen Engel, die uns die Gestalt der Verstorbenen vorgaukeln, um die Hoffnung auf ein Wiedersehen zu realisieren, denn für Gott leben die Toten ja noch und können uns nicht erscheinen, weil Gott uns das reale Wiedersehen am Tag der Auferstehung schenken möchte.

Gott offenbart sich uns als der, der ist: *„Ich bin der ich bin!“* (2.Mose 3,14; Joh. 8,58) Er ist nie geworden, sondern er ist. Für ihn gibt es keine Zeit, er ist. Die Vergangenheit ist für ihn immer noch da, die Zukunft ist für ihn jetzt schon da, er ist die Gegenwart selbst, denn für ihn ist alles gegenwärtig.

So ist auch die Auferstehung und das Wiedersehen mit unseren Verstorbenen für ihn schon jetzt da. Damit ist es aber absolute Realität, unerschütterliche Wirklichkeit, geschichtliche Tatsache und Ziel allen Geschehens dieser Welt, die ja selbst nur Übergang zu Gottes neuer Welt ist. *„Denn durch ihn ist alles geschaffen, was im Himmel und auf Erden ist… es ist alles durch ihn und zu ihm geschaffen.“* (Kol. 1,16)

Wir bestehen also nur in der Beziehung zu ihm, als sein Gedanke, sein Geschöpf, das er jeden Augenblick durch seinen Geist oder Odem oder Hauch am Leben erhält. Eine Existenz für uns selbst ist demnach weder real noch gottgewollt. Die Wünsche einer Selbstfindung, Selbstverwirklichung, Selbsterlösung, Bewusstseinsveränderung und Bewusstseinserweiterung, einer Gottfindung in uns oder dass wir Gott gleich werden, unsterblich wie Gott (1. Mose 3,5; 1. Tim. 6,16) gehen an der Wirklichkeit vorbei.

Gott ist gegenwärtig, und wir sind zu ihm und durch ihn. Das tröstet uns auch in aller unserer Not und in unseren Problemen. Wir sind sein Gedanke, er fühlt alles mit uns. Unser Schmerz tut auch ihm weh, unser Kummer drückt ihn genauso, er weint unsere Tränen und erfreut sich an unserem Glück. Es ist keine Not, die er nicht aufheben kann, kein Leid, das bleibt. Auch der Tod, als der letzte Feind (l.Kor. 15,26) ist durch ihn schon besiegt.

Warum er das Leid überhaupt zulässt, ist durch die uns verliehene Freiheit bedingt, denn er hat uns frei erschaffen. So zwingt er uns nicht das Gute zu tun, weil Liebe keinen Zwang kennt. Durch unsere Wahl, das Böse zu tun, schaden wir uns und ihm. Die Schuld für das Leid in der Welt liegt bei uns, nicht bei ihm. Aber er leidet mit uns und vergibt uns unsere Schuld, wenn wir ihn bitten und auch unseren Schuldigern vergeben. (Mat. 6,12.14.15)

Er selbst vergibt uns und niemand anders, erklärt er hier sehr deutlich. Die Vergangenheit ist für ihn immer noch jetzt, es ist alles gegenwärtig vor ihm. Das macht uns in bezug auf unsere Schuld in unserem Leben traurig, denn vor ihm ist alles noch da, was wir verkehrt gemacht haben. Er selbst ist dadurch betrübt und gekränkt, weil unsere Sünde ihn als unseren Erhalter direkt trifft. Er erhält uns ja jede Sekunde am Leben und ist uns ganz nah.

Aber nicht nur unsere Schuld ist vor ihm aufgedeckt und gegenwärtig, auch die Tilgung unserer Verfehlungen durch seinen Opfertod am Kreuz ist in diesem Augenblick noch gegenwärtig für ihn.

Ein junger Mann fragte einmal, warum Christus denn für ihn gestorben sei? Das sei doch vor 2000 Jahren geschehen und nicht jetzt und heute hier für ihn! Zeitlich und geschichtlich gesehen ist das richtig, doch in der Überzeitlichkeit Gottes ist die Vergangenheit immer noch da. In dem Augenblick, in dem ich ihn um Vergebung meiner Schuld bitte, und dabei das Kreuz vor mir sehe, an dem Christus gestorben ist, wird dies Geschehen auf Golgatha vor Gott gegenwärtig: Christus stirbt jetzt für meine Schuld und tilgt alle meine Sünde. Im gleichen Augenblick ist meine Schuld vergeben, ich bin mit Gott versöhnt.

Indem ich ihm vertraue, ihm dies also zutraue, wirkt er in meinem Inneren den Frieden und die Freude, die der Vergebung folgen. Christus hat das in Joh. 3,14-16 deutlich gemacht und erklärt: *„Wer an den Sohn glaubt, der hat das ewige Leben!* (Vers 36)

Vom Glauben kommen wir zum Schauen, also zur sinnlichen Wahrnehmung erst bei der Wiederkunft Christi am Jümgsten Tag: *„Siehe, er kommt mit den Wolken, und es werden ihn sehen alle Augen und alle, die ihn durchbohrt haben, und es werden wehklagen um seinetwillen alle Geschlechter auf der Erde. Ja, Amen. Ich bin das A und das O, spricht Gott der Herr, der da ist und der da war und der da kommt, der Allmächtige.“* (Offb. 1,7.8)

Wie sollte aber Christus bei seinem Wiederkommen von allen Menschen auf der ganzen Erde gleichzeitig gesehen werden, wenn die Erde doch eine Kugel mit begrenztem Sichtfeld ist? Manche meinen deshalb, dass sein Wiederkommen nur geistig zu verstehen sei. Dr. Eberhard Müller, der Mann meiner Patentante, schreibt deshalb in seinem Buch „Bekehrung der Strukturen", Zürich 1973, S. 226: „Diese Wiederkunft wird nicht aus den Wolken stattfinden ... Sie wird sich auch nicht in einer zauberhaften schlagartigen Verwandlung der Welt vollziehen, wie es sich Paulus im Stil des damaligen magischen Weltbildes dachte." Mein Onkel Eberhard meinte damals vor mehr als zwanzig Jahren, dass die Bibel ein veraltetes Weltbild als Grundlage erkennen lasse. Inzwischen hat man jedoch entdeckt, dass die modernsten wissenschaftlichen Erkenntnisse schon in der Bibel enthalten sind, wie wir z.B. weiter oben in Psalm 139 gesehen hatten. In dieser Hinsicht hat mein Onkel nicht unrichtig gesehen, wenn er auf Seite 199 schreibt: „Carl Friedrich von Weizsäcker sagt direkt, es geht darum, die heutige Welt in einer Weise unter die Hoffnung auf den wiederkommenden Christus zu stellen, die dem modernen, von der Wissenschaft geprägten Bewusstsein unseres Zeitalters entspricht."

Tatsächlich entspricht die Erwartung des Wiederkommens Christi den Vorstellungen der modernen Naturwissenschaft, z.B. in der Mathematik. Die allgegenwärtige und gleichzeitig auf dem ganzen Erdball gesehene Wiederkehr Christi lässt sich aus einem Gleichnis aus der Welt der Mathematik erahnen. Gemeint ist die sogenannte „Vierte Dimension". Wir können uns dies so vorstellen:

Wir schreiben auf ein Blatt Papier: Ein Zentimeter und zeichnen eine Linie von dieser Länge. Dann schreiben wir: Ein Quadratzentimeter und zeichnen ein entsprechendes Quadrat. Als nächstes: Ein Kubikzentimeter, das wir als dreidimensionalen Würfel nur in der zweidimensionalen Perspektive auf das Papier bringen können. Schreiben wir dann: Ein Zentimeter hoch vier, dann versagt die Vorstellungs- und Darstellungskraft, denn wir sind jetzt in der vierten Dimension, die in unserer dreidimensionalen Welt von Länge,

Breite und Höhe nicht mehr darstellbar ist, genau wie ein Würfel auf dem zweidimensionalen Blatt Papier keinen Platz hat.

Wir stellen uns nun vor, dass es eine eigene zweidimensionale Welt gäbe, genau wie unsere Welt, nur eine Dimension tiefer. Die Lebewesen dort in dieser Flachwelt kennen keine Höhe, sondern nur Länge und Breite. Sie könnten uns, die wir von der ihnen unbekannten Höhe auf sie herabschauen, nicht sehen.

Wir aber könnten von oben alle von ihnen gleichzeitig sehen, ja mehr noch, wir können in sie hineinsehen, weil sie nach oben zu offen sind. Einen Gegenstand ihrer Welt könnten wir nur ein wenig nach oben heben, und er wäre für sie aus dem Dasein verschwunden.

Andererseits würde ein dreidimensionales Wesen in ihrer Welt als genau so zweidimensional in seinem Grundriss erkannt werden, wie sie selbst sind.

Zur Anschauung würden wir einen Bleistift durch das Blatt Papier stecken, von dem sie aber nur den Kreis auf dem Blatt Papier wahrnehmen könnten, die weitere Ausdehnung nach oben und unten wäre für sie unsichtbar. Jetzt stellen wir uns vor, dass wir diese Flachlandwesen wären und in unserer dreidimensionalen Welt von der vierten Dimension genauso betrachtet werden, wie wir die Flachwelt unter uns sehen.

Wesen aus der vierten Dimension könnten uns demnach nach „oben hin" offen sehen. Hätten wir z.B. einen Nagel verschluckt, so wäre dieser von „oben" her zu sehen und mit einem Griff in die vierte Dimension gehoben, für uns aber unsichtbar und nichtexistent geworden.

Sogenannte Geistheiler aus einer vierten Dimension könnten mit Leichtigkeit derartige „Wunderheilungen" vollbringen. Ein Wesen aus der vierten Dimension würde in unsere Welt herabsteigen und wir könnten von ihm nur die dreidimensionalen Umrisse sehen, aber es wäre genauso wie wir in allen Einzelheiten.

Vielleicht könnten wir dann auch die Natur Christi besser verstehen, der uns sagt: *„Ich bin von oben her … ich bin nicht von dieser Welt."* (Joh. 8,23)

So können wir auch die Wunder seines Wirkens besser verstehen, seine jungfräuliche Geburt, seine Heilungen, das Gehen auf dem Wasser, die Brotvermehrung und vor allem seine Natur, dass er ein vollkommener Mensch und gleichzeitig vollkommen Gott war. Er spricht von dieser Welt, von untenher, (Joh. 8,23) und von der oberen Welt, aus der er kommt. (Joh. 3,12.13)

Auch die Wahrheit über die Dreieinheit Gottes ist in dieser Sicht leichter fassbar. In unserer dreidimensionalen Welt können wir es nicht begreifen, dass Christus, der Sohn Gottes, eins ist mit dem Vater und dem Heiligen Geist. Die drei sind drei Personen und doch nur ein Gott.

Im Blick auf die vierte Dimension können wir verstehen, dass da, wo eine Person der oberen Welt erscheint, wo sie für uns nur eine Person ist, sie dennoch eine Ausdehnung nach oben oder unten in diese andere Welt hat, und dass nicht nur eine Person, sondern zwei oder drei gleichzeitig da sind, obwohl wir nur eine sehen.

Christus sagte darum: *„Wer mich sieht, der sieht den Vater.“* (Joh. 14,7-11;12,45) Oder: *„Ich und der Vater sind eins.“* (Joh. 10,30)

Ebenso der Heilige Geist, „der vom Vater ausgeht“ und doch Tröster und Zeuge, also Person ist. (Joh. 15,26) Wir können also sagen, da wo in unsere Welt Christus, oder der Vater, oder der Heilige Geist hineinkommen, sind alle drei gleichzeitig gegenwärtig, von der Sicht Gottes, der sogenannten Transzendenz her. Mit unserer Ratio ist dies für uns nicht zu verstehen, weil unser Verstand an der Grenze der oberen Welt stehen bleibt.

Es gibt die sichtbare Welt, und auch die unsichtbare Welt: (2.Kor. 4,18; Kol. 1,16.) Das Sichtbare ist zeitlich, das Unsichtbare ist ewig. Satan und seine mit ihm abgefallenen Engel wurden in diese zeitliche Welt hinabgestürzt, wo sie zwar im Unsichtbaren leben, aber dem zeitlichen Ende im Gericht Gottes verfallen sind. Deshalb versuchen sie die Menschen in ihr Schicksal hineinzuziehen und sie mit allen Mitteln zu verführen, zu täuschen und schließlich zu verderben. Jeder Bewohner dieser Erde hat sich zwischen Christus und Satan zu entscheiden. Unsere Entscheidung wird von der oberen Welt, von den Milliarden bewohnter Welten beobachtet und mit Freuden begrüßt, wenn wir uns für Christus entschieden haben. (Luk. 15,10)

Von der vierten Dimension her gesehen können wir gut verstehen, dass die Wiederkunft Christi auf dem ganzen Erdball in einem Augenblick gesehen wird, und zwar nicht geistig, sondern *„es werden ihn sehen alle Augen."* (Offb. 1,7) Johannes hat dieses gewaltige Ereignis schon in der Vision gesehen: *„Der Himmel entwich wie ein zusammengerolltes Buch; und alle Berge und alle Inseln wurden bewegt aus ihren Örtern. Und die Könige auf Erden und die Großen und die Reichen und die Hauptleute und die Gewaltigen und alle Knechte und alle Freien verbargen sich in den Klüften und Felsen an den Bergen und sprachen zu den Bergen und Felsen: Fallet über uns und verberget uns vor dem Angesichte des, der auf dem Thron sitzt und vor dem Zorn des Lammes! Denn es ist gekommen der große Tag seines Zorns, und wer kann bestehen?" (Offb. 6,14-17)*

„Der Himmel entwich wie ein zusammengerolltes Buch", das wird erklärt in Jes. 25,7-9: Der Herr *„wird auf diesem Berge die Hülle wegnehmen, mit der alle Völker verhüllt sind, und die Decke, mit der alle Heiden zugedeckt sind. Er wird den Tod verschlingen auf ewig. Und Gott der Herr wird die Tränen von allen Angesichtern abwischen und wird aufheben die Schmach seines Volkes in allen Landen; denn der Herr hat's gesagt. Zu der Zeit wird man sagen: „Siehe, das ist unser Gott, auf den wir hofften, dass er uns helfe. Das ist der Herr, auf den wir hofften; lasst uns jubeln und fröhlich sein über sein Heil.'"*

Wenn die Scheidewand zwischen der unsichtbaren und der sichtbaren Welt hinweggerollt wird, bricht alles auf dieser Erde zusammen wie ein Kartenhaus. Gleichzeitig ist das, was fern ist, ganz nah. Christus wird von jedem Menschen gesehen werden, und zwar so nah, dass jeder sein Angesicht erkennt. Er, unser Schöpfer und Erlöser, steht Auge in Auge vor uns. Er blickt den zornig an, der ohne Grund und Ursache seine Liebe verschmäht und zurückgewiesen hat. Bei diesem Anblick wird er fragen: Warum hast Du meine Liebe zu Dir nicht erwidert?

Menschen, die seine Liebe verachtet haben, können dafür keine Entschuldigung vorweisen. Sie wünschen sich nun lieber den Tod als in Jesu Augen schauen zu müssen. Jesus ist zornig darüber, dass er diese seine Menschen verliert, aber er gibt ihnen, was sie sich wünschen, sie werden nicht gezwungen ihn zu lieben. *„Sie werden sein, als wären sie nie gewesen,"* drücken mehr als 130 Stellen in der Bibel aus. (Obadja 16)

Im Augenblick, wo die unsichtbare Welt für uns wirksam wird, hört auch das Zeitliche auf: *„Er wird den Tod verschlingen auf ewig."* Dabei wird er die Tränen von allen Angesichtern abwischen, wenn wir unsere Verstorbenen wiedersehen und sie in die Arme schließen werden. Eine unbeschreibliche Freude und ein Jauchzen und Jubeln wird uns erfüllen. Das schönste aber wird sein, dass wir Jesus selbst sehen dürfen, wenn er sagt: *„Kommt her, ihr Gesegneten meines Vaters, ererbt das Reich, das euch bereitet ist von Anbeginn der Welt!"* (Mat. 25,34)

Ihn zu sehen, ist höchstes Glück, denn er liebt uns mit ewiger, göttlicher Liebe. „Die Erlösten werden dort erkennen, wie auch sie erkannt werden … Und die dahingehenden Jahre der Ewigkeit werden ihnen reichere und immer herrlichere Offenbarungen Gottes und Christi bringen. Mit wachsender Erkenntnis wird auch die Liebe, Ehrfurcht und Glückseligkeit zunehmen. Je mehr die Menschen von Gott lernen, desto größer wird ihre Bewunderung seines Wesens sein. Und wenn Jesus ihnen die Reichtümer der Erlösung und die erstaunlichen Großtaten in dem erbitterten Kampf mit Satan erschließt, werden die Herzen der Erlösten immer mehr in Liebe erglühen … Der große Kampf ist beendet. Sünde und Sünder sind nicht mehr. Das ganze Weltall ist rein. Eintracht und Freude herrschen in der ganzen unermesslichen Schöpfung. Von dem, der alles erschuf, fließt Leben, Licht und Freude über alle Gebiete des grenzenlosen Raumes. Vom kleinsten Atom bis zum größten Weltenkörper erklärt alle lebende und unbelebte Natur in ungetrübter Schönheit und vollkommener Freude: Gott ist die Liebe. (E. G. White, Der Große Kampf, Hamburg, S. 677)

DIE INTERGALAKTISCHE ZENTRALE

Johannes sah die Zentrale des Weltalls

Nach einer nächtlichen Fahrt auf dem Mittelmeer ankerte unser Schiff früh morgens in der Bucht von Patmos, einer kleinen Insel vor dem türkischen Festland. Wir stiegen um in ein kleineres Boot, das uns in den Inselhafen bringen sollte.

Dort lebte vor etwa 1900 Jahren der Apostel Johannes als Gefangener des römischen Kaisers. Alle Christen waren von ihm verbannt oder umgebracht worden. Auf dieser Insel empfing Johannes Botschaften aus dem Weltall. Er sah die Zukunft, das Schicksal der Erde und ihrer Bewohner bis zur Errichtung einer neuen Erde mit Frieden und Gerechtigkeit.

Es wurde ihm auch ein Blick in die Zentrale des Universums gestattet. Mit Ehrfurcht betraten wir als Touristen die Grotte der Offenbarung auf halber Höhe eines Berges, der seit dem frühen Mittelalter von einem Kloster gekrönt ist. An dieser Stelle soll Johannes die Visionen empfangen haben, wie uns erklärt wurde.

Das Zentrum des Weltalls

Es ist denkbar, dass unsere Erde sich unmittelbar in der Nähe des universellen Mittelpunkts befindet. Weiter ist es möglich, dass dieses Zentrum von uns aus gesehen in einer Sphäre liegt, die wir optisch oder sinnlich nicht wahrnehmen können. Wenn die Bibel von einer anderen Daseinssphäre spricht, die auch die ‚unsichtbare Welt' genannt wird, herrschen auch dort andere Maßstäbe des Raumes und der Zeit, die unsere bekannten Vorstellungen bei weitem übertreffen. Dafür gibt es viele Beispiele:

Der Staatsmann und Prophet Daniel nahm Sprechkontakt mit der Zentrale im Universum auf. In der Bibel wird diese Kommunikation immer mit ‚Gebet' bezeichnet. Wenn die Übertragung von

Daniels Botschaft die Lichtgeschwindigkeit benötigt hätte, wären sicher viele Jahrhunderte verstrichen – und die Antwort von dort hätte möglicherweise ebenso lange gedauert.

In Wirklichkeit aber geschah die Transmission viel, viel schneller. Wir erfahren, dass sie in einem Augenblick am Ziel ankam. Dort in der Zentrale erhielt daraufhin umgehend einer der außerirdischen Bewohner – auf hebräisch auch ‚Malachit' oder ‚Bote' genannt – den Auftrag, zu Daniel zu fahren, um ihm persönlich die Antwort auf seine Anfrage zu bringen.

Es wird berichtet, dass dieser Kurierbote der Zentrale in ganz kurzer Zeit, in nur wenigen Minuten, bei Daniel war und ihm die besondere Nachricht überbringen konnte. In einem Augenblick konnte er die Grenze zwischen dem sogenannten ‚Unsichtbaren' und dem ‚Sichtbaren' überschreiten. Er brauchte dazu weder ein Raumfahrzeug, noch eine ‚fliegende Untertasse', er kam selbst ohne irgendwelche Hilfsmittel auf diesen Planeten Erde und landete direkt in dem Raum, in dem sich Daniel noch betend befand. Dieser Sachverhalt ist im 9.Kapitel des Danielbuches geschildert.

In Matthäus 18,10 lesen wir außerdem, dass diese Boten, also die außerirdischen Angehörigen der universellen Zentrale, den Auftrag haben, uns schützend hier auf diesem Planeten zur Seite zu stehen. Gleichsam bleiben sie jeden Augenblick in Sichtkontakt mit der Zentrale. Erkennbar wird also, dass unsere Erde, das ‚Sichtbare' mit dieser ‚Zentrale' im ‚Unsichtbaren' vernetzt ist. Sie sind gewissermaßen integriert.

An jeder Stelle unseres Planeten sind die supranaturalen Kräfte und Gesetze einer höheren Sphäre des Daseins wirksam, selbst wenn wir nichts davon merken. Wir sind gleichsam eingehüllt von dieser höheren Dimension als einer übergeordneten Realität, von der unsere Erdwirklichkeit nur ein Teil ist.

In einer Art Television, einem Blick in die Welt des Unsichtbaren, sieht Johannes das Zentrum des Universums und beschreibt es: *„Darnach sah ich, und siehe, eine Tür war aufgetan im Himmel"*. (Offb. 4,1) Ein Raum innerhalb des Weltraums wird geöffnet, eine höhere Dimension tut sich auf.

Wir können diese Aussage vom Standpunkt der Astronomie und der Mathematik, sowie vonseiten der biblischen Theologie her erörtern.

In der Astronomie sind die sogenannten ‚schwarzen Löcher‘ im Weltraum ein Rätsel, über das viel nachgedacht worden ist. Wenn sich die Galaxien, so schlussfolgert man, in der Ausdehnung des Weltalls mit ungeheuer großer Geschwindigkeit von uns wegbewegen, dann ist es denkbar, dass es Sterngruppen gibt, die sich mit mehr als Lichtgeschwindigkeit bewegen. Da wir nur die Lichtstrahlen, also die Wellen mit Lichtgeschwindigkeit wahrnehmen können, werden diese Sterngruppen für uns unsichtbar, sie erscheinen wie ‚schwarze Löcher‘.

Diese Theorie würde zwar die Geschwindigkeit der ‚Boten Gottes‘, die um ein Vielfaches höher ist als die Lichtgeschwindigkeit, erklären. Sie würde aber auch weitere Fragen aufwerfen: Inzwischen wurden viele dieser ‚schwarzen Löcher‘ im Weltraum entdeckt. Wenn nun jedes eine ‚Öffnung‘ zu der Zentrale, dem ‚dritten Himmel‘, wie er in der Bibel genannt wird, wäre, dann müsste es ja viele Zentralen im Weltall geben, was jedoch dem Sinn des Wortes widerspräche. (2.Kor. 12,2).

In der Mathematik lässt sich rein rechnerisch die Existenz einer vierten Dimension darstellen. Gemeint ist nicht die Zeit als ‚vierte Dimension‘ im Sinne von Albert Einstein, sondern die räumliche Ausdehnung über unsere dreidimensionale Welt hinaus. Eine vierdimensionale Welt stellt sich uns als unsichtbar dar, weil wir nur die dreidimensionalen Realitäten wahrnehmen können. In dieser unsichtbaren Welt können demnach für uns völlig unbekannte Gesetzmäßigkeiten herrschen, die wir räumlich und zeitlich nicht in unsere Erfahrungswelt einzuordnen imstande sind.

Es wäre also denkbar, dass sich die Zentrale des Weltalls in Sichtkontakt mit unserem Planeten Erde befindet, ohne dass wir dies wahrnehmen, Ebenso ist es möglich, dass sie sich in einen Raum erstreckt, der für uns Erdenbewohner überräumlich und unzugänglich ist.

Der dritte Himmel, den wir die Zentrale des Universums nennen, hätte seine Existenz in dieser vierten, uns verschlossenen Dimension. Dies ist zwar mathematisch errechenbar, denn wir können alle geometrischen Raumberechnungen um diese eine Potenz erweitern, aber es ist nicht geometrisch darstellbar, wir können es uns nicht vorstellen.

In der Bibel, aus der die biblische Theologie ihre Fragestellungen bezieht, wird diese Zentrale in verschiedenen Visionen beschrieben. Johannes sah in den geöffneten dritten Himmel hinein und erblickte als Mittelpunkt der Zentrale einen Thron, auf dem jemand saß. Er beschreibt dieses Wesen:

„Sein Gesicht glänzte wie die kostbaren Edelsteine Jaspis und Karneol. Rund um den Thron stand ein Regenbogen, der leuchtete wie ein Smaragd" (Offb. 4,3). Dies gesehene Wesen war „Wie ein Mensch gestaltet" (Hes. 1,26). Der Erschaffer und Erhalter des Universums wird von Johannes als Person beschrieben. Ist Gott eine Person? Wir lesen in der Bibel:

„Er, der den Menschen Ohren gab, soll nicht fähig sein zu hören? Er, der ihnen Augen schuf, sollte selbst nicht sehen können?" (Psalm 94,9.) Er, der den Menschen als Person erschuf, sollte selbst nicht Person sein? Mehrere tausend Mal wird Gott in der Bibel als Person beschrieben. Aber er ist nicht nur Person, er ist der überall gegenwärtige, das All erfüllende und das All umschließende Geist! Er ist beides gleichzeitig, transzendent und immanent, unendlich und doch auf dieser Erde gegenwärtig. Er ist der allmächtige Erschaffer des Weltalls und gleichzeitig unser gütiger Vater und Freund.

Er hat uns als Personen ins Dasein gerufen, damit wir ihn als Person erkennen und lieben können. Seine Erscheinung wird hier durch das Symbol von Edelsteinen beschrieben. Der Jaspis ist kristallklar und reinweiß leuchtend. Gottes Wesen ist durchsichtig klar und rein, es ist nicht ein Flecken, nichts Dunkles, nichts Unvollkommenes an ihm. Er ist rein von aller Schuld und von allem Bösen. Die Entstehung des Bösen mit der Folge von Leid und Tod sind nicht sein Werk.

Der Edelstein Karneol oder Sarder ist ein feuerroter Stein als Symbol für das Feuer, das alles Schlechte und Böse verzehrt, vor dem kein sündhaftes Wesen bestehen kann. Rot aber ist auch die Farbe der Liebe. „Gott ist Liebe", erfahren wir in der Bibel. Er ist selbst durch und durch Liebe, und zu seiner Liebe hin sind wir ins Dasein gerufen worden.

Der Regenbogen spannt sich mit seinen sieben Farben rund um den Thron. Auf der Erde sehen wir den Regenbogen immer nur halb. Er wurde nach der Sintflut von Gott als Zeichen des Bundes mit den Menschen in die Wolken gesetzt. Gott verbindet damit seine Zusage, dass diese Erde nicht mehr durch Wasser vernichtet werden soll und bis zum Ende der Welt Saat und Ernte nicht aufhören werden. Es ist das Bundeszeichen mit den Bewohnern dieses Planeten Erde, das sich wie eine Brücke zwischen Himmel und Erde ausdehnt und stets halbrund ist. Hier um den Thron aber ist der Bogen ganz rund. Das ist das Zeichen nicht nur für diesen Planeten, sondern für das ganze Weltall.

Das Sichtbare und das Unsichtbare

Genau so wenig wie wir das Wort Geist verstehen, oder gar definieren oder erklären können, ist auch Gott unerklärbar, unsichtbar, transzendent und allgegenwärtig. In der Bibel ist zu lesen:

„Gottes unsichtbares Wesen wird uns nur offenbart durch die Schöpfung, durch seine Werke, an denen jeder erkennen kann, dass Gott dennoch da ist, obwohl wir ihn nicht sehen können" (Röm. 1,19.20) Er wird *„der Unvergängliche und Unsichtbare" genannt, „welchen kein Mensch gesehen hat noch sehen kann"* (1.Tim. 1,17. 6,16) Er ist der ‚unsichtbare Gott', der das ‚Sichtbare und Unsichtbare' geschaffen hat (Kol. 1,15.16). Hier stehen uns die beiden Seiten der Schöpfung gegenüber: Das ‚Sichtbare' und das ‚Unsichtbare' (2.Kor. 4,18). Beides ist Realität, echte Wirklichkeit, keine Scheinwelt und keine Mystik, keine Maya-Täuschung, keine materielle und antimaterielle Wirklichkeit, kein Gegensatz zwischen

Wirklichkeit und Phantasie, sondern zwei nebeneinander bestehende Realitäten.

Wir unterscheiden zwischen der Transzendenz und der Immanenz Gottes, die Transzendenz ist die unsichtbare Welt Gottes, die Immanenz die sichtbare Welt. Dies lässt sich anschaulich darstellen, wenn wir aus dem Gedankenexperiment der ‚Vierten Dimension' ein Gleichnis machen, wie bereits weiter oben beschrieben.

Mathematisch betrachtet lässt sich noch ein anderer wesentlicher Aspekt ergänzen: In unserem geometrischen Gleichnis waren wir von der Strecke 1 cm ausgegangen. Diese Linie hatten wir als die erste unserer drei Dimensionen benannt. Sie ist ein Teil der zweiten Dimension, der Fläche. Die Linie gibt es nicht allein, nicht losgelöst von einer höheren Dimension, sie besteht nur als ein Teil der Fläche, denn wir können eine Linie nur auf einer Fläche ziehen. Auch die Fläche ist nur ein Teil der dritten Dimension, die wir nach Länge, Breite und Höhe erfassen können. Jede Fläche ist immer ein Teil des dreidimensionalen Raumes, sie kann nicht losgelöst von dieser höheren Ordnung bestehen.

Nun kommen wir zur analogen Schlussfolgerung: Auch unsere dreidimensionale Welt, in der wir leben, ist nur ein Teil, nur eine Funktion des vierdimensionalen Raumes. Gehen wir in dieser Gedankenfolge weiter, so müssten wir sagen, auch der vierdimensionale Raum ist wiederum nur ein Teil, eine Funktion des fünfdimensionalen Raumes, dieser wiederum nur ein Teil der sechsten Dimension, usw. bis zur Unendlichkeit, die wir mit einem mathematischen Zeichen benennen, aber nicht begreifen können. So sind alle Dimensionen nur ein Teil der Unendlichkeit. Die Bibel nennt diese Unendlichkeit Gott als Person. *„In ihm leben, weben und sind wir"* (Apg. 17,26)

Das Universum ist also nur ein Teil Gottes. *„Der Himmel und aller Himmel Himmel können dich, Gott, nicht fassen,"* (1.Kön. 8,27), nicht begrenzen, nicht aufnehmen. Er ist größer als das All. *„Das All hat in ihm seinen Bestand"*, sagt die Bibel (Kol. 1, 18), es besteht nur in ihm, existiert nur durch ihn. Jeder Mensch existiert nur durch ihn und zu ihm hin, für ihn! Der Sinn unseres Daseins ist also unser Dasein für Gott!

Das Zentrum der Allmacht

Das Zentrum des Universums mit seiner Regierung des Alls durch den Schöpfer kennt vier besondere Stufen:

Da ist zuerst der Thron Gottes, wo er persönlich zugegen ist. *„Vor dem Thron war ein gläsernes Meer gleich dem Kristall"* (Offb. 4,6). *„Es ist gestaltet wie ein Himmel, wie ein Kristall, schrecklich, gerade oben über ihnen ausgebreitet"* (Hes. 1,22). Ein Meer symbolisiert in der Bildersprache der Offenbarung *„die Völker und Scharen und Nationen und Sprachen"* (Offb. 17,15). Ein Kristall oder Kristallspiegel diente dazu, sich darin gespiegelt zu sehen. In dieser Textstelle sind nun alle Völker dieser Erde und alle Bewohner des Weltalls gespiegelt. Sie erscheinen vor den Augen des Schöpfers, als wären sie persönlich gegenwärtig. Sicher hat Gott solch einen Weltallspiegel nicht nötig, weil er ja allgegenwärtig ist. Doch dieser Spiegel lässt das ganze Weltall mit seinen Bewohnern umgekehrt auch den Thron Gottes sehen. Sie dürfen Anteil haben an der Regierung des Schöpfers im gesamten Weltall. Jesus Christus hatte diesen Gedanken seinen Jüngern gegenüber damals so ausgedrückt: *„Sehet zu, dass ihr nicht jemand von diesen Kleinen verachtet. Denn ich sage euch: Ihre Engel im Himmel sehen allezeit das Angesicht meines Vaters im Himmel"* (Mat. 18,10). Jeder einzelne Mensch auf dieser Erde hat einen himmlischen Begleiter, einen ‚body guard', der ihn beschützt und der in jedem Augenblick mit Gott in der Zentrale Verbindung und Sichtkontakt mit Gott selbst hat. Als Instrument für diesen Sichtkontakt mit dem Thron Gottes können wir uns dieses ‚Gläserne Meer' vorstellen. Gott lässt dadurch jedes Wesen im gesamten Weltall an seiner Regierung teilnehmen. Er liebt nämlich jedes seiner Geschöpfe, wie ein Vater seine Kinder liebt und wie eine Mutter für ihre Kleinen sorgt.

Als zweite Stufe in der Verwaltung des Universums sehen wir am Thron des Schöpfers vier Lebewesen. (Offb. 4,6-8. Hes. 1,4-21) Sie tragen gleichsam den Thron und können sich in alle Richtungen gleichzeitig bewegen, was wieder nur im Gedanken an eine vierte oder noch höhere Dimension zu verstehen ist. Diese vier Lebewesen sind wie Menschen gestaltet, aber ihre überdimensionalen Kräfte und Fähigkeiten werden in einigen Symbolen ausgedrückt. So haben sie nicht nur zwei Augen wie wir Menschen, sondern sie sind „außenherum und inwendig voll Augen“. Sie können also in alle Richtungen gleichzeitig sehen und nehmen so vergleichsweise intensiv Anteil an der Allgegenwart Gottes. Sie sehen nach ‚außen‘ in das gesamte Universum, in den sichtbar vor ihnen ausgebreiteten Makrokosmos. Die Milliarden Lichtjahre, mit denen wir das Weltall messen, sind für sie nur Bruchteile von Sekunden. Die für uns unvorstellbar großen Entfernungen des Sternenhimmels überblicken sie in einer momentanen Schau.

Auch der Mikrokosmos ist ihren Augen nicht verborgen, denn sie haben viele Augen, die „nach innen“ gerichtet sind. Wie winzig klein die Welt der Atome ist, wird uns deutlich, wenn wir uns vorstellen, dass wir hunderttausend Jahre lang tags und nachts zählen müssten, um alle Atome in nur einem einzigen Gramm Wasserstoff auszuzählen. Der Mikrokosmos beinhaltet auch die Gentechnik mit ihrem genetischen Code, der in den Chromosomen der Kerne in den Zellen enthalten ist. Ein ‚Chromosomenfaden‘ ist gestreckt nur einen Meter lang und enthält doch die verschlüsselte Schrift von einer Billion Wörtern, das sind zweitausend Bücher mit je fünfhundert Seiten. Oder man denke an das fein verzweigte Netzwerk elektrizitätsleitender Fäden im menschlichen Gehirn. Als Linie gedacht ergibt sich eine Entfernung von 480 000 km. Dies ist eine Strecke etwa von der Erde bis zum Mond und dann noch zweieinhalb mal um die Erde herum! In diesem einzigartigen elektrischen Kabelnetzwerk sind nicht weniger als fünfhunderttausend Milliarden Schalter eingebaut. Diese sogenannten Synapsen haben einen ganz komplizierten Aufbau und funktionieren in einer einzigartigen wunderbaren Weise. In diesen Mikrokosmos können wir Menschen mit unseren Elektronenmikroskopen nur bis zu einer bestimmten Grenze eindringen. Alle weiteren Wunder dieser Welt der kleinen Dinge bleiben uns verschlossen, sie ist zu klein. Aber diese Thronengel Gottes haben auch dort hinein den vollen Einblick, nichts bleibt ihren Augen verborgen.

Die dritte Stufe in der Weltallregierung sind die sogenannten 24 Ältesten, die auf 24 Thronen rings um den Thron Gottes sitzen. Sie bilden eine ‚Ratsversammlung', die der Schöpfer an seiner Regierung des Weltalls teilnehmen lässt und sie als Ratgeber einsetzt. Die Zahl 24 hat in der Bibel auch symbolischen Charakter. Sie setzt sich zusammen aus dem Doppelten von 12, die ist wiederum aus drei mal vier aufgebaut. Im Alten Testament gab es die zwölf Stämme Israels, und im Neuen Testament hatte Christus zwölf Apostel als seine engeren Mitarbeiter erwählt. Drei ist die Zahl der Gottheit und vier die Zahl der Welt. Wenn Gott in unserer Welt Mitarbeiter für sich gewinnt, die als ‚Kinder Gottes' aus Gottes Geist wiedergeboren sind (Joh. 3,3-6), wird ihre Zahl vervielfacht oder multipliziert. Aus drei mal vier wird die Zahl zwölf. So sitzen hier auf ihren Thronen die Vertreter der Erdenbewohner, die zu dem Volke Gottes gehören.

Die 24 Ältesten sind einerseits eine Art Volksvertreter am Thron Gottes, gleichzeitig aber auch Priester Gottes. Denn sie können dabei mitwirken, dass die Menschen, die sie vertreten, auch von ihren Sünden und Fehlern frei werden durch die von Gott geschaffene neue Schöpfung der Erlösung durch Jesus Christus. Christus ist gleichzeitig auch Hoherpriester. (Hebr. 81.2)

Die vierte Stufe in der Regierung Gottes ist eine so große - Schar, dass sie mit tausend mal tausend und zehntausend mal zehntausend angegeben wird (Offb. 5,11. Dan. 7,9.10). Sie wird auch „der Rat der Wächter" genannt, die „heiligen Wächter" (Dan. 4,14.20). Sie heißen „Fürsten und Obrigkeiten" in der „unsichtbaren Welt" (Kol. 1,16). Sie stehen am Thron Gottes mit ‚Büchern' in ihren Händen, als eine Art Berichtführung.

Jesus Christus wies darauf hin, als, er sagte: *„Die Menschen müssen Rechenschaft geben am Jüngsten Gericht von einem jeden unnützen Wort, das sie geredet haben."* (Dan. 7,9.10. Mat. 12,36) Diese sind die Boten Gottes, sind Botschafter oder Gesandte der Zentralregierung Gottes. Sie erfüllen häufig eine besondere Mission auf unserer Erde. (Luk. 1,11.19. Dan. 8,15-18).

Als Fürsten der ‚unsichtbaren Welt' unterstützen sie auch die einzelnen Völker auf dieser Erde (Dan. 10,13.20.21). Als Christus sich freiwillig von seinen Gegnern gefangen nehmen ließ, schlug Petrus mit dem Schwert auf die Feinde ein. Jesus aber wies ihn zurecht und sagte: *„Stecke dein Schwert an seinen Ort! denn wer das Schwert nimmt, der soll durchs Schwert umkommen. Oder meinst du, dass ich nicht könnte meinen Vater bitten, dass er mir zuschickte mehr denn zwölf Legionen Engel?"* (Mat. 26,52.53)

Als Jesus Christus in Bethlehem geboren wurde, erschien den Hirten auf dem Felde ein ‚Bote', umgeben von der „Menge der himmlischen Heerscharen" (Luk. 2,13). Dieser himmlische Fürst erfüllte auf unserem Planeten in diesem historischen Augenblick eine von vielerlei Aufgaben (siehe unten).

Unbedingt zu beachten ist dabei aber, dass nur die Abgesandten der Zentrale des Universums unsere Erde besuchen. Niemals landen hier die Bewohner anderer Planeten. Und die Menschen auf diesem Planeten Erde haben ihre Vertreter direkt am Thron Gottes. Die Kommunikation zwischen der Erde und der intergalaktischen Regierung Gottes verläuft nach bestimmten Gesetzen. Eine Intervention von Planetariern oder UFOs auf der Erde ist nach diesen Gesetzen völlig ausgeschlossen.

Das Gesetz der Harmonie im Universum

„Diese Welt ist die beste aller möglichen Welten", sagte Gottfried Wilhelm Leibniz (1646–1716). Er versuchte in seinem Werk ‚Lingua Rationalis' alle Begriffe auf die sie konstituierenden Elementarbegriffe zu reduzieren. So kam er auch auf das binäre System von 0 und 1, das heute die Grundlage der elektronischen Datenverarbeitung ist. Schließlich wollte er auch die Elemente der Metaphysik und der natürlichen Theologie auf ein Fundament unwiderlegbarer, mathematischer Gewissheit stellen. So wurde er um der Theologie willen zum Mathematiker. In dem aus zwei Zeichen bestehenden, binären System steht die Eins für den Schöpfer, der aus dem Nichtsein, der Null, die Welt entstehen lässt. Er hat alles aus dem Nichts geschaffen. Alles Bestehende, die Erde und das Weltall, stellen die Null dar. Sie sind nicht existent ohne die Eins, die Zahl, das Wesentliche und Wirkliche.

So wird diese sichtbare Welt, der Kosmos, gehalten durch das Unsichtbare, die Transzendenz, den Schöpfer. Er ist ganz anders als unsere Welt, ihn können wir nicht begreifen noch darstellen, eben weil er transzendent ist, d. h. unser Denken übersteigt.

Eine Störung dieser Harmonie zwischen dem Sichtbaren und dem Unsichtbaren zielt daher immer auch auf die Zerstörung des Ganzen: Krankheit, Leid, Tod. Jede Störung der Harmonie ist gleichzeitig auch gegen den Schöpfer und Erhalter des Weltganzen gerichtet. *„Gott ist ein Gott der Ordnung"*, sagt die Bibel.

Gott ist aber auch der Urheber und Erhalter und der Wiederhersteller der Harmonie im Weltall und damit auch auf unserer Erde. Wo Gott ist, heilen die Wunden, werden die Kranken wieder gesund und selbst die Toten wieder lebendig. Denn der Tod wurde bereits von ihm besiegt. Als Jesus Christus am Kreuz starb und auferstand, wurde die Harmonie mit dem Schöpfer für diese Erde zurückgewonnen. Jeder Mensch hat nun die Gelegenheit, an der Wiederherstellung der Harmonie mit dem Unendlichen, unserem ‚Vater im Himmel' für sich selbst und für andere mitzuwirken.

Ein Grundgesetz des Weltalls ist das Dienen. Harmonie drückt sich im Dienen aus und entsteht durch das Dienen. Die kleineren Teile eines Ganzen dienen den größeren, und zusammen dienen sie dem Ganzen. Kein Mensch lebt für sich allein. Dem Mitmenschen zu dienen ist das Wesen der Liebe. Egoismus dagegen bedeutet die Trennung vom Nächsten. Egoismus ist eine Abkehr von der Haltung des Dienenwollens. Egoismus ist Nichtliebe oder Unliebe, ist Disharmonie, ist Schuld. Das Herrschenwollen, die Machtausübung zum Selbstzweck richtet sich gegen die Harmonie des Dienens und ist böse, ist Sünde mit all ihren schrecklichen Folgen.

„Trotzdem ist diese in Sünde gefallene Welt noch nicht gänzlich ein Ort des Elends und der Sorge. In der Natur selbst finden wir Botschaften der Hoffnung und des Trostes. Es wachsen noch

Blumen auf den Disteln, und die Dornen sind mit Rosen bedeckt. ‚Gott ist die Liebe!' steht auf jeder sich öffnenden Knospe, auf jedem Grashalm geschrieben. Die lieblichen Vögel, von deren frohen Liedern die Luft erschallt, die zartgefärbten Blumen, die in ihrer vollkommenen Schönheit den Raum mit ihren Wohlgerüchen erfüllen, die stattlichen Bäume des Waldes mit dem saftigen Grün ihres reichen Blätterwerkes- sie alle zeugen laut von der liebevollen, väterlichen Fürsorge unseres Gottes und von seinem Verlangen, seine Kinder glücklich zu machen", schreibt eine Schriftstellerin.[19]

Auch der Schöpfer selbst wirkt innerhalb des großen, alles umfassenden Weltallgesetz des Dienens. Er dient jedem seiner Lebewesen im Universum und auf diesem Planeten Erde, indem er *„jedem Leben und Odem und alles gibt"* (Apg. 17,25) und auch jeden Augenblick erhält, indem er sie trägt, wie ein Denker seinen Gedanken denkt (Kol. 1,15-17).

Christus kam auf diese Erde, *„nicht dass er sich dienen lasse, sondern dass er diene und gebe sein Leben zu einer Erlösung für viele."* (Mat. 20,28). Auch die Botschafter der Regierung Gottes dienen hier auf der Erde den Menschen. (Heb. 1,14). Das Dienen ist ein Ausdruck von Liebe. Liebe ist die Motivation zum Dienen. Liebender Dienst oder dienende Liebe gilt als das Höchste und Beste im Leben aller Bewohner des Weltalls. „Gott ist Liebe" (1.Joh. 4,16). Er liebt die ganze Welt (Joh. 3,16).

Wie aber verträgt sich eine solche Liebe mit dem Leid auf dieser Erde? Wenn Gott allmächtig ist, müsste doch seine Liebe das entsetzliche Böse und das Leid auf der Welt verhindern können? Sicherlich könnte Gott alles Böse und alles Leid durch sein Eingreifen verhindern. Aber er würde damit seinen Lebewesen nicht mehr die Freiheit lassen, ohne die Liebe nicht bestehen kann. Er würde mit seiner Allmacht absolut herrschen und damit jeden zwingen, seinen Willen zu tun. Dieser Zwang, selbst der Zwang zum Guten, würde uns Menschen zu seelenlosen Robotern machen. Ein solcher Zwang stünde dem Gesetz der Liebe entgegen.

---

[19] E. G. White, Der Weg zu Christo, S. 25.

Liebe kann nur freiwillig und durch die freie Entscheidung des Einzelnen entstehen und existieren.

Die Liebe im Weltall besteht aus vier Elementen, gleich Sektoren eines Kreises. Fällt ein Sektor aus, verliert der Kreis seine Existenz: Freiheit Vertrauen Achtung Einigkeit In dieser Freiheit hat jeder Mensch die Möglichkeit, sich für Gottes Liebe zu öffnen, oder sie abzulehnen. Die Geschichte unseres Planeten zeigt, dass sich die Menschheit gegen Gott entschieden hat und damit alles Böse und Leid selbst verursacht hat. Gott selbst ist nicht schuld daran und hat es absolut nicht gewollt.

Er hat einen Gerichtstag festgesetzt (Apg. 17,31), an dem er mit Gerechtigkeit jeden Einzelnen richten wird. Auf diesen Tag müssen wir warten, aber er steht jetzt unmittelbar bevor. *„Der Herr verzögert nicht sein Versprechen, wie es manche für einen Verzug achten, sondern er hat Geduld mit uns und will nicht, dass jemand verloren gehe, sondern dass sich jeder zur Umkehr entschließt.“* (2.Pet. 3,9)

Angesichts des furchtbaren Elends auf dieser Erde hätte Gott schon längst sein Gericht kommen lassen, aber es gibt noch einzelne Menschen, die sich jetzt gerade in der Entscheidung für oder gegen die Liebe Gottes befinden, und auf diese wartet Gott. Es kommt aber der Tag, an dem sich jeder entschieden hat, dann erfolgt der Abschluss der Weltgeschichte in einem Augenblick, am Jüngsten Tag. (Offenb. 22,10-12)

Gott hat den Bewohnern unseres Planeten seine Liebe sehr deutlich vor Augen geführt und durch Christus offenbar werden lassen. „In Christus ist die Liebe Gottes in Menschengestalt über diese Erde gegangen“, drückte diese Tatsache ein unvoreingenommener Leser der Bibel aus. Das Wesen Jesu war voller Liebe. *„Wenn ihr mich kenntet, so kenntet ihr auch meinen Vater. Und von nun an kennet ihr ihn und habt ihn gesehen… Wer mich sieht, der sieht den Vater“* (Joh. 14,7.9). Darum ist es die wichtigste Aufgabe unseres Lebens, Christus kennen zu lernen.

Im Neuen Testament ist er genau beschrieben. Jeder Augenblick, in dem wir darin von ihm lesen können und es nicht tun, ist verlorene Zeit, die vielleicht nie wieder eingeholt werden kann.

Die Harmonie mit Gott, mit uns selbst und mit der Welt um uns ist der Sinn unseres Lebens. Die Harmonie in der Natur zeigt uns überall die Spuren des Schöpfers.

Der Aufbau der Welt bis in den Mikrokosmos hinein beweist diese wunderbare Harmonie. Die kleinsten Teile, die in den Atomen und ihren Kernen wirken, dienen dem Aufbau des Atoms. Die Atome dienen den Molekülen, die wiederum dem Aufbau der lebendigen Zelle dienen. Millionen und Abermillionen von Zellen bilden die Organe der Lebewesen, die wiederum den ganzen Körper bilden.

In diesen Körpern in der Flora und Fauna entdecken wir den ‚Goldenen Schnitt' als das Gesetz der Harmonie: „Die kleineren Teile verhalten sich zu den größeren, wie die größeren Teile zum Ganzen." Die Welt der Formen, Farben und Töne folgt diesem Gesetz der Harmonie. In sich ist die ganze Welt ein geschlossenes Ganzes, harmonisch aufgebaut. Jeder Teil dient dem anderen und damit dem Ganzen. Bei einer Verletzung wirkt die Kraft der Harmonie wiederherstellend, heilend, lindernd, tröstend. Sie weist darauf hin, dass auch unser vom bösen Leid gekennzeichneter Planet wieder in die Harmonie des Weltalls eingeordnet werden wird.

Nur so ist nachzuvollziehen, warum all die Mitbeteiligten an der Regierung Gottes so voller Begeisterung und Freude sind, dass sie laut jubeln und singen. Die vier Wesen, die seinen Thron tragen, *„hatten keine Ruhe tag und nacht und sprachen: Heilig, heilig, heilig ist Gott, der Herr, der Allmächtige, der da war und der da ist und der da kommt."* Auch die 24 Ältesten im Rat Gottes jubeln laut: *„Herr, du bist würdig, zu nehmen Preis und Ehre und Kraft; denn du hast alle Dinge geschaffen, und durch deinen Willen haben sie das Wesen und sind geschaffen"* (Offb. 4,8.11. 5,11.12). *„Und ich hörte eine Stimme vieler Engel um den Thron und um die vier Thronengel und um die Ältesten her; und ihre Zahl war vieltausend mal tausend; und sie sprachen mit großer Stimme: Das Lamm, das erwürgt ist, ist würdig zu nehmen Kraft, Reichtum, Weisheit, Stärke, Ehre, Preis, Lob... Gottes ist Gerechtigkeit und Friede und Freude in dem heiligen Geiste. Wer darin Christo dient, der ist Gott gefällig und den Menschen wert"* (Röm. 14,17.18).

DIE REVOLUTION IM WELTALL

Das Geheimnis der Bosheit

Es ist unfassbar, wie im Universum der Gerechtigkeit, der Freude und des Friedens das Böse entstehen konnte. Der Schöpfer des Weltalls ist nur Liebe, Güte, Freundlichkeit, Gerechtigkeit, es ist nichts Böses in ihm oder an ihm. Das Böse kommt nicht von ihm, er hat es weder gewollt, noch geplant, noch erschaffen. Die Bibel widmet nur wenige Sätze der Tragödie, die am Thron des Allmächtigen stattfand und solch ungeheuere Folgen hatte:

Als Gott einen der vier engsten Berater an seinem Thron erschuf, rief er ihn aus dem Nichts in ein ganz herrliches Dasein. (Jes. 14,12-17 und Hes. 28,11-19 berichten im Symbol der Könige von Babel und von Tyrus darüber.) Bei der Erschaffung dieses Wesens stimmten die Scharen der Fürsten um Gottes Thron in ein Jubelkonzert mit himmlischer, festlicher Musik ein. Dieses neue Wesen war ‚die vollendete Schönheit‘, ein ‚kunstvolles Siegel‘ für die Schaffenskraft des Schöpfers. Es war ‚voller Weisheit‘, die Krone der Schöpfung Gottes, ein ‚Cherub‘,- einer der vier Fürsten am Thron Gottes, ein ‚Seraph‘, d.h. feurig glänzend. Ihm wurde ein riesiger Herrschaftsbereich zugeordnet, „ein Cherub, der sich weit ausbreitet“. Er ist fleckenlos, ‚ohne Tadel‘, reiht sich ein in die Gruppe der Seraphim, der ‚feurigen Steine‘. Er erhält seinen Platz ‚auf dem Berg der Versammlung‘, dem ‚heiligen Berg Gottes‘ an der Spitze seiner Ratgeber. Er wird der ‚schöne Morgenstern‘ genannt.

Ausgerechnet bei ihm, der Gott am nächsten war, hatte die Tragik ihren Ursprung. In diesem Cherub entstand etwas, heimlich und verborgen, was die Ursache für alles Böse wurde. Zusammenfassend kann das, was sich da entwickelte mit einem Wort bezeichnet werden. Und dieses Wort heißt: Neid! So etwas hatte es zuvor noch nie im Universum gegeben. Er war der Schönste von allen, der Klügste von allen geschaffenen Wesen. Darauf war er stolz. In diesem Stolz entstand der Wunsch, noch höher zu steigen, Gott gleich zu sein, ja über dem Schöpfer zu stehen. Er schaute nur auf sich, nicht mehr auf die Herrlichkeit, Schönheit und Majestät seines Schöpfers, der ihm in ganzer Liebe begegnete. Dieser Egoismus, diese Loslösung aus dem Gesetz der Harmonie, war der Tod seiner Liebe zu seinem Erschaffer. Ganz allmählich hatte sich dieser Prozess entwickelt. In der Bibel werden zwölf Aspekte seines dramatischen Wegbrechens von der Liebe Gottes angeführt.

„Ich will mich über die Sterne (hier: die Engel Gottes) erheben“, war sein Motiv. Er wollte die höchste Stelle im Rate Gottes – dem Berg der Versammlung -haben, er wollte gleich sein dem Allerhöchsten. So ist er inwendig voll Frevel geworden, sein Herz erhob sich, er hat sich seine Schönheit und Klugheit betrügen lassen, hat sich durch unrechtes Handeln versündigt, durch seine große Hantierung sein Heiligtum verdorben und zur Missetat, zur großen Missetat verleiten lassen. Er war ohne Tadel geschaffen, es bestand nicht der geringste Grund für sein verkehrtes Denken und Handeln. In seiner Liebe versuchte Gott ihm zu helfen.

Vermittlungsversuche

Gott schuf unseren Planeten Erde im Beisein aller seiner Ratgeber an seinem Thron. Er berichtet selbst: „Als ich die Erde gründete...da lobten mich die Morgensterne und jauchzten alle Söhne Gottes“ (Hiob 38,4.7). Zu diesen ‚Morgensternen‘ gehörte auch der ‚schöne Morgenstern‘, Lucifer, der herrlichste Engel.

In dieser Textstelle verrät übrigens, nebenbei bemerkt, der Satzanfang, dass Gott den Erdenbewohnern deutlich erklärt, dass er die Erde geschaffen hat. Sie hat sich nicht von selbst und ganz allein entwickelt. Die Idee einer Evolution rechnet nicht mit Gott. Auch die sogenannte ‚theistische Evolution‘ mit der These, dass Gott selbst die Entwicklung der Erde mit all ihren Formen des Lebens gewollt und gelenkt hat, ist nicht logisch.

Es gab vor dem Sündenfall den Tod weder im Weltall noch auf unserem Planeten (Rom.5,12). Die Evolution lehrt die Höherentwicklung der Arten aufgrund des Aussterbens der niederen und der schwächeren Arten. Da es noch keinen Tod und kein Aussterben gab und auch Gott nicht den Tod als Mittel seiner Schöpfung benutzt, entbehrt die Hypothese einer theistischen Evolution jeglicher Grundlage.

Nach der Erschaffung des Menschen lässt der Schöpfer Adam und Eva zu einer Probe ihrer Liebe zu ihm eine kurze Zeit allein. Vom Baum der Erkenntnis des Guten und Bösen sollen sie nicht essen. Sie wissen noch nichts von dem Bösen, das in dem ‚schönen Morgenstern' begonnen hatte, der Schöpfer hätte es ihnen nach der Bewährung mitteilen können. Das Böse ist ohne jede Berechtigung und Ursache vorhanden und wird aus dem Dasein wieder verschwinden. Dieses „Nichtmehrsein" ist der Tod, vor dem das Gebot Gottes die Menschen bewahren soll.

In diesem Augenblick betritt Satan, d.h. Verkläger, den Garten und kann durch zwei Lügen die Menschen betrügen und zum Ungehorsam bewegen. Die erste Lüge lautete: „Ihr werdet nicht sterben". Hier hat die Lehre von der natürlichen Unsterblichkeit der Seele ihre Wurzeln.

Mit der zweiten Lüge, „Ihr werdet sein wie Gott" beabsichtigte Satan, selbst so zu sein wie Gott. Diese Idee überträgt er auf die ersten Menschen. Sie findet sich heute in sehr vielen, besonders in den östlichen Religionen wieder. Die Menschen wurden in den Glauben versetzt, dass er nach dem Tode sein werde wie Gott oder sogar Gott.

Christus nannte den Satan ‚Vater der Lüge, den Mörder von Anfang', der die Lüge erschaffen hat und Herr des Todes ist (Joh. 8,44. Heb. 2,14). Satan nimmt Adams Herrschaftsrecht über diese Erde nun für sich in Anspruch. Jetzt ist er ‚der Fürst dieser Welt', der ‚Gott dieser Welt.' (Joh. 12,31. 2.Kor. 4,4)

Eigentlich hatte Gott dem Satan am Beispiel dieser beiden ersten Menschen zeigen wollen, was bedingungsloses Vertrauen und Liebe vermögen. Aber der Mensch hatte versagt und damit dem Satan die Herrschaft über die Erde abgetreten.

Zu einer Ratsversammlung am Thron Gottes darf auch der Satan erscheinen (Hiob 1,6). Gott möchte ihm helfen und ihm zeigen, wie Hiob ohne persönliche Kenntnisse der unsichtbaren Welt Gott dennoch treu ist. Satan bezweifelt die Treue Hiobs, er diene Gott nur, weil es ihm so gut gehe. Da muss Gott zulassen, dass Satan Unglück über Hiob bringen möchte.

Satan hat als ‚Gott dieser Welt' Macht über die Naturgewalten. So benutzt er Katastrophen, wie Blitz, Feuer und Sturm, dazu Verbrechen und Krieg, um aus Hiob einen armen Mann zu machen. Er hofft nun, seine Anschuldigungen aufrecht erhalten zu können. Aber alles kommt anders. Hiob bleibt Gott auch im Unglück treu.

In einer weiteren Ratsversammlung am Thron Gottes nimmt Satan erneut teil. Er gibt nicht auf und argumentiert, dass Hiob nur treu geblieben sei, weil er so gesund sei. Würde er zu leiden haben, dann wäre er nicht mehr Gott ergeben. Gott gestattet dem Satan nun, Krankheit über Hiob zu bringen. Satan benutzt seine Kraft, um Hiob mit schwerstem Leid und unerträglichen Schmerzen zu schlagen. Der Ursprung aller Krankheiten liegt bei Satan, der die Natur verdirbt, den Menschen irreleitet und so unzählige Leiden verursacht. Aber Hiob bleibt auch in seinem schweren Leiden Gott treu. Gott heilt ihn wieder und stellt seinen Hausstand wieder her.

Nun war Satan geschlagen. Immer noch lässt er sich nicht überzeugen. Er wird in dem Bericht von Hiob nicht mehr weiter erwähnt. Er hat verloren. Aber er ändert sich nicht. (Hiob 2,1-8. 42,10)

Als der Hohepriester Josua vor dem ‚Engel des Herrn' (ein anderer Name für Christus) stand, trug er unreine Kleider als Symbol für seine eigene Schuld und Fehlerhaftigkeit. Selbst der Hohepriester als Gottes Diener auf dieser Erde war nicht ohne Sünde. Deshalb beanspruchte ihn der Satan für sich und seine Ziele. Christus wollte nun dem Satan zeigen, dass er dem Hohenpriester seine Sünden vergebe und wegnehme. Hier hätte Satan die selbstlose Liebe Christi erkennen können, der sich lieber selbst opfert, als seinen geliebten Menschen zu verlieren. Aber Satan lässt sich auch hier nicht überzeugen und verlässt stillschweigend den Schauplatz. (Sach.3,1-5). Seither ist dies eine Taktik der Menschen, die er beeinflussen kann. Anstatt begangenes Unrecht zu bekennen und zu bereuen, wendet man sich stillschweigend ab.

Invasion aus dem Weltall

Die Auseinandersetzung zwischen Christus und Satan hatte bei der Kreuzigung Jesu ihren Höhepunkt erreicht. Das ganze Weltall konnte der Tatsache beiwohnen, dass Christus sich aus Liebe zu der verlorenen Menschheit opferte (1.Kor. 4,9). Mit seinem Opfer begann eine neue Schöpfung, die Schöpfung der Erlösung (2.Kor. 5,19-21). Aber auch diese Tat der Liebe Gottes überzeugte den Luzifer nicht, im Gegenteil, er tat alles, um Jesus hinmorden zu lassen. Er versuchte auch seine Auferstehung zu verhindern durch die Versiegelung des Grabes Jesu. Aber seine Aktionen waren vergeblich. Jesus überwand den Tod und nahm Satan dadurch die Gewalt des Todes. Jesus Christus hatte die Welt, die Sünde, den Tod und den Satan besiegt. Nun liegt „alle Gewalt im Himmel und auf Erden" in den Händen Jesu (Mat. 28,18-20).

Jesus konnte seinen Sieg voraussehen: *„Ich sah den Satanas vom Himmel fallen wie einen Blitz"* (Luk. 10,18). Auch Satan sah seine Niederlage voraus. Trotzdem versuchte er mit Gewalt, eine Rebellion im Thronhimmel Gottes zu entfachen. Dabei konnte er ein Drittel der ‚Wächter oder Fürsten Gottes' durch Lügen auf seine Seite ziehen. Ihre Zahl ist nicht genau angegeben, aber wenn es der dritte Teil von ‚tausendmal Tausend und zehntausendmal Zehntausend' ist, dann kann man sich vorstellen, dass es Millionen waren. Dass ihm dieser schreckliche Erfolg möglich war, können wir nur durch drei der satanischen Prinzipien verstehen:

Das Erschleichen von Vertrauen.
Die einseitige Information.
Die Unwahrheit.

Die Kreuzigung Jesu war für das gesamte Weltall der sichtbare Beweis für die Liebe Gottes und gleichzeitig für die Lüge Satans. Noch während Jesus auf Erden war, fand im Himmel bereits das Gericht über den Satan statt. Jesus erklärte anlässlich einer Theophanie, einer Gotteserscheinung, mit der für alle vernehmbaren Stimme Gottes: *„Jetzt geht das Gericht über die Welt; nun wird der Fürst dieser Welt ausgestoßen werden."* (Joh. 12,31)

Die Frage liegt nun nahe, warum Gott den Satan mit seinen Anhängern, die ihm mehr vertraut hatten als Gott und darum Gott zum Lügner machten, nicht gleich bestraft? Nach dem Schuldspruch im Gericht an seinem Thron hätte er als Strafe für ihre Ablehnung der absoluten Existenz Gottes die Nichtexistenz, die Vernichtung, verdient. Das Urteil stand nun zwar fest, aber Satan hatte auf dieser Erde noch eine große Schar von Anhängern unter den Menschen, die sich in gleicher Weise von ihm hatten betrügen lassen. Auch sie mussten um der Gerechtigkeit willen vor ein Gericht gestellt werden. So wurde von Gott das sogenannte ‚Jüngste Gericht', der letzte Tag dieser Erde mit der Rückkehr Jesu zur Erde, festgesetzt.

Nach der Rückkehr Jesu zum Thron Gottes in der sogenannten ‚Himmelfahrt' griff Satan mit seinen Anhängern den Thron Gottes mit Gewalt an, um die Herrschaft an sich zu reißen. Nun *„erhob sich ein Streit im Himmel. Michael (Christus) und seine Engel stritten mit dem Drachen (Satan); und der Drache stritt und seine Engel, und siegten nicht, auch ward ihre Stätte nicht mehr gefunden im Himmel. Und es ward ausgeworfen der große Drache, die alte Schlange, die da heißt der Teufel und Satanas, der die ganze Welt verführt, und ward ausgeworfen auf die Erde und seine Engel wurden auch dahin geworfen... Darum freuet euch, ihr Himmel und die darin wohnen! Weh denen, die auf Erden wohnen und auf dem Meer! Denn der Teufel kommt zu euch hinab und hat einen großen Zorn und weiß, dass er wenig Zeit hat" (Offb. 12,3.4.7-12).*

Diese Invasion aus dem Weltall geschah also nicht freiwillig, sondern bedeutet eine Verbannung auf diesen Planeten bis zum nahen Gerichtstag. *„Denn Gott hat die Engel, die gesündigt haben, nicht verschont, sondern hat sie mit Ketten der Finsternis zur Hölle verstoßen und übergeben, dass sie zum Gericht behalten werden."* (2.Pet. 2,4). Die ‚Ketten der Finsternis' bedeuten, dass es um etwas geht, was wir nicht sehen können, es ist das Unsichtbare. Dunkelheit heißt im Lateinischen das Okkulte. Diese Verbannten aus dem Außerirdischen sind mit ‚Ketten' daran gebunden, sie dürfen nicht sichtbar auf dieser Erde erscheinen, sie müssen in der für uns unsichtbaren Welt leben. Nur durch Mittelspersonen, den Medien, können sie in die sichtbare Welt eindringen. Sie sind zur ‚Hölle' verstoßen. Das griechische Wort ,Tartaros', das in dieser Textstelle verwendet wird, bedeutet nicht die Hölle, sondern es ist der die Erde umgebende lichtlose Luftkreis, das ,Unsichtbare auf dieser Erde'.

Deutlich wird, wie Satan mit den Millionen seiner außerirdischen Helfer die gleichen Prinzipien anwendet, um „die ganze Welt zu verführen" (Offb. 12,9):

Er erschleicht sich das Vertrauen. Dazu muss er erst das Vertrauen zu Gott zerstören. Das gelingt ihm am besten, indem er die Gedanken weltweit verbreitet, dass die von ihm verursachten Naturkatastrophen, Hungersnöte, Leid, Tod, Verbrechen und Kriege (Hiob 1,13-19.) Gott zur Last gelegt werden. Dadurch verlieren die Menschen das Vertrauen zu Gott. Man glaubt nicht mehr an Gott, obwohl er uns seine Liebe am Kreuz bewiesen hat.

Er verbreitet einseitige Informationen. Seine Methode darin heißt Säkularisation (Verweltlichung). Die Welt bestünde mit allem, was in ihr ist, nur für sich, aus sich selbst und durch sich selbst, ohne Gott. Wissenschaft, Philosophie, Kultur, Bildung und Religion werden ,vom Menschen' gemacht, sind also humanistisch, frei von jeder Abhängigkeit von dem Schöpfer und Erhalter der Welt und des Menschen. Aber überall stoßen nun die Menschen an die Grenzen ihres Verstandes, an die Grenzen der Transzendenz Gottes und haben Fragen über Fragen. In dem Moment greift Satans drittes Prinzip.

Lüge. Halbwahrheiten, Unwahrheiten, Scheinwahrheiten, Teilwahrheiten, Fastwahrheiten, verbunden mit unleugbaren übernatürlichen Phänomenen bereiten seine Lügen vor, und zwar auf allen Gebieten des menschlichen Lebens. *„Die Menschen glauben der Lüge", weil sie „die Liebe zur Wahrheit nicht angenommen haben".* (2.Thess. 2,9-12)

Mit diesen drei bösen Prinzipien kann Satan ,die ganze Welt verführen'. Der Unglaube nimmt immer mehr zu, so dass Christus schon sagte: *„Wenn des Menschen Sohn kommen wird, meinst du, dass er auch werde Glauben finden auf Erden?"* (Luk. 18,8)

So ist heute die ganze Welt nicht mehr vom Glauben an Gott erfüllt, sondern von dem Glauben an ,Außerirdische' oder ,Planetarier', die in Raumschiffen von anderen Planeten kommen sollen, obwohl die Planeten der Sonne nicht bewohnbar sind. Die Invasion aus dem Weltall hat durch die Verbannung der Rebellen vom Thron Gottes zu diesem Planeten Erde bereits stattgefunden.

Menschheit in der Entscheidung

Wir erfahren in einer Botschaft aus der Zentrale des Weltalls, dass der Schöpfer jeden Menschen schon mit dem Anfang des Alls geplant und zu einem besonderen Zweck ausersehen hat. Dieser Zweck ist seine Liebe. Wir sind ins Dasein gerufen worden, um seine Liebe zu erkennen und ihn wieder zu lieben: *„Gott hat uns durch Christus erwählt ehe der Welt Grund gelegt war, dass wir heilig und tadelfrei vor ihm in der Liebe sein sollten. Er hat uns dazu bestimmt seine Kinder zu sein.“* (Eph. 1,4.5).

Seine Liebe ist einmalig, wunderbar, einzigartig, tief, innig, ewig, unersetzbar, persönlich, es ist die Liebe des Schöpfers zu seinem Geschöpf. Niemand hat in dieser Verbindung zwischen zwei Personen Platz, kein Mensch und keine Institution, auch kein Wesen dieser oder der oberen Welt kann und darf sich dazwischen schieben. Gott möchte, dass wir wissen, dass Er allein unser großes Gegenüber ist! Außer ihm gibt es keinen anderen Gott, darum spricht er:

„Ich bin der Erste, und ich bin der Letzte, und außer mir ist kein Gott... Ich bin der Herr, und sonst keiner mehr, kein Gott ist außer mir. Ich habe dich gerüstet, da du mich noch nicht kanntest... So spricht Gott, der Herr, der die Himmel schafft und ausbreitet, der die Erde macht und ihr Gewächs, der dem Volk, so darauf ist, den Odem gibt, und den Geist denen, die darauf gehen: Ich, der Herr, habe dich gerufen in Gerechtigkeit und habe dich bei deiner Hand gefasst...“ (Jes. 44,6. 45,5. 42,5)

Einflüsse von der Zentrale des Universums

Gott gibt jedem Menschen das Leben, und er liebt auch jeden einzelnen Menschen mit ganzer, ewiger göttlicher Liebe ohne Rücksicht auf Geschlecht, Herkunft, Nationalität, Rasse und Stellung. *„Er will, dass allen Menschen geholfen werde und sie zur Erkenntnis der Wahrheit kommen.“* (1.Tim. 2,4)

Im Buche Hiob in der Bibel lesen wir über die Erfahrung eines Mannes: *„Gesündigt hatte ich, das Recht verdreht, doch Gott hat mir die Schuld nicht heimgezahlt. Vom Rand des Grabes hat er mich gerettet und mir erlaubt, dass ich am Leben bleibe. Gott tut dies alles immer, immer wieder; so handelt er im Leben jedes Menschen, um ihn vom sicheren Grab zurückzubringen und ihm die Lebensfreude zu erhalten"* (Hiob 33,27-30. Gute Nachricht)

Auf welche Weise Gott jeden Menschen auf dieser Erde zurückruft aus dem Verderben, ist auch dem Text zu entnehmen:

Gott „redet doch! Er tut es immer wieder, mal sanft, mal hart – man achtet nur nicht darauf! Zur Nachtzeit, wenn die Menschen ruhig schlafen, in tiefem Schlummer auf den Betten liegen, dann redet Gott durch Träume und Visionen. Er öffnet ihre Ohren, dass sie hören; mit Nachdruck warnt er sie vor ihrem Tun, damit er sie von ihrer Bosheit abbringt und ihnen jeden Grund nimmt, stolz zu sein. So rettet er ihr Leben vor dem Grab... Gott mahnt den Menschen auch durchs Krankenlager, wenn einer Schmerz in allen Gliedern fühlt... Dann betet er zu Gott und wird gehört; voll Freude tritt er hin vor seinen Herrn, von dem er wieder angenommen wurde... Wer Gott verlassen hat, der klagt ihn an... Wer aber leidet, wird durch's Leid gebessert; Gott öffnet ihm die Augen durch die Not." (Hiob 33,13-26. 36,10)

Gemeinsam mit dem Heiligen Geist wirkt er an jedem Menschen und bringt ihn zur Entscheidung. Er überzeugt uns in bezug auf unsere Verkehrtheiten und Fehler, „er gibt Zeugnis unserem Geist." (Joh. 16,7.8. Röm. 8,16)

Die Zerstörung der Harmonie auf dieser Erde

Ständig beeinflusst der Versucher auch jeden Menschen auf dieser Erde: *„Ihr wart Gott ungehorsam und habt gesündigt. Ihr habt nach der Art dieser Welt gelebt und habt dem Herrscher dieser Welt gehorcht, der sein Reich zwischen Himmel und Erde hat. Er hat noch jetzt die Menschen in seiner Gewalt, die sich Gott nicht unterstellen. Wir alle haben früher so wie sie gelebt und uns von* *unseren selbstsüchtigen Wünschen leiten lassen. Wir haben getan, was unsere Triebe und unser Eigenwille verlangten. Darum waren wir wie die anderen Menschen von uns aus dem Strafgericht Gottes verfallen. Aber Gott ist reich an Erbarmen. Er hat uns seine ganze Liebe geschenkt. Durch unseren Ungehorsam waren wir tot; aber er hat uns mit Christus zusammen lebendig gemacht. Bedenkt: Aus reiner Gnade hat er euch gerettet! Zusammen mit Jesus Christus hat er uns vom Tod erweckt und in sein himmlisches Reich versetzt"* (Eph. 2,1-6).

Tragisch ist, dass jeder Mensch, der sich nicht bewusst unter die Herrschaft Gottes stellt, unter der Gewalt des Satans ist, der der Herrscher dieser Welt genannt wird. Ein Mensch, der nur für sich lebt, ist direkt tot für Gott, er lebt nicht für Gott. Wenn er sich aber zu Christus bekehrt, macht Gott ihn zu einem neuen Menschen, der gleichsam vom Tode erweckt worden ist. In diesem Augenblick ist er in Gottes ‚himmlisches Reich versetzt', er steht völlig unter der Macht und dem Schutz Gottes, so dass der Satan keinen Einfluss mehr auf ihn hat.

Verbrechen, Kriege und Revolutionen, Katastrophen, Hungersnöte, Seuchen, Krankheiten und Tod sind das Werk Satans und seiner Helfer. Angesichts dieser furchtbaren Nöte auf Erden verstehen viele Menschen nicht, warum Gott das alles zulässt. Doch Gott hat den Tag des Gerichts schon bestimmt, darum *„fordert er alle Menschen überall auf, umzukehren und einen neuen Anfang zu machen. Denn er hat einen Tag festgesetzt, an dem er die ganze Menschheit gerecht richten will"* (Apg. 17,30.31). Satan *„weiß, dass er wenig Zeit hat"* (Offb. 12,12), darum ist seine Wut so ungeheuer groß, und deshalb geht es auf dieser Erde so teuflisch zu, dass die Bibel sagt: *„Weh denen, die auf Erden wohnen!"*

Das Werk des ‚Fürsten dieser Welt', der ‚alle Reiche der Welt' in einem Augenblick sehen kann und Macht über sie hat (Luk. 4,5-8), wird in Jes. 14,16.17 beschrieben. Er ist *„der Mann, der die Welt zittern und die Königreiche beben machte. Der den Erdboden zur Wüste machte und die Städte darin zerbrach und gab seine Gefangenen nicht los"*.

Die Zerstörung der Städte durch Erdbeben, Überschwemmungen und durch Kriege, die Verwüstung des Erdbodens durch Umweltverseuchung und durch sinnlose Ausbeutung der Bodenschätze sind von Satan inszeniert und veranlasst. Irrtümlicherweise meinen viele Leute, dass Gott dafür verantwortlich sei. Kurz vor dem Gerichtstag Gottes, vor welchem Gott nicht eingreifen wird, spitzt sich die Situation auf unserem Planeten immer mehr zu. Satan wird geschildert als äußerst wütend... Er hält die Menschen innerlich gefangen und lässt sie so einfach nicht wieder los.

Der letzte Entscheidungskampf

Jeder einzelne Mensch befindet sich deshalb ungewollt bereits in einem entscheidenden Kampf um seine Freiheit und Errettung. *„Noch ein letztes Wort: Werdet stark durch die Verbindung mit dem Herrn! Lasst euch stärken von seiner Kraft! Legt die Waffen an, die Gott euch gibt, dann können euch die Schliche des Teufels nichts anhaben. Denn wir kämpfen nicht gegen Menschen. Wir kämpfen gegen unsichtbare Mächte und Gewalten, gegen die bösen Geister zwischen Himmel und Erde, die jetzt diese dunkle Welt beherrschen. Darum greift zu den Waffen Gottes! Wenn dann der schlimme Tag kommt, werdet ihr wohl gerüstet sein und den Angriffen des Feindes standhalten können. Seid also bereit! Legt die Wahrheit Gottes als Gürtel um. Zieht das Tun des Guten als Panzer an. Tragt als Schuhe die Bereitschaft, die Gute Nachricht vom Frieden mit Gott zu verkünden. Haltet das feste Vertrauen als den Schild vor euch, mit denen ihr die Brandpfeile des Satans abfangen könnt. Die Gewissheit eurer Rettung sei euer Helm und das Wort Gottes das Schwert, das der Geist euch gibt. Vergesst dabei nicht das Gebet! Bittet Gott immerzu mit dem Beistand seines Geistes.“ (Eph. 6,10-18. Gute Nachricht)*

„Ihr müsst – das sage ich allen – im Umgang miteinander jede Überheblichkeit ablegen. Es heißt doch: ‚Gott widersetzt sich den Überheblichen, aber denen, die gering von sich denken, wen-

det er seine Liebe zu.' Beugt euch also unter Gottes starke Hand, damit er euch wieder aufrichten kann, wenn seine Zeit kommt. Ladet alle eure Sorge auf ihn ab, denn er sorgt für euch. Seid wachsam und nüchtern! Euer Feind, der Teufel, schleicht um die Herde wie ein hungriger Löwe. Er wartet nur darauf, dass er einen von euch verschlingen kann. Leistet ihm Widerstand und haltet unbeirrt am Glauben fest. Denkt daran, dass eure Brüder in der ganzen Welt dasselbe durchmachen müssen wie ihr. Gott lässt euch jetzt für eine kurze Zeit leiden; aber er hat euch durch Jesus Christus dazu berufen, für immer in seiner Herrlichkeit zu leben. In seiner großen Güte wird er euch Kraft geben, so dass euer Glaube stark und fest bleibt und ihr nicht zu Fall kommt. Ihm gehört die Macht für alle Zeiten. Das ist gewiss!" (1.Pet. 5,5-10)

„Seht doch, wie sehr uns der Vater geliebt hat! Seine Liebe ist so groß, dass er uns seine Kinder nennt. Und wir sind es wirklich! Die Welt versteht uns nicht, weil sie Gott nicht kennt. Meine lieben Freunde, wir sind schon Kinder Gottes. Was wir einmal sein werden, ist jetzt noch nicht sichtbar. Aber wir wissen: Wenn es sichtbar wird, werden wir Gott ähnlich sein; denn wir werden ihn sehen, wie er wirklich ist. Jeder, der das voll Vertrauen von ihm erwartet, hält sich von allem Unrecht fern, so wie Christus es getan hat.

„Wer sündigt, lehnt sich gegen Gott auf, denn Sünde ist nichts anderes als Auflehnung gegen Gott. Ihr wisst, dass Christus gekommen ist, um die Sünden der Menschen wegzunehmen. In ihm hat die Sünde keinen Platz. Wer mit ihm verbunden bleibt, der hört auf zu sündigen. Wer aber weiterhin sündigt, hat ihn weder gesehen noch verstanden. Lasst euch von niemand irreführen, meine Kinder! Wer das Rechte tut, kann wie Christus vor Gottes Urteil bestehen. Wer nicht aufhört zu sündigen, gehört dem Teufel, denn der Teufel hat von Anfang an gesündigt. Der Sohn Gottes aber ist auf die Erde gekommen, um die Werke des Teufels zu zerstören. Wer ein Kind Gottes ist, sündigt nicht mehr, weil Gottes Leben in ihm wirkt. Er kann gar nicht weitersündigen, weil Gott sein Vater ist. Aber wer Unrecht tut oder seinen Bruder nicht liebt, der gehört nicht zu Gott. Daran erkennt man, wer ein Kind Gottes ist und wer ein Kind des Teufels ist." (1.Joh. 3,1-10. Gute Nachricht)

DIE WIEDERHERSTELLUNG DER HARMONIE

Der interstellare Gerichtshof

Auf der Insel Patmos wurde dem Apostel Johannes ein Blick in die Zentrale des Weltalls gestattet. Er schilderte in seiner Vision, wie ein Bote vom Thron Gottes ‚mitten durch den Himmel fliegt'. Der ganze Himmel, das ganze Universum kann ihn sehen und ist an seinem Auftrag interessiert. An dem, was er verkündigt, haben alle Anteil, die Bewohner der ungezählten Planeten im All und auch die Mitarbeiter Gottes in der Zentrale des Universums. Nachdem er so die Aufmerksamkeit des gesamten Weltalls auf sich gelenkt hat, fliegt er auf die Erde. Er hat eine besondere Nachricht für alle Bewohner dieses Planeten, für alle Nationen, Stämme und Sprachen, keiner ist vergessen und niemand wird übersehen. Es ist eine Nachricht, die hier die Bewohner des Alls und die Bewohner der Erde verbindet, die Außerirdischen und die Irdischen. Der Inhalt seines Auftrages ist die Ankündigung: *„Die Zeit des Gerichtes Gottes ist gekommen!"* (Off. 14,6.7)

Ist dies das Weltgericht am letzten Tag der Erde, das sogenannte ‚Jüngste Gericht' und damit der Abschluss der Weltgeschichte? Alle Zuschauenden sehen, dass dies noch nicht der ‚Jüngste Tag' ist, an dem das Schicksal aller Erdenbewohner entschieden ist und jeder sein Urteil empfängt, nämlich Freispruch oder Aburteilung, ewiges Leben oder ewige Vernichtung. Der Bote lässt alle Menschen auf Erden wissen, dass sie noch vor dem Weltgericht etwas tun können, um gerettet zu werden, und zwar dreierlei:

Gott an erste Stelle in ihrem Leben setzen,
Gottes Ehre über alles stellen,
Anbetung des Schöpfers in völliger Liebe.

Das Leben auf dieser Erde geht also weiter, während das Gericht am Thron Gottes schon begonnen hat. Dieses Gericht kann daher nicht auf Erden sein, es muss an einem anderen Ort stattfinden. Es kann deshalb nur ein Gericht im Himmel sein, nämlich in der Zentrale des Weltalls. Ein Gericht, an dem das ganze Universum interessiert ist, bei dem es aber um die Bewohner dieser Erde geht.

Tatsächlich hat der Prophet Daniel solch ein Gericht am Thron Gottes, also in der Zentrale des Alls, gesehen und beschreibt es in Daniel 7,9-10.

Er sieht den Herrn des Universums auf seinem Thron. Gericht wird gehalten. Eine fast unzählbare Schar von Zeugen steht vor dem Richter. Ihre Aussage ist nicht nur mündlich, sie haben Bücher in ihren Händen, Aufzeichnungen, die himmlischer Art sind, also vollkommener als unsere irdischen Datenübertragungsmethoden, sicher auch besser als dreidimensionale Videofilme. Man kann sich vorstellen, dass dadurch nicht nur der Name und die Taten, Worte und Gedanken des Menschen, um den es hier geht, vorgelesen werden, sondern dass der Betreffende wie in einem Film von allen gesehen wird.

Die Rehabilitation der Angeklagten

Warum werden die Menschen in diesem besonderen Gericht beurteilt, um welche Personen handelt es sich? Daniel sieht und erfährt: *„Das Gericht wird gehalten für die Heiligen des Höchsten!"* Es sind also heilige Menschen Gottes. Das hebräische Wort an dieser Stelle heißt „Kodeschim", mit der Bedeutung: Menschen, die zum Heiligtum Gottes gehören, zu Gott selbst, die von ihm abgesondert werden für Gott, die von ihm geweiht und geheiligt werden und sich auch als heilig erweisen.

In der Tradition der Volksfrömmigkeit meint man, dass die Heiligen den schuldig gewordenen Menschen vom Schatz ihrer guten Werke etwas zugute kommen lassen können. Das ist sicher nur ein Wunsch, denn die Heiligen selbst ruhen ja im Grab, nur ihr Bild, ihr Lebensbild erscheint jetzt vor Gericht, es geht um ihre eigene Rettung. Sie werden in diesem Gericht geprüft.

Jeder Mensch, der von Herzen an Christus glaubt und ihm als dem Herrn seines Lebens folgt, wird im Neuen Testament ein ‚Heiliger‘ genannt. Er wird nicht von Menschen heilig gesprochen, sondern Gott spricht ihn heilig, weil er dem heiligen Herrn Jesus Christus gehört. Darum werden alle Gemeindeglieder als ‚Heilige‘ bezeichnet, obwohl sie noch unvollkommen und schwach sind (Eph. 1,1. Röm. 1,7. 1.Kor. 1,2). Um diese Heiligen geht es in diesem Gericht. Deshalb heißt es in der Heiligen Schrift, dass wir *„für die Heiligen beten sollen“* (Eph. 6,18).

Johannes sah auf der Insel Patmos in einer Vision die Zukunft der Menschen Gottes. Er sah *„eine große Menge Menschen, so viele, dass keiner sie zählen konnte. Es waren Menschen aus allen Nationen, Stämmen, Völkern und Sprachen. Sie standen in weißen Kleidern vor dem Thron und dem Lamm und hielten Palmzweige in den Händen. Mit lauter Stimme riefen sie: ‚Die Rettung kommt von unserem Gott, der auf dem Thron sitzt und von dem Lamm!‘“* (Offb. 7, 9.10). Das Lamm ist ein Symbol für Christus, die weißen Kleider sind seine Gerechtigkeit, die er den Menschen schenkt, die Palmzweige deuten ein Fest voller Freude an. Hier werden die Menschen geschildert, die am Thron Gottes die Stelle der Engel einnehmen, die sich in grundloser Rebellion von Gott getrennt hatten und auf diese Erde verbannt wurden bis zu ihrem Ende im Endgericht.

Ihr Anführer Satan möchte verhindern, dass Menschen von dieser Erde zu solch einer hohen Stelle berufen werden. Er sah, dass die sogenannten Heiligen Gottes genau wie er sündhaft sind. Er hat die Nachfolger Christi angeklagt, weil sie noch so viele Fehler haben und ihr Charakter nicht vollkommen ist. Er argumentiert, dass diese Menschen genauso wie er gerichtet und vernichtet werden müssen (Off. 12,8-12). Seine Anklagepunkte müssen nun anhand der Bücher geprüft werden.

Das ganze Weltall sieht jetzt, dass die Angeklagten tatsächlich nicht ohne Schuld sind, obwohl sie zu Christus gehören. Müssen sie verurteilt werden? Hat Christus sie umsonst mit dem Opfer seines Lebens erlöst? Wird er sie nun verlieren?

Da erscheint Christus vor dem Gericht (Dan. 7,13). Er sitzt nicht mehr zur Rechten Gottes auf dem Thron, er kommt als

Anwalt, als Verteidiger der Angeklagten vor den Richter. Die Bibel sagt:

„Ja nichts in der ganzen Schöpfung ist vor Gott verborgen; alles liegt unverhüllt und aufgedeckt vor seinen Augen. Und dieser Gott ist's, dem wir Rechenschaft zu geben haben. Weil wir nun einen großen Hohenpriester haben, der seinen Weg durch die Himmel genommen hat, Jesus, den Sohn Gottes, so lasst uns festhalten an unserem Bekenntnis! Wir haben ja nicht einen Hohenpriester, der mit unseren Schwächen kein Mitleid haben könnte, sondern einen, der in jeder Hinsicht ebenso versucht ist wie wir, der aber nie gesündigt hat. Lasst uns deshalb mit Zuversicht dem Gnadenthrone nahen, damit wir Erbarmen erlangen und Gnade finden, wenn uns Hilfe not ist!" (Hebr. 4,13-16.Albrecht).

Nun kommt der entscheidende Augenblick. Werden seine Nachfolger freigesprochen oder für schuldig befunden? Sie haben, obwohl sie Christen sind, sich falsch verhalten und sind schuldig geworden. In den Büchern stehen die Beweise.

Christus kennt jeden einzelnen seiner Nachfolger ganz genau. Es ist wahr, dass sie unvollkommen sind und Fehler haben, aber sie haben ihre Schuld eingesehen und bekannt, sie haben ihre Verfehlungen von Herzen bereut und Christus um Verzeihung gebcten. Christus hat ihnen verziehen. Das hatte Johannes vorausgesehen:

„Jesus hat uns die Botschaft gebracht, die wir euch weitergeben: Gott ist Licht; in ihm gibt es keine Spur von Finsternis. Wenn wir behaupten, mit Gott verbunden zu sein, und gleichzeitig im Dunkeln leben, dann lügen wir, und unser ganzes Leben ist unwahr. Leben wir aber im Licht, so wie Gott im Licht ist, dann sind wir miteinander verbunden, und das Blut, das sein Sohn Jesus für uns vergossen hat, befreit uns von jeder Schuld. Wenn wir behaupten, ohne Schuld zu sein, betrügen wir uns selbst, und die Wahrheit lebt nicht in uns. Wenn wir aber unsere Schuld eingestehen, dürfen wir uns darauf verlassen, dass Gott Wort hält: Er wird uns dann unsere Verfehlungen vergeben und alle Schuld von uns nehmen, die wir auf uns geladen haben" (1.Joh. 1,5-9).

Gerechtigkeit und Liebe

Die Errettung durch Christus ist eine neue Schöpfungstat. Er selbst ist der Schöpfer. Drei Stellen im Neuen Testament zeigen, dass er vor seiner Menschwerdung und vor der Entstehung des Weltalls der Schöpfergott ist (Joh. 1,1-4.14. Kol. 1,15-17. Hebr. 1,1-3).

Er erhält aber auch jedem Menschen jeden Augenblick das Leben (Apg. 17,24-28. Hebr. 1,3. Hiob. 27,3. 32,8. 33,4. 34,14.15). Wir hängen von ihm ab wie ein Gedanke vom Denker, wir, jeder einzelne von uns, sind seine Gedanken. Jeder ist ein einmaliger Gedanke, denn keinen Menschen auf der Welt gibt es zweimal. Darum ist jeder für den Schöpfer so wertvoll und unersetzbar. Er liebt uns, wie eine Mutter ihr Kind liebt, er sorgt sich um uns wie ein Vater. Seine Liebe ist stärker als die zweier Liebenden. Er ist Vater und Mutter, Bruder und Freund zugleich. Wir sind untrennbar mit ihm verbunden (Hosea 2,21. Jesaja 66,13).

Es gibt keinen gottlosen Menschen an und für sich, sondern nur Menschen, die meinen ohne Gott zu sein und die ohne Gott sein wollen. In Wirklichkeit lebt keiner allein, leidet keiner allein und stirbt keiner allein. Gott ist die unsichtbare Ursache unserer sichtbaren Existenz, er trägt uns und hält uns im Dasein. Er weint unsere Tränen, leidet unseren Schmerz, fühlt unseren Kummer, teilt unsere Einsamkeit, spürt die Angst der letzten Stunde. An allem unserem Tun, Denken und Reden hat er Anteil. Alles, was wir verkehrt gemacht haben, alle unsere Fehler, unsere Schuld verletzt ihn und schmerzt ihn so sehr, dass sein Herz bricht und er in dieser sichtbaren Welt stirbt (Psalm 69,20-22).

Als er nach seiner Menschwerdung am Kreuz starb, waren es nicht die Wunden, die ihm die römischen Soldaten schlugen, sondern die Sünde der ganzen Welt, auch unsere persönliche Sünde, die ihm das Herz brach. Da er jedem Menschen das Leben erhält, jeden Menschen trägt, ist es auch jeder Mensch, der an seinem Tod Anteil hat.

Christus hat uns aus Liebe geschaffen, uns für seine Liebe ins Dasein gerufen. Seine Liebe ist so groß, dass er keinen von uns verlieren will. Er opferte sich lieber selbst, als uns zu verlieren. Er nimmt unsere ganze Schuld auf sich und stirbt durch unsere Schuld um unsertwillen. Der Prophet Jesaja sah in der prophetischen Vision schon 700 Jahre vor der Kreuzigung:

„In Wahrheit aber hat er die Krankheiten auf sich genommen, die für uns bestimmt waren, und die Schmerzen erlitten, die wir verdient hatten. Wir meinten, Gott habe ihn gestraft und geschlagen; doch wegen unserer Schuld wurde er gequält und wegen unseres Ungehorsams geschlagen. Die Strafe für unsere Schuld traf ihn, und wir sind gerettet. Er wurde verwundet, und wir sind heil geworden" (Jes. 53,4.5).

So steht nun Christus in dem Gericht am Thron Gottes als unser Anwalt vor dem Richter. Unser Name wird genannt, die Akten über unser Leben werden geöffnet. Das Gericht und das ganze Weltall hat Einblick in unser Leben, als würden wir selbst vor ihnen stehen. Unsere Schuld wird sichtbar als Ursache für den Tod Christi. Unsere Schuld, die uns von Gott als Lebensquelle trennt und uns dem Tod ausliefert.

Jetzt tritt Christus für uns ein. Er hat ein Anrecht auf uns, denn er hat uns geschaffen, wir sind sein Eigentum. Er hat auch ein Anrecht auf uns, denn er hat uns durch sein Opfer am Kreuz von unserer Schuld befreit. Er beweist dem Gericht, dass wir ihm als unserem Anwalt unser Vergehen eingestanden und bereut haben. *„Er ist um unserer Sünden willen dahingegeben und um unserer Gerechtigkeit willen auferweckt*" (Röm. 4,25).

Er zeigt dem Gericht, dass er unsere Schuld auf sich genommen hat und gestorben ist. Diese Übertragung unserer Schuld auf ihn ist eine Schöpfungstat. Sein Tod ist sein Opfer der Liebe zu uns. Seine Auferstehung ist eine weitere Schöpfungstat, er hat den Tod aus dem Dasein genommen, indem er vom Tode auferstand, und er hat uns ewiges Leben gegeben, so wie er selbst ewig ist. Das ist unsere persönliche Errettung. Das ist die dritte Schöpfungstat Gottes, unsere Neuwerdung, wir sind „aus Gott geboren", haben eine „Wiedergeburt durch den Heiligen Geist" erlebt und sind seine eigenen Kinder geworden (Joh. 1,13. 3,5).

Nun aber sieht das Gericht und mit ihm alle Außerirdischen im Universum, dass wir trotz der Vergebung unserer Schuld noch nicht fehlerfrei waren. Christus jedoch hat diese Schuld und die Verantwortung dafür auf sich geladen. Jetzt muss Christus öffentlich dafür eintreten. *„Vor meinem Vater und seinen Engeln werde ich offen bekennen, dass er zu mir gehört" (Offb. 3,5).*

Nach der persönlichen Errettung, die unsere Beziehung zu Jesus selbst betrifft, folgt nun die öffentliche Errettung vor Gott und seinem Gericht. Er bekennt, dass wir alle diese Sünden, die in den Büchern verzeichnet sind und die wir auch als seine Nachfolger noch getan haben, von ihm selbst vergeben worden sind, weil wir sie eingesehen, bereut und ihm bekannt haben. Darum ist sein Opfer auch für diese Sünden wirksam geworden. Er hat uns diese Schuld vergeben. Das ist seine erlösende Schöpfermacht, die Macht seiner Liebe zu uns, die zweite Schöpfungstat, die unsere Sünden auslöscht, als hätten sie nie bestanden. Der Anwalt hat unseren Fall vor dem Gericht zum Sieg geführt, wir sind frei. Die Bücher werden geschlossen. Die Gerechtigkeit Gottes und die Liebe Gottes sind in der Liebestat Christi für uns verbunden worden. Jetzt gehören wir für immer und untrennbar zu ihm.

Persönliche und öffentliche Errettung

Für viele Christen ist der Begriff der öffentlichen Errettung in einem Rehabilitationsgericht fremd, obwohl dies im Alten Testament seit Jahrtausenden deutlich im Heiligtum dargestellt worden ist und im Neuen Testament Christus zwanzigmal davon gesprochen hatte. (s. Anhang)

Das Heiligtum als Stätte der Versöhnung im Alten Testament hatte zwei Abteilungen und zwei Versöhnungshandlungen, die persönliche und die öffentliche. Persönlich musste der Sünder mit einem Opfertier im Vorhof des Heiligtums erscheinen, seine Sünde vor dem Priester bekennen, auf das Tier übertragen, und das Tier musste an seiner Stelle sterben. Der Priester trug etwas von dem

Blut in das Heilige, um darzustellen, dass Blut als Träger des Lebens vergossen wurde, der Tod für die Trennung von Gott als Quelle des Lebens eingetreten war. Danach verkündete der Priester im Namen Gottes dem Sünder die Vergebung seiner Schuld. Das war die persönliche Errettung.

Am großen Versöhnungstag, dem YOM KIPPUR, der auch der Gerichtstag war und einmal im Jahr stattfand, ging es um die öffentliche Errettung des Sünders. Der Hohepriester allein wurde jetzt tätig. Mit dem Blut eines Opfertieres, das für die Sünden des ganzen Volkes sterben musste, trat er in das Allerheiligste, das während des Jahres niemand betreten durfte. An diesem Tag war die Gegenwart Gottes in einer lichten Wolke allen sichtbar. Das ganze Volk lag im Gebet auf den Knien rings um das Heiligtum. Der Hohepriester erbat die Vergebung aller Sünden des Volkes durch Gott selbst. Dann verkündete er allen den Freispruch durch Gottes Gnade.

Der gleiche Vorgang spielt sich im himmlischen Gericht vor dem Thron Gottes ab. Christus saß zur Rechten Gottes und schenkte jedem Sünder, der sich im Gebet an ihn wandte die persönliche Vergebung aller Schuld.

Dann sahen Daniel und Johannes, dass der Thron Gottes nicht mehr im Heiligen im Himmel stand, wie bisher (Offb. 1,4. 12. 13. 4,2.5. 8,3), nämlich dort, wo der siebenarmige Leuchter und der Rauchopferaltar im Heiligen standen, wo Christus nach seiner Himmelfahrt auf dem Thron Gottes neben dem Vater saß. Throne wurden ‚gesetzt', heißt es, und der Vater setzte sich. Das Gericht begann, die Bundeslade, die im Allerheiligsten stand, war sichtbar, das Gericht begann nun in diesem im zweiten Teil des Tempels am Thron Gottes (Offb. 11,18.19).

Jetzt wurde nach den Zehn Geboten, die in der Bundeslade als Ausdruck der Gerechtigkeit ruhten, Gericht gehalten. Hier geschieht die öffentliche Errettung durch unseren Hohenpriester Jesus Christus, der nicht mehr auf dem Thron neben dem Vater sitzt, sondern als unser Anwalt vor dem Richterthron Gottes erscheint. *„Der Vater richtet niemand, sondern alles Gericht hat er dem Sohn* *übergeben*“(Joh. 5,22). Die Entscheidung im Gericht liegt nun völlig in Jesu Hand.

Die zwingende Notwendigkeit eines Untersuchungsgerichtes als Revision oder Rehabilitation in einer öffentlichen Errettung des Angeklagten schildert der kalifornische Rechtsanwalt Dr. Lewis G. Walton:

„Ich habe einmal einen Klienten vertreten, der die meiste Zeit seines Lebens ein vorbildlicher Staatsbürger war. Wahrscheinlich hätte ihn sich jeder von uns als Nachbarn gewünscht. Doch eines Abends erhielt ich einen Anruf, der mir klarmachte, dass sich dieser Mann in den ärgsten Schwierigkeiten seines Lebens befand. Nachdem er in der örtlichen Bar einen über den Durst getrunken hatte, beging er den Fehler, sich ans Steuer zu setzen, um heimzufahren. Unterwegs überfuhr er eine Sperrlinie und stieß mit einem entgegenkommenden Wagen frontal zusammen. Das war schlimm genug. Was die Sache aber noch ärger machte, war die Tatsache, dass im anderen Wagen ein Mensch getötet wurde. Das war nun nicht mehr der alltägliche Fall, eine einfache Übertretung der kalifornischen Straßenverkehrsordnung. Das war mehr als bloß Trunkenheit am Steuer. Es war Totschlag im Verkehr. Verärgert man die Geschworenen nur gründlich genug, könnten sie auf Mord entscheiden.

Wir wollen nun die Frage stellen, die uns verstehen hilft, was mit der vergebenen Sünde geschieht. Nehmen wir an, mein Klient erwacht im Gefängniskrankenhaus und erkennt, was er verbrochen hat. Er sagt dann die Worte, die immer heraussprudeln, wenn ein Mensch katastrophal versagt hat: ‚Es tut mir ja so leid!‘ Nehmen wir an, er meint es auch so und bittet Jesus um Vergebung. Kann ihm vergeben werden?

Natürlich. Wenn dieser Mann nicht Reue finden kann und keine Vergebung erlangt, dann ist Golgatha nicht mehr der großartige Ort, für den ich ihn immer gehalten habe.

Aber verschwindet im Augenblick der Vergebung die Sünde wie von Zauberhand? Irgendwo muss an jenem Morgen im südlichen Kalifornien eine Beerdigung veranstaltet werden. Eine

Mutter muss ihren Kindern erklären, warum ihr Vater nicht mehr heimkommt – nie wieder. Bedeutet die Tatsache, dass mein Klient Vergebung erlangt hat, dass das Leichenbegängnis nicht stattfinden muss? …

Die Sünde verschwindet n i c h t einfach, wenn sie vergeben wird. Immer, wenn wir ein anderes Leben verletzen, setzen wir einen Rattenschwanz von Umständen in Bewegung, über die wir oft die Herrschaft verlieren, und diese Umstände können die Zeit überdauern. Das bedeutet, dass man möglicherweise erst am Ende der Zeit die Auswirkungen einer Missetat ermessen kann. Das wiederum heißt, dass das Gericht erst am Ende der Zeit tagen kann".

Jesus ist so besorgt um jeden seiner Nachfolger, dass er zwanzigmal hervorhob, es mit der Schuld nicht leicht zu nehmen. Sonst würde er die öffentliche Errettung in dem Gericht „vor dem Vater und seinen Engeln" nicht erfahren. (siehe die Bibelstellen im Anhang!)

Die Gewissheit der Errettung

Es gibt viele Christen, die diese Botschaft vom Gericht im Heiligtum im Himmel nicht kennen oder nicht verstehen. Sie werfen ein, dass es doch wohl im Himmel keine „Räume" gäbe, also nicht das Heilige und das Allerheiligste im Tempel, wie es Johannes sieht, obwohl Jesus in Joh. 14,1-3 von „Wohnungen", also von „Räumen" in „meines Vaters Haus"spricht. Statt dieser Räume meint man, dass es zwei „Phasen" des Dienstes Jesu als unser Hoherpriester im Himmel gäbe. Übersehen wird dabei, dass es keine Phasen oder Dienstzeiten gibt ohne einen Raum, wo dieser Dienst geschieht.

„Einmal gerettet, für immer gerettet", lautet der Spruch mancher Christen, die meinen, dass das einmalige Opfer Jesu am Kreuz zu unserer Errettung uns einmal für immer gegeben wird und wir dieses Geschenk nie mehr verlieren können. Sicher werden hier die zwanzig Stellen in den Evangelien und in der Offenbarung Jesu übersehen, wo er das Gegenteil lehrt. Diese Texte kann man nur verstehen, wenn man die Botschaft vom Gericht im himmlischen Allerheiligsten kennt. Sicher ist es eine Falle des Satans, wenn er uns glauben machen will, dass Gott es mit seinen Geboten und seinen Worten nicht so genau nimmt, und wir uns darüber unsere eigene Meinung bilden könnten. Es ist dieselbe Falle wie im Paradies: „Sollte Gott gesagt haben?"

Satan, den die Bibel auch den ‚Gott dieser Welt' nennt, ‚der die ganze Welt verführt', hat Interesse daran, von der Botschaft des Engels abzulenken, der mitten durch den Himmel fliegt und alle Menschen dieser Erde auf Christus als einzige Quelle der Rettung im Gericht hinweist. Wir werden vor seiner List gewarnt: *„Ist nun unser Evangelium verdeckt, so ist's in denen, die verloren werden, verdeckt; bei welchen der Gott dieser Welt der Ungläubigen Sinn verblendet hat, dass sie nicht sehen das helle Licht des Evangeliums von der Klarheit Christi, welcher ist das Ebenbild Gottes"* (2.Kor. 4,3.4).

Gott will nicht, dass jemand verloren gehe, aber er zwingt auch niemand ihn zu lieben, denn Liebe kennt keinen Zwang. So gibt Gott den Menschen, die ihn hassen, am Ende nur das, was sie sich selbst erwählt haben, Finsternis statt Licht, Furcht statt Liebe, Nichtsein statt ewiges Leben bei ihm. *„Den unnützen Knecht werft hinaus in die Finsternis; da wird sein Heulen und Zähneklappen"* (Mat. 25,30). Wie schrecklich, wenn Menschen vor Furcht heulen und vor Angst zittern und mit den Zähnen klappern, wenn sie im Dunkeln kein Licht mehr sehen, keine Hoffnung haben und sich dennoch lieber den Tod wünschen als mit Gott zu leben. Noch furchtbarer ist ihr Zustand, wenn sie trotz aller Angst keine Hilfe mehr wünschen und sterben wollen in einer totalen Verzweiflung, obwohl Gott in seiner Liebe ihnen so nah ist.

Wer aber ernstlich Christus um Rettung bittet, erhält die innere Gewissheit, dass er errettet ist. Diese Gewissheit macht uns frei und froh und furchtlos.

Jeder Nachfolger Christi hat aber auch mit Satans Einflüssen und mit Zweifeln zu kämpfen. Er wird unterliegen, wenn er auf sich selbst sieht oder auf diese ungute Welt, aber er wird siegen, wenn er seinen Blick im Glauben auf Christus richtet. Er wird mit ganzem Vertrauen dem Sieger folgen und am Ende bei ihm sein. Paulus ist ein gutes Vorbild: *„Ich bin zwar nur ein Mensch, aber ich kämpfe nicht nach Menschenart. Ich benutze in meinem Kampf nicht die Waffen menschlicher Selbstsucht, sondern die mächtigen Waffen Gottes. Mit ihnen zerstöre ich feindliche Festungen: Ich bringe falsche Gedankengebäude zum Einsturz und reiße den Hochmut nieder, der sich der Erkenntnis Gottes entgegenstellt. Jeden Gedanken, der sich gegen Gott auflehnt, nehme ich gefangen und unterstelle ihn dem Befehl Christi*" (2.Kor. 10,3).

DIE GUTEN BOTEN AUS DEM WELTALL

Unsichtbare Boten unter uns

Herzog Eberhard Ludwig erregte durch sein sittenloses Leben großen Anstoß bei der Bevölkerung. Der Hofprediger Hedinger wagte es, ihn öffentlich zu kritisieren und ihn zu einer besseren Lebensführung aufzurufen. Das erregte den Zorn des Fürsten. Er bestellte ihn in sein Schloss und befahl ihm allein zu kommen. Er wollte den lästigen Mahner ausschalten und verschwinden lassen. Als er erschien und nun vor ihm stand, fuhr ihn der Herzog an:

„Warum kommt Er nicht allein, wie ich Ihm befohlen habe?"

„Durchlaucht, ich bin allein", antwortete ihm Hedinger.

„Er ist aber nicht allein", behauptete der Herzog und starrte immer auf die rechte Seite Hedingers. Da sagte dieser:

„Ich bin wahrhaftig allein gekommen, Ew. Durchlaucht. Sollte es aber dem großen Gott gefallen haben in dieser Stunde einen Engel neben mich zu stellen, so weiß ich es nicht". Da winkte ihm der Herzog in sichtlicher Erschütterung mit der Hand, er solle wieder gehen.

Die vielen Tausend von Engelerscheinungen, die aus aller Welt berichtet werden, kann ich aus eigenem Erleben nachvollziehen. Während meiner Schulzeit in einem Kloster in Tirol waren wir mit einer Gruppe von vier Personen auf einer Bergtour. Unter uns war eine mutige, ältere Dame aus der Schweiz, etwa zwischen sechzig und siebzig Jahre alt, und zwei Jugendliche aus Vorarlberg. Wir planten, den Hausberg Dial zu erklimmen, dann auf der anderen Seite des Gipfels in einer Berghütte zu übernachten und am nächsten Tag durch ein Seitental wieder zurückzukehren.

Beim Abstieg verfehlten wir den richtigen Pfad zu der Schutzhütte und blieben in einem steilen Bergabhang stecken. Sie Sonne war am Untergehen, es war herbstlich kühl, und in der Nacht war schon mit Frost zu rechnen. Für eine Nacht im Freien waren wir nicht ausgerüstet. Wir waren schon erschöpft und müde, aber wir wussten keinen Ausweg. Plötzlich sahen wir etwa dreißig Meter über uns im Steilhang einen Hirtenjungen sitzen, und zwar an einer Stelle, die wir soeben passiert hatten. Wir riefen ihm zu:

„Kannst Du uns den Weg zur Landecker-Hütte zeigen?"

Er nickte eifrig, sprang auf und ging mit seinem Hirtenstab uns voraus.

Er führte uns zuerst nach rechts, dann steil bergab unter einem kleinen Wasserfall eines Wildbaches hindurch. Die Sonne war inzwischen untergegangen. Es war stockdunkel. Wir folgten ihm langsam, Schritt für Schritt bis zu einem rauschenden Bach, über den eine schmale Brücke führte. Auf der anderen Seite stand die Schutzhütte. Wir waren gerettet. Der Junge verschwand in der Dunkelheit. Wir waren überzeugt, dass es ein Bote aus dem Weltall war, einer der bewachenden Engel Gottes.

Der Missionar van Asselt wirkte zwanzig Jahre lang unter dem Stamm der Battas auf Sumatra. In den ersten zwei Jahren fühlte er sich unter diesem wilden Volk oftmals wie von bösen Mächten umgeben, so dass er nur durch ernstliches Gebet seine lähmende Angst überwinden konnte. Da kam eines Tages ein Batta zu ihm und sagte:

„Tuan (Lehrer), zeige mir doch die Wächter, die du jede Nacht um dein Haus stellst".

Der Missionar versicherte ihm, dass er außer zwei jungen Dienern niemand im Hause habe. Da durchstöberte der Eingeborene mit ihm alle Winkel und Ecken des Hauses, konnte aber niemand entdecken. Er schüttelte den Kopf voll Verwunderung und begann zu erzählen:

„Als du zuerst zu uns kamst, Tuan, waren wir sehr zornig auf dich und beschlossen, dich und deine Frau zu töten, wie wir es auch mit den beiden anderen Missionaren gemacht hatten, die vor dir da waren. So zogen wir eine Nacht nach der anderen vor dein Haus. Jedesmal jedoch stand da eine doppelte Reihe von Wächtern mit blinkenden Waffen. So wagten wir nicht, dich anzugreifen. Da bestellten wir einen Killer und gaben ihm Geld, um dich zu töten. Auch dieser kam wieder zurück und erzählte voller Schreck:

‘Nein, ich wage es nicht. Da stehen zwei Reihen großer, starker Männer vor dem Haus, ganz dicht nebeneinander, Schulter an Schulter!’

So wagten wir uns nicht mehr an dein Haus heran. Du hast gewiss diese Männer auch gesehen?“

„Nein“, sagte der Missionar, „ich habe sie nicht gesehen; aber in meinem heiligen Buch steht, dass mein Gott die Seinen vor ihren Feinden zu schützen weiß“. Er öffnete die Bibel und las ihm den Bericht in 1.Könige 6 vor.

Hier wird berichtet, wie der Seher Elisa mit seinem Diener Gehasi in einer Stadt von einem feindlichen Heer nachts belagert wurden. Elisa sollte gefangen und umgebracht werden. Als Gehasi morgens aufwachte, sah er, wie die ganze Stadt von Truppen und Streitwagen umzingelt war. Er lief zu seinem Herrn und rief voller Verzweiflung:

„Was sollen wir jetzt tun?“ Der gab ihm zur Antwort:

„Hab keine Angst, auf unserer Seite stehen noch mehr“ Darauf betete Elisa:

„Herr, öffne doch meinem Diener die Augen!“

Da öffnete der Herr ihm die Augen und er sah: Der ganze Berg, auf dem die Stadt lag, war rings um Elisa bedeckt mit Pferden und Streitwagen aus Feuer.

Ein ganzes Heer von feurigen Boten aus der Zentrale des Alls war von Gott geschickt worden, um Elisa zu beschützen. Elisa bat Gott, das feindliche Heer mit Blindheit zu schlagen. Im Nu war das ganze Heer erblindet. Elisa wandte sich an sie und versprach ihnen, sie zu dem Mann zu führen, den sie suchten. So leitete er das ganze Heer nach Samaria, in die Hauptstadt, wo sie nun alle gefangen waren. Wieder bat der Prophet Gott, dass er sie jetzt wieder sehend mache. So geschah es, und sie erblickten Elisa, den sie suchten. Voller Schreck sahen sie sich in der Hand ihrer Feinde. Doch Elisa sprach mit dem König, ihnen zu essen und zu trinken zu geben und sie wieder unbeschadet nach Hause zu schicken. Seit der Zeit, so endet der Bericht, war Friede zwischen den beiden Völkern der Syrer und Israeliten. Heute vergisst man in der Politik, dass Gott alles ändern kann, wenn wir ihn bitten und nach seinem Willen handeln.

Es gibt heute Tausende von Berichten, wie Engel Gottes, die starken Helden aus dem All, als seine Boten Menschen in Gefahr beschützt haben. Viele Bücher können allein mit diesen Erfahrungen gefüllt werden.

Biblische Berichte über die Boten aus dem All

Hagar, eine schwangere Frau, ist auf der Flucht. In der Wüste auf dem Weg nach Ägypten hält sie Rast an einem Brunnen. Ihre Kräfte sind am Ende. Sie ist allein und hilflos, ohne Hoffnung für die Zukunft. In diesem Augenblick erscheint ein Bote aus der Zentrale des Universums bei ihr, gesandt von Gott, der in seiner Liebe Mitleid mit Hagar hat. Der Engel spricht mit ihr und verleiht ihr wieder Stärke und Hoffnung. Auf sein Gebot hin kehrt sie wieder um. Alle ihre Probleme werden gelöst (Genesis/ 1.Mose 16).

Die Städte am Toten Meer Sodom und Gomorrha waren moralisch so tief gefallen, dass Perversität zum öffentlichen Leben gehörte. Alle Warnungen durch Lot, einen Mann Gottes, wurden in den Wind geschlagen. Da wurde in der Zentrale des Universums beschlossen, die beiden Städte auszulöschen. Drei Boten wurden auf diese Erde gesandt. Sie kamen zu Abraham, der vor der Türe seines Hauses saß, das auf einem Berge lag, von wo aus man die ganze Ebene mit den beiden Städten sehen kann. Gott betrachtete Abraham als seinen Freund, deshalb wollte er ihn in seine Pläne einweihen. Die Bibel berichtet uns, dass Gott sprach: *„Wie kann ich Abraham verbergen, was ich tue?“*

Abraham war zutiefst erschrocken und wagte es, ganz frei und offen mit Gott zu sprechen: „Willst du wirklich Schuldige und Schuldlose ohne Unterschied vernichten?“ Dann meinte Abraham, dass vielleicht noch fünfzig Schuldlose in der Stadt sein könnten. Der Herr versprach ihm, die Stadt wegen der fünfzig nicht zu vernichten. Da wagte Abraham mit dem Herrn zu handeln und kam herunter auf fünfundvierzig, auf vierzig, auf dreißig, auf zwanzig, schließlich auf zehn. Der Herr sprach: „Ich verschonte sie auch wegen der zehn."

Die beiden anderen Boten eilten in die Stadt, aber leider konnten sie nur Lot und seine beiden Töchter retten. Die anderen ließen sich nicht warnen und wollten auch ihr Leben nicht ändern. Sie gingen in dem Erdbeben und Feuer unter (Genesis/ 1.Mose 18. 19).

Abrahams Freundschaft zu Gott war zweimal durch unehrliches Handeln getrübt worden. Gott gab ihn wegen dieser Betrügereien dennoch nicht auf. Er stellte ihn auf die Probe, wenn sie auch sehr hart war. Er sollte seinen einzigen Sohn Isaak als Brandopfer auf den Altar legen. Mit diesem Gebot schien Gott sich selbst zu widersprechen, denn Menschenopfer hatte er ja verboten.

Abraham merkte, dass er auf die Probe des Vertrauens gestellt werden sollte und gehorchte. Im Augenblick, als er Isaak auf den Altar legte in der Gewissheit, Gott werde seinen Sohn sofort wieder auferwecken, hatte er die Probe bestanden. In dem Moment, wo er bereit war, gegen seine Vernunft Gott gehorsam zu sein, stand ein Bote von der Zentrale des Universums neben ihm mit der Botschaft, dass er nun bewiesen habe, dass er Gott mehr liebe als alles, sogar mehr als seinen eigenen Sohn. Abraham brauchte die Opferung seines einzigen Sohnes jetzt nicht zu vollziehen, er durfte dafür ein Tieropfer auf den Altar legen.

Abraham sollte die Freundschaft und die Liebe Gottes begreifen, die so groß ist, dass er sogar seinen Sohn am Kreuz von Golgatha opfern ließ, um uns zu retten.

Jakob war mit seiner Familie und aller Habe als Asylant wieder auf dem Weg in seine Heimat. Er hatte früher zu Hause seinen Bruder Esau betrogen und fürchtete nun auf dem Heimweg seine Rache. Doch er hatte seinen Fehler bereut und wollte alles wieder gutmachen.

„Jakob aber zog seinen Weg; und es begegneten ihm die Engel Gottes. Und da er sie sah, sprach er: Es sind Gottes Heere; und hieß die Stätte Mahanaim". Dieses Wort heißt: Das doppelte Heerlager Gottes. Ein Lager ist droben an seinem Thron, das andere hier

auf Erden in der Notlage, die uns gerade betroffen hat. Wenn wir in Genesis 32 weiter lesen, erfahren wir auch, wie sich der Rachezug seines feindlichen Bruders Esau auswirkte.

Elia war verzweifelt. Er hatte im Auftrag des Allerhöchsten gehandelt, um den Götzendienst in seinem Volk auszurotten. Gott hatte durch ein Wunder seinen Dienst bestätigt. Doch statt einer religiösen Reform in seinem Volk, wurde er verfolgt und sollte umgebracht werden. Er konnte rechtzeitig fliehen. In der Wüste, fernab von allen Feinden, suchte er Schatten unter einem Wacholderbusch. Nun lag er hier völlig entkräftet und ausgehungert. Er gab auf und wünschte sich den Tod. Vor Erschöpfung schlief er ein. Da weckte ihn ein Bote aus dem Universum auf, ein Engel Gottes stand vor ihm und reichte ihm zu essen und zu trinken. Elia stärkte sich, fiel aber sogleich wieder in Schlaf. Da kam der Engel wieder, weckte ihn auf, gab ihm zu essen und brachte ihm eine besondere Botschaft von der Zentrale. Das größte Erlebnis seines Lebens stand vor ihm, eine Begegnung mit Gott. In 1.Könige 19 ist es berichtet.

Im 6.Kapitel seines Buches beschreibt Jesaja, wie ihm ein Blick in die Zentrale des Universums, in den Thronsaal Gottes gewährt wurde und er die Seraphim sah, die Engel am Thron des Allerhöchsten. *„Die Engel riefen einander zu: Heilig, heilig, heilig ist Gott der Herr der Welt, die ganze Erde bezeugt seine Macht!"* Als er Gott, den Herrn auf seinem Thron sah, fiel er geblendet von der Herrlichkeit und Majestät des Allerhöchsten kraftlos zu Boden und rief voller Angst: „Ich bin verloren! Ich bin schuldig und unwürdig, von Gott zu reden, genauso wie das Volk, in dem ich lebe. Und ich habe den König gesehen, den Herrn der ganzen Welt!" Da kam einer der mächtigen Engel zu ihm geflogen und brachte ihm die Nachricht, dass Gott ihm seine Schuld vergeben habe.

Auch Daniel sah den Thron Gottes, umgeben von vielen Engeln. Er beschreibt es im 7.Kapitel: *„Ich sah, wie Thronsessel aufgestellt wurden. Ein uralter Mann setzte sich auf einen von ihnen. Sein Gewand war weiß wie Schnee und sein Haupthaar so weiß wie reine Wolle. Sein Thron war aus lodernden Flammen und stand* *auf feurigen Rädern; ein Feuerstrom ging von ihm aus. Millionen standen dienstbereit um ihn und Milliarden vor ihm. Richter setzten sich, und Bücher wurden aufgeschlagen*".

Das ist eine gewaltige Gerichtszene, die sich mit Worten kaum beschreiben lässt. Auch Daniel fehlten die Worte, um die Persönlichkeit des Allmächtigen zu schildern. Gott ist eine Persönlichkeit wie wir Menschen und ist doch gleichzeitig unendlich. Er erfüllt das ganze Weltall, und das All ruht in ihm. Diese Tatsache scheint ein Gegensatz zu sein, weil wir es nicht fassen können. Doch wir dürfen ihm auch als Freund und Vater begegnen. Dieses Wissen ist ein wunderbares Geschenk und die Zentralwahrheit unseres Lebens.

Wir bemerken, dass Millionen und Milliarden von Boten vor dem Thron des Allmächtigen stehen. Es sind so viele, dass jeder Mensch auf Erden einen Engel hat, der für ihn verantwortlich ist (Matth.18,10). So führt dieser Engel auch genau Buch über unser Leben, unsere Worte, Gedanken, Taten und unseren Einfluss auf andere. In dieser Gerichtszene wird das Buch unseres Lebens geprüft. Es gibt keinen Menschen, der ohne Fehler und ohne Schuld ist. Aber Daniel sieht, wie einer, der aussieht wie ein Mensch, vor den Vater tritt. Es ist Christus, der uns rettet. Ihm haben wir unser Versagen im Gebet anvertraut, jetzt tritt er als unser Anwalt für uns ein. Er deutet darauf hin, dass er selbst sein Leben gegeben hat, um uns zu retten. Der Mensch, der sich ihm völlig anvertraut hat, wird hier im Gericht freigesprochen. Christus sagte: „Ich sage euch: genauso freuen sich die Engel Gottes über einen einzigen Sünder, der ein neues Leben anfängt" (Luk. 15,10).

Der große Fürst Michael

Gehen wir noch einmal zurück zu der Erscheinung der drei Boten vom Thron Gottes, die zu Abraham kamen. Zwei von ihnen gingen in die Stadt Sodom, um Lot und seine Familie zu retten. Der Dritte sprach mit Abraham, und Abraham nannte ihn den Herrn des

Himmels und der Erde. Es war Christus selbst, der hier seinem Freund Abraham erschien. Zwar hatte er damals noch nicht den Namen Christus, aber er wird immer als der „Engel des Herrn“ bezeichnet. So ist der Sohn Gottes auch gleichzeitig der Oberste aller Engel, der Erzengel, auch Michael genannt, was auf Deutsch heißt: Wer ist wie Gott. Tatsächlich ist er allein wie Gott, ja er ist Gott selbst.

Als Engel des Herrn erscheint er Mose im brennenden Busch auf dem Berge Sinai (Exodus/ 2.Mose 3). Mose fragt ihn nach dem Namen. Da antwortet er als Gott, der Herr: „Ich bin, der ich bin“. Er ist der Ewigseiende, der keinen Anfang und kein Ende hat, der immer ist, für den Zukunft und Vergangenheit immer gegenwärtig sind. In einer Wolkensäule am Tage und als Feuersäule bei Nacht führt er sein Volk Israel durch die Wüste. Dabei wird er einmal als „Engel des Herrn“, dann aber direkt als „der Herr“ bezeichnet (Exodus 14,19 und 23,10). So ist es auch bei Bileam, dem der „Engel des Herrn“ erscheint, der aber „der Herr“ selbst ist (Numeri/ 4.Mose 22,21-28. und 23,4.5). Genauso erlebte es Gideon (Richter 6,11-16) und auch der Prophet Elia (2.Könige 1, 3).

Jakob rang sogar mit dem Engel des Herrn, den er nachts im Dunklen für einen Feind hielt. Schließlich erkannte er, dass er Gott selbst begegnet war, der wie ein Vater mit seinem kleinen Sohn rang. *„Ich habe Gott selbst gesehen, rief Jakob, und ich lebe noch! Darum nannte er den Ort Penuel“* (Genesis/ 1.Mose 32,31).

Daniel erfährt, dass der große Engelfürst Michael sein Volk am Ende der Welt retten wird, wenn die Toten auferstehen werden, am Jüngsten Tag (Dan. 12,1-4. 1.Thess. 4,15-18. Offb. 12,7). Es ist Christus, der wiederkommt, um uns zu retten.

Die Boten im ersten Jahrhundert

„In der Gegend (um Bethlehem) hielten sich Hirten auf. Sie waren in der Nacht auf dem Feld und bewachten ihre Herde. Da kam ein Engel des Herrn zu ihnen, und die Herrlichkeit des Herrn umstrahlte sie. Sie fürchteten sich sehr; aber der Engel sagte:

‚Habt keine Angst! Ich bringe euch eine gute Nachricht, über die sich ganz Israel freuen wird. Heute wurde in der Stadt Davids euer Retter geboren – Christus, der Herr! Geht und seht selbst: Er liegt in Windeln gewickelt in einer Futterkrippe – daran könnt ihr ihn erkennen!'

Plötzlich stand neben dem Engel eine grosse Schar anderer Engel, die priesen Gott und riefen:

‚Alle Ehre gehört Gott im Himmel! Sein Friede kommt auf die Erde zu den Menschen, weil er sie liebt!'

Als die Engel in den Himmel zurückgekehrt waren, sagten die Hirten zueinander: ‚Kommt, wir gehen nach Bethlehem und sehen uns an, was da geschehen ist und was Gott uns bekanntgemacht hat!'

Sie brachen sofort auf, gingen hin und fanden Maria und Josef und das Kind in der Futterkrippe. Als sie es sahen, berichteten sie, was ihnen der Engel von dem Kind gesagt hatte. Alle, die dabei waren, staunten über das, was ihnen die Hirten erzählten. Maria aber bewahrte all das in ihrem Herzen und dachte immer wieder darüber nach. Die Hirten gingen wieder zu ihren Herden zurück, priesen Gott und dankten ihm für das, was sie gehört und gesehen hatten. Es war alles so gewesen, wie der Engel es ihnen gesagt hatte" (Luk. 2,8-20).

Dreimal hatte Joseph die Erscheinung des Engels, der ihm stets unsichtbar zur Seite stand. Das erste Mal, als Joseph das Wunder der Geburt Jesu nicht verstand und Maria verlassen wollte, verkündete ihm der Bote aus der Zentrale des Universums, dass dieses Kind kein gewöhnlich Sterblicher, sondern der Sohn Gottes sei, ein Teil des Heiligen Geistes.

Das zweite Mal war die junge Familie mit dem Kind in Lebensgefahr. König Herodes vermutete in dem Kinde einen Nebenbuhler auf seinem Thron und wollte ihn töten lassen. Da erschien wieder der Engel und gebot Joseph mit Maria und dem Kinde nach Ägypten zu fliehen.

Das dritte Mal kam der Engel zu ihm, als der König Herodes gestorben war, und teilte ihm mit, dass er nun wieder zurückkehren könne. Daraufhin zog Joseph wieder nach Nazareth in seine Heimat.

Ich hatte einmal die Gelegenheit dieselbe Strecke zu reisen, die das Paar zurückgelegt hatte. Von Bethlehem über Gaza am Mittelmeer entlang bis zu ihrem Wohnplatz in Ägypten, wo sich die Gedenkstätte der Wohnung von Maria und Joseph mit dem Kinde befindet. Der gleiche Weg führte dann auch wieder zurück, von Betlehem nach Jerusalem und dann am Jordan entlang bis nach Nazareth. Auf dem Weg dahin kommt man über Jericho, das am Fuße des sogenannten „Berges der Versuchung" liegt.

Hier fand die große Entscheidungsschlacht zwischen Himmel und Erde statt, als Christus nach seinem vierzigtägigen Fasten von Luzifer, dem Abtrünnigen aus dem Weltall, angegriffen wurde. Bei dem Kampf am Thron Gottes war Satan mit all seinen Engeln von Christus, der als der Erzengel Michael an der Spitze eines großen Engelheeres stand, besiegt worden. Jetzt versuchte er durch eine List, dennoch zu seinem Ziel zu gelangen. Ein Heer von Engeln stand hinter Christus und folgte gespannt dem Ausgang dieses Geisteskampfes.

Zuerst heuchelte Satan, als wolle er Christus einen guten Rat geben, der nach so langem Fasten ausgehungert war: *„Wenn du Gottes Sohn bist, (dann kannst du es jetzt beweisen), befiehl doch, dass die Steine hier zu Brot werden!"*

„Jesus antwortete: ‚In den heiligen Schriften steht: ‚Es muss nicht Brot sein, wovon der Mensch lebt; er kann von jedem Wort leben, das Gott spricht.'"

Darauf führte ihn der Teufel in die heilige Stadt Jerusalem, stellte ihn hoch oben auf den Tempel und sagte: ‚Wenn du wirklich Gottes Sohn bist, dann spring doch hinunter; denn in den heiligen Schriften steht: ‚Gott wird seinen Engeln befehlen, dich auf Händen zu tragen, damit du dich an keinen Stein stößt.''

Jesus antwortete: ‚Aber in den heiligen Schriften heißt es auch: ‚Du sollst den Herrn, deinen Gott, nicht herausfordern'."

Zuletzt führte der Teufel Jesus auf einen sehr hohen Berg, zeigte ihm alle Reiche der Welt in einem Augenblick und sagte: „Ich will dir die Macht über alle diese Reiche in ihrer ganzen Größe und Schönheit geben. Sie ist mir übertragen worden, und ich kann sie weitergeben, an wen ich will. Alles soll dir gehören, wenn du dich vor mir niederwirfst und mich anbetest." Aber Jesus sagte: „In den heiligen Schriften heißt es: ‚Vor dem Herrn, deinem Gott, wirf dich nieder, ihn sollst du anbeten und niemand sonst.'‘

Da ließ der Teufel von Jesus ab, und Engel kamen und versorgten ihn (Mat. 4. und Luk. 4).

Als Jesus gefangen genommen wurde, setzten sich seine Jünger mit Waffengewalt zur Wehr. *„Einer von seinen Begleitern zog sein Schwert, hieb auf den Diener des Obersten Priesters ein und schlug ihm ein Ohr ab. Aber Jesus befahl ihm: ‚Steck dein Schwert weg; denn wer zum Schwert greift, wird durch das Schwert umkommen. Weißt du nicht, dass ich nur meinen Vater um Hilfe zu bitten brauche, und er wird mir sofort mehr als zwölf Legionen (d.h. hunderttausend) Engel schicken? Aber wie soll sich dann erfüllen, was in den heiligen Schriften vorausgesagt ist? Es muss doch so kommen*" (Mat. 20,51-54).

Hundertausende von Engeln waren bereit, Jesus aus der Hand seiner Gegner zu befreien, doch sie hatten keinen Auftrag dazu. So mussten sie schweigend zusehen, wie ihr geliebter Herr gefangen genommen und schließlich ans Kreuz geschlagen wurde. Millionen von Engeln schwebten über Golgatha und bildeten eine Schattenwolke, um ihrem leidenden Herrn die sengenden Sonnenstrahlen abzuhalten. Man kann sich gut vorstellen, dass solch eine Wolke von Engeln die Ursache für die Finsternis war, die den Hügel Golgatha einhüllte. In schmerzlichem Mitgefühl litten sie die Qualen Jesu am Kreuz mit, und mit tieftraurigem Schweigen waren sie stumme Zeugen seines Todes. Doch am Morgen der Auferstehung brachen sie in Jubel aus.

„Plötzlich bebte die Erde, denn ein Engel des Herrn kam vom Himmel herab, trat an das Grab, rollte den Stein weg und setzte sich darauf. Er leuchtete wie ein Blitz, und sein Gewand war schneeweiß. Die Wächter erschraken vor ihm so sehr, dass sie zitterten und wie tot dalagen. Der Engel sagte zu den Frauen (die sich dem Grabe näherten): ‚Ihr braucht keine Angst zu haben! Ich weiß, ihr sucht Jesus, der ans Kreuz genagelt wurde. Er ist nicht hier, er

ist auferweckt worden, so wie er es vorausgesagt hat. Kommt her und seht die Stelle, wo er gelegen hat! Und jetzt geht schnell zu seinen Jüngern und sagt ihnen: ,Gott hat ihn von den Toten erweckt! Er geht euch voraus nach Galiläa, dort werdet ihr ihn sehen'. Ihr könnt euch auf mein Wort verlassen" (Mat. 28,2-8).

Johannes berichtet, wie Jesus seinen Jüngern am Galiläischen Meer erschien und mit ihnen sprach (Joh. 21). Der Arzt Lukas beschreibt in der Apostelgeschichte, was Jesus nach seiner Erscheinung am See Genezareth vollbrachte:

„In meiner ersten Schrift habe ich alles berichtet, was Jesus tat und lehrte, von Anfang an bis zu dem Tag, an dem er in den Himmel aufgenommen wurde. Zuvor gab er den Männern, die er, geleitet vom Heiligen Geist, als Apostel ausgewählt hatte, Anweisungen für die Zukunft. Ihnen hatte er sich nach seinem Tod wiederholt gezeigt und ihnen die Gewissheit gegeben, dass er lebte. Während vierzig Tagen kam er immer wieder zu ihnen und sprach mit ihnen darüber, wie Gott seine Herrschaft aufrichten und sein Werk vollenden werde. Als Jesus wieder einmal bei ihnen war, gab er ihnen die Anweisung: ,Bleibt in Jerusalem und wartet auf den heiligen Geist, den euch mein Vater versprochen hat und den ich euch angekündigt habe. Johannes hat mit Wasser getauft, aber ihr werdet schon bald mit dem Geist Gottes getauft werden.'

Da fragten sie ihn: ,Herr, wirst du jetzt die Herrschaft Gottes in Israel aufrichten?'

Jesus antwortete: ,Den Zeitpunkt dafür hat mein Vater selbst festgelegt; ihr braucht ihn nicht zu kennen. Aber ihr werdet vom Geist Gottes erfüllt werden. Der wird euch fähig machen, überall als meine Zeugen aufzutreten: In Jerusalem und in ganz Judäa, in Samarien und bis ans äußerste Ende der Erde.

Während er das sagte, wurde er vor ihren Augen emporgehoben. Eine Wolke nahm ihn auf, so dass sie ihn nicht mehr sehen konnten. Als sie noch nach oben starrten, standen plötzlich zwei weißgekleidete Männer neben ihnen. ,Ihr Galiläer', sagten sie, ,warum steht ihr hier und schaut nach oben? Dieser Jesus, der von euch weg in den Himmel aufgenommen wurde, wird auf dieselbe

Weise wiederkommen, wie ihr ihn habt weggehen sehen'" (Apg. 1,1-11).

In einem Triumphzug von Millionen Engeln wurde Jesus nach oben zur Zentrale des Universums geleitet, seine Apostel sahen nur eine Wolke, die ihn vor ihren Augen verbarg. Doch zwei Boten vom Thron des Höchsten standen plötzlich neben ihnen und verkündeten ihnen die tröstliche Botschaft, dass Jesus wiederkommen werde, und zwar in der gleichen Weise, wie sie ihn auffahren gesehen hatten: Persönlich, sichtbar, hörbar, mit großer Kraft und Majestät, begleitet von einer unzählbaren Schar von Engeln. Mit dieser wunderbaren Hoffnung brachten die Apostel die gute Nachricht zu allen Völkern und Nationen. Sie erlebten dabei den erbitterten Widerstand der Gegner Christi, doch immer wieder waren es außerirdische Boten, die ihnen oft in größter Not zu Hilfe eilten. Lukas berichtet:

„Der Oberste Priester und die Sadduzäer, die alle auf seiner Seite standen, wurden neidisch und beschlossen einzugreifen. Sie ließen die Apostel verhaften und ins Gefängnis werfen. Doch gleich in der ersten Nacht öffnete ein Engel des Herrn die Gefängnistore, führte die Apostel heraus und sagte zu ihnen:

‚Geht in den Tempel und verkündet allen die Botschaft von dem Leben, das Jesus gebracht hat"'

Die Apostel gehorchten, gingen früh am Morgen in den Tempel und sprachen zu den Menschen. Der Oberste Priester und die Sadduzäer hatten inzwischen den jüdischen Rat, alle Ältesten des Volkes Israel, zu einer Sitzung zusammengerufen. Sie schickten in das Gefängnis, um die Apostel holen zu lassen. Aber die Abgesandten kamen unverrichteter Dinge zurück und berichteten: ‚Wir fanden das Gefängnis fest verschlossen,und die Wachen standen auf ihrem Posten. Aber als wir aufmachten, war das Gefängnis leer.'

Der Kommandant der Tempelwache und die führenden Priester waren ratlos und konnten sich nicht erklären, was mit den Apostel geschehen war" (Apg. 5,17-24).

„Philippus aber erhielt durch einen Engel des Herrn den Auftrag: ‚Geh nach Süden, bis du auf die einsame Strasse kommst, die von Jerusalem nach Gaza hinabführt!' Er machte sich sofort auf

den Weg. Nun war dort gerade ein hochgestellter Mann aus Äthiopien auf der Heimreise, der Finanzverwalter der äthiopischen Königin, die den Titel Kandake führt, ein Eunuch. Er war nach Jerusalem gekommen, um den Gott Israels anzubeten, und fuhr jetzt wieder zurück. Unterwegs in seinem Wagen las er im Buch des Propheten Jesaja. Der Geist Gottes sagte zu Philippus: ‚Folge diesem Wagen!'" (Apg. 8,26-29)

Philippus sprach mit diesem Mann, erklärte ihm die Prophezeiungen im Buche Jesaja und ihre Erfüllung im Leben Jesu, und lud ihn ein, ein Nachfolger Jesu zu werden. Der Finanzminister nahm die Botschaft an, ließ sich taufen, wurde Christ und, so endet der Bericht, der mit dem Engel begann, „er war von Freude erfüllt und setzte seine Reise fort."

In dieser Schilderung fällt auf, dass zuerst der Engel, ein Außerirdischer vom Thron Gottes, mit Philippus redete, dann aber der Geist Gottes ‚die dritte Persönlichkeit der Gottheit selbst mit ihm sprach. Wir erkennen hier wieder, dass der Heilige Geist eine Persönlichkeit ist, genau wie der Vater und der Sohn, er redet mit Philippus. Hier wird uns auch gezeigt, dass Gott mit seinen Boten eng zusammenarbeitet.

In Cäsarea lebte Kornelius, ein Hauptmann der römischen Besatzungsarmee An einem Nachmittag gegen drei Uhr erschien ein Engel bei ihm und redete ihn mit Namen an. *„Erschrocken blickte er den Engel an und fragte: ‚Was bedeutet das, Herr?' Der Engel antwortete: ‚Gott hat wohl bemerkt, wie treu du betest und wieviel Gutes du den Armen tust. Schicke darum Boten nach Joppe und lass einen gewissen Simon zu dir bitten, der den Beinamen Petrus trägt.'"… Als der Engel wieder fortgegangen war, rief Kornelius zwei Diener und einen frommen Soldaten aus seinem persönlichen Gefolge. Er erzählte ihnen, was er erlebt hatte, und schickte sie nach Joppe." (Apg. 10,4-8)*

Inzwischen war Petrus durch eine Vision von Gott vorbereitet worden, zu diesem heidnischen Hauptmann zu gehen, obwohl das jüdische Gesetz verbot, das Haus eines Heiden zu betreten. Die Folge war, dass Kornelius und seine ganze Familie Christen wurden.

„Etwa um diese Zeit begann König Herodes (ein Enkel Herodes des Grossen, der den Kindermord in Bethlehem auf sich geladen hatte) gegen einige führende Männer der Gemeinde vorzugehen. Zuerst liess er Jakobus, den Bruder von Johannes, enthaupten. Als er merkte, dass sich das Volk darüber freute, ließ er auch Petrus festnehmen, gerade während des Passafestes. Petrus wurde ins Gefängnis gebracht; zu seiner Bewachung wurden vier Gruppen zu je vier Soldaten eingesetzt, die einander ablösen sollten. Herodes wollte ihm nach dem Fest öffentlich den Prozess machen.

Während Petrus im Gefängnis war, betete die Gemeinde Tag und Nacht für ihn zu Gott.

In der Nacht, bevor Herodes ihn vor Gericht stellen wollte, schlief Petrus zwischen zwei Wachsoldaten. Er war mit zwei Ketten an die Wand gefesselt. Vor der Tür der Zelle waren zwei weitere Posten aufgestellt. Plötzlich stand da ein Engel des Herrn, und die ganze Zelle war von strahlendem Licht erfüllt. Er weckte Petrus durch einen Stoss in die Seite und sagte: ‚Schnell, steh auf!' Im gleichen Augenblick fielen Petrus die Ketten von den Händen. Der Engel drängte: ‚Leg den Gürtel um und zieh die Sandalen an !' Petrus tat es, und der Engel befahl: ‚Nimm den Mantel und komm mit!'

Petrus folgte ihm nach draußen. Er wusste nicht, dass dies alles Wirklichkeit war, sondern meinte zu träumen. Sie kamen ungehindert am ersten Wachposten vorbei, ebenso am zweiten, und standen schließlich vor dem eisernen Tor, das in die Stadt führte. Das Tor sprang von selbst auf, und sie traten hinaus. Sie eilten durch eine Gasse, dann war der Engel plötzlich verschwunden. Als Petrus zu sich kam, sagte er: ‚Es ist also wirklich wahr! Der Herr hat mir einen Engel geschickt, um mich vor Herodes zu retten und vor dem zu bewahren, was die Juden sich erhofft haben!'...

Als es Tag wurde, gab es bei den Wachen eine große Aufregung, weil Petrus verschwunden war. Herodes ließ überall nach ihm suchen, aber vergeblich" (Apg. 10).

Auch Paulus wurde gefangen genommen. Weil er die römische Staatsbürgerschaft von Geburt aus besaß, berief er sich auf den Kaiser, um nicht in Palästina abgeurteilt zu werden. So wurde er mit Bewachung auf einem Schiff nach Rom gefahren. Unterwegs geriet das Schiff in einen schweren Sturm und wurde so schwer beschädigt, dass es steuerlos im Meer trieb.

„Der Sturm ließ nicht nach", berichtet Lukas, der mit auf dem Schiff war, *„und so verloren wir am Ende jede Hoffnung auf Rettung. Niemand wollte mehr etwas essen. Da erhob sich Paulus und sagte: ‚Ihr hättet auf meine Warnung hören und im Hafen bleiben sollen. Dann wäre uns dies erspart geblieben. Aber jetzt bitte ich euch: Lasst den Mut nicht sinken! Alle werden am Leben bleiben, nur das Schiff geht verloren. In der vergangenen Nacht erschien mir nämlich ein Engel Gottes, dem ich gehöre und dem ich diene und sagte zu mir: ‚Hab keine Angst, Paulus! Du musst vor den Kaiser treten, und auch alle anderen, die mit dir auf dem Schiff sind, wird Gott deinetwegen retten.' Also seid mutig, Männer! Ich vertraue auf Gott, dass alles so kommen wird, wie er es zu mir gesagt hat. Wir werden an einer Insel stranden'."*

Und genauso kam es. Sie strandeten auf einer Insel, und alle 276 Leute auf dem Schiff wurden gerettet. Das Schiff zerbrach und versank.

Das letzte Buch des Neuen Testamentes, die Offenbarung, wurde Johannes auf der Insel Patmos durch die Erscheinung eines Engels verfasst: *„In diesem Buch ist aufgeschrieben, was Jesus Christus von Gott enthüllt worden ist. Damit wollte er seinen Dienern zeigen, was sich sehr bald ereignen muss. Christus sandte seinen Engel zu seinem Diener Johannes und machte ihm dies alles bekannt. Johannes ist Zeuge für das, was Gott angekündigt und Jesus Christus ihm in Visionen gezeigt hat. Freude ohne Ende ist dem gewiss, der dieses Buch liest, und allen die diese prophetischen Worte hören und sie beherzigen: denn alle diese Dinge werden bald geschehen" (Offb. 1,1-3).* Wir erkennen heute immer deutlicher. Unsere Zeit ist am Ende, Gottes Zeit kommt, ja, sie steht dicht vor der Tür.

DIE ERDE IM ENDKAMPF UM DIE HARMONIE

Die Außerirdischen und die UFO's

Der bekannte Psychologe Dr. Carl G. Jung fasste die wissenschaftliche Erforschung der UFO-Phänomene mit folgenden Worten zusammen: „Der Versuch einer physikalischen Erklärung des Phänomens ist gescheitert, der übersinnliche Aspekt allerdings spielt eine so große Rolle, dass man ihn nicht außer acht lassen kann".

Millionen Menschen in aller Welt haben UFO's gesehen, darunter Wissenschaftler, Regierungsbeamte, Militärs, Geistliche, also Leute aller Berufsschichten. Die UFO's sind demnach keine Sinnestäuschungen, sondern Realität. Ihr Ursprung und ihre Aktivitäten können jedoch nicht mit sinnlicher Wahrnehmung erklärt werden, sondern nur durch die sogenannte „übersinnliche Wahrnehmung", die wir vom Okkultismus und Spiritismus her kennen, sie gehören also zu hundert Prozent in das Gebiet der Esoterik.

Seit Jahrtausenden spricht die Bibel von den ‚Außerirdischen', den ‚Boten' oder ‚Engeln Gottes', von den Epuraniern, den Bewohnern der anderen Planeten. Die Bibel nennt die ‚Himmel und aller Himmel Himmel', die Vielfalt der Galaxien im Universum mit mehr als zwei Milliarden von Milchstraßensystemen. Wenn jede der Sonnen in diesen Galaxien nur je einen bewohnten Planeten haben, dann können wir mit einer Zahl von etwa dreißig Trillionen bewohnter Welten gleich unserer Welt rechnen. Von den ersten Blättern der Bibel bis zum letzten Blatt finden wir die Beschreibung dieser „Außerirdischen", nämlich den Engeln und den Bewohnern des Weltalls. Ihre Eigenschaften, Kräfte und Fähigkeiten werden genau beschrieben. Es sind hier siebzig einzelne Merkmale der Engel genannt, die sie von den Erdenbewohnern unterscheiden und unsere menschlichen Fähigkeiten übersteigen.

Es ist erstaunlich, dass genau diese siebzig Eigenarten auch bei den UFO's oder ihren Besatzungen zu finden sind. Daraus ist ersichtlich, dass die gesamten UFO-Erscheinungen ein Werk dieser von Gott abgefallenen Engel sind, die hier als Dämonen die Menschen täuschen. (Siehe Anhang)

„Der leichtfertige Umgang mit UFO-Erscheinungen kann genauso gefährlich werden wie die Beschäftigung mit der Schwarzen Magie. Das Phänomen zieht Neurotiker, Leichtgläubige und Unreife gleichermaßen in seinen Bann. Die Folge sind häufig paranoide Schizophrenie, Dämonomanie (Besessenheit), ja sogar Selbstmord. Belege dafür ließen sich in einer Reihe von Fällen erbringen. Eine oberflächliche Neugierde für die geheimnisvollen UFO's kann in eine zerstörerische Manie umschlagen. Aus diesem Grunde möchte ich Eltern mit Nachdruck empfehlen, ihren Kindern jede Beschäftigung damit ernstlich zu verbieten. Lehrer und andere Erzieher sollen die Jugend nicht dazu anregen, sich für dieses Thema zu interessieren" [20].

Die übernatürlichen Bewegungsmöglichkeiten der UFO's, die physikalisch nicht zu erklären sind, werden schon vor Jahrtausenden in der Bibel erwähnt: *„Ich habe die Erde kreuz und quer durchstreift, antwortete der Satan"* (Hiob 1,7). Das hebräische Wort sagt hier ‚kreuz und quer, auf und ab'. Genau das sind die Bewegungen der UFO's, die für uns physikalisch nicht nachzuvollziehen sind, es handelt sich hier um Übersinnliches, um Okkultismus.

Vernebelung durch Okkultismus

„One World Family – die Eine Welt Familie", ist der Name einer amerikanischen Sekte. Ihr Anführer, Allen-Michael Noonan, bezeichnet sich als „Messias", als der „wahre Geist des Erzengels Michael". Er gibt an, durch Telepathie mit den Außerirdischen in Verbindung zu stehen und Botschaften von den UFO's zu empfangen.

Neben der okkulten Fähigkeit der Telepathie verfügt Noonan auch über die Gabe des „automatischen Schreibens", eine andere

---

[20] Weldon/Zewitt, a.a.O. S. 59.

okkulte Praktik, wobei ihm ein Geist, ein Außerirdischer, die Hand führt. So schreibt er als spiritistisches Medium ein zwölfbändiges Werk mit dem Titel: „Das Ewige Evangelium“. Diesen Namen hat er der Bibel, (Off. 14,6) entlehnt und bringt eine ganz eigenartige und absurde Auslegung der Offenbarung, die total im Widerspruch zur Bibel und zu Christus steht. Ein Band trägt den Titel: „Die neue Weltregierung“. Er prophezeit, dass eine „Gottheit“ vom Himmel mit Hilfe der UFO's das „Ewige Evangelium“ allen Menschen verkündigen wird in den Kirchen und Tempeln aller Religionen. Eine „Weltweite Passive Widerstandsbewegung“ wird jede staatliche Behörde und Regierung auf Erden erfassen und nach einem „Meisterplan“ eine neue „Weltregierung“ errichten. Das „Weiße Haus“ in Washington, das „Pentagon“ und der Palast der „Vereinten Nationen“ werden Zentren der neuen Weltregierung sein. Dann beginnt das Paradies auf Erden, die Kranken werden alle geheilt, Arbeitslosigkeit und Hunger werden nicht mehr bestehen, und Gerechtigkeit wird die Erde regieren.

Interessant sind auch die neuen Begriffe, die Noonan erfindet. Er spricht vom „Jesusfaktor“, vom „großen Quasar als Supergott“, vom „Gehirn der Minerva, des Jupiter“, von der Telepathie als „elektrischer Liebe“, die Heimat der UFO's seien die Planeten Venus und Jupiter, Liebe sei Sozialismus, Stalin und Hitler müsse vergeben werden, die Vereinigten Staaten seien der israelitische Stamm Joseph, jeder Mensch habe seinen eigenen Gott, es gäbe keine sündige menschliche Natur, denn sie sei selbst göttlich, Drogengenuss sei ein religiöses Sakrament, der Heilige Geist sei der Geist Noonans, Jesus sei ein UFO vom Planeten Jupiter, die Reinkarnation ersetze das göttliche Gericht, der Kommunismus sei die Religion Christi und alle Religionen seien Wahrheit.

Das ist eine kurze Liste der Botschaften von den UFO's, die er durch Okkultismus erhalten habe. Die Bewohner der Venus hätten ihn aufgefordert, an der neuen Weltregierung mitzuarbeiten.

Die okkulten Praktiken der Telepathie und des automatischen Schreibens sind an den parapsychologischen Instituten vieler Universitäten der Welt geprüft worden. In Deutschland hatte sich

Professor Bender von der Universität Freiburg eingehend damit befasst. Dr.Kurt Koch hat in zwanzigtausend Aussprachen mit okkult Behafteten den dämonischen Ursprung dieser Praktiken erkannt. Es sind nicht die UFO's, die Bewohner anderer Welten, die Außerirdischen, die hier wirksam sind, sondern es sind die von Gott abgefallenen Engel, also Dämonen, die uns Menschen betrügen wollen.

Tausende von Büchern zeigen diesen dämonischen Ursprung. Christus warnte vor den Verführungen der „falschen Christi", vor den „Aposteln und Predigern der Gerechtigkeit", wo Satan sich als „Engel des Lichtes" verstellt und seine Dämonen als Diener Christi. Durch das automatische Schreiben, wobei ein Kontaktgeist oder Dämon Gehirn und Hand leitet, schrieb Ruth Montgomery das Buch: „A World Beyond" – die andere Welt. Auch Edgar Cayce, Taylor Caldwell, Kahlil Gibran und Richard Bach mit seinem Bestseller „Jonathan Livingstone Seagull" sind Opfer dieser okkulten Vernebelung.

Dr. Kurt E. Koch schrieb ein Kompendium der dämonischen Verführungskünste mit dem Titel: „Okkultes ABC", Brunnenverlag Basel, eines der umfangreichsten Werke mit zahlreichen Fällen von übersinnlichen Täuschungen, die den wahren Charakter der sogenannten „Außerirdischen der UFO's" offenbaren.

New Age und Illusion

Katrin Ledermann war Sekretärin in einem größeren Unternehmen. Zur Entspannung nahm sie an einem Yoga-Lehrgang im evangelischen Bildungszentrum ihrer Stadt teil.

„Ich atmete tief und bewusst ‚Prana' ein – so wird im Yoga die kosmische Lebensenergie genannt – und schloss die Augen. Dann lenkte ich mein Bewusstsein in mein linkes Bein, zog den rechten Fuß sachte empor und setzte ihn bei angewinkeltem Bein neben das linke Knie. Die ganze Zeit kontrollierte ich meinen Atem. Die Hände trafen sich inzwischen hoch über dem Kopf".

„ ‚Verankert euch im Hara‘, hörte ich meine geliebte Lehrerin sagen. ‚Hara ist wichtig. Von hier aus verankern wir uns in der Erde und verbinden uns mit dem Kosmos. Einatmen … aus. Ein … aus!‘ “

„Soviel wusste ich seit Jahren: der Bauchraum ist das Zentrum, das im östlichen Yoga ‚Hara‘ genannt wird. Dort ist jene geheimnisvolle ‚Mitte‘ angesiedelt, die für das innere Gleichgewicht des Schülers auf dem ‚inneren Weg‘ verantwortlich ist“.

„Wenn ich mein Bewusstsein im Bauch gesammelt hatte und mich konzentrierte, so wirkte unfassbarer ‚Geist‘ durch mich, während alle inneren und äußeren Regungen still und passiv waren. Dieser ‚Geist‘ strahlte nun durch mich aus. Ich konnte neue Wünsche, Gefühle und Gedanken denken und sie ausstrahlen. Das veränderte scheinbar meine Umwelt, die Welt überhaupt! Friede könnte so entstehen – wenn die Menschen nur mehr zur inneren Ruhe und Entfaltung göttlicher Macht kämen …“

Dieses großartige innere Erleben wollte sie auch anderen mitteilen. So wurde sie zu einem „modernen Guru“, einer „Geburtshelferin des neuen Bewusstseins“ zusammen mit ihrer Lehrerin des evangelischen Bildungszentrums.

„Weder meine Yoga-Lehrerin noch ich teilte unseren Schülern jemals mit, wie sehr wir beide zeitweilig unter Depressionen litten. Wohl sprachen wir von ‚Kraft‘, von positiver Ausstrahlung, von neuem Leben und kosmischer Allverbundenheit. Wohl erlebten wir etwas, das diesen Begriffen gut anstand. Doch hatten wir, wie die allermeisten ‚hochentwickelten Esoteriker‘, mit Anstürmen dunkler, negativer Mächte zu kämpfen. Dies zwang uns zu häufiger Meditation“:

„Vorstellungsübungen, wie sich die Gesellschaft im Neuen Zeitalter verhalten sollte, beschäftigten mich oft. In Gedanken sprach ich die ‚Grosse Invokation‘, das weltweit verbreitete Gebet zum Herbeirufen der ‚Meister des Kosmos‘, zum Beschleunigen der ‚Ausgießung von Kraft‘ für das Neue Zeitalter – New Age“.

„Geheimnisvoll hatte mich eine innere Transformation ergriffen. Eine Art Umwandlung , die mein ganzes Denken, Fühlen und Wollen irgendwie verschob“.

„Neue Energie wurde mir verliehen, diesen ungewöhnlichen Weg eines New-Age-Pioniers weiterzugehen, die Welt – wenn auch derzeit noch in Untergrundarbeit – auf das Wassermannzeitalter vorzubereiten. Eine gehorsame Jüngerin der ‚Grossen Seelen' des Kosmos nahm still versonnen, mit wohl weltfremdem Blick, abseits der Vernunft, Weisungen aus dem Jenseits entgegen".

Sie folgte dem Auftrag jener ‚unsichtbaren Kosmokratoren', von denen die Bibel in Epheser 6,12 spricht, ‚unsichtbare Mächte und Gewalten', die ‚jetzt diese dunkle Welt beherrschen", die ‚die ganze Welt' verführen (Offb. 12,9). Aber von diesen gottfeindlichen Mächten wusste Katrin Ledermann damals noch nichts näheres.

„Mein Auftrag lautete klar: Einheit aller Denkrichtungen, Religionen und Ideologien anstreben und verwirklichen.

Diese ‚Geistige Hierarchie' und ihre ‚Meister' fand ich in dem Werk von Alice Bailey wieder… über ein kosmisches Welt- und Zukunftsbild… in dem 800 seitigen Buch ‚Die geistige Hierarchie tritt in Erscheinung'… Man könnte sagen, dass die Kirche, die Bruderschaft der Freimaurer und das Erziehungswesen die drei hauptsächlichsten Mittel und Wege sind, um das Neue Zeitalter vorzubereiten".

Es sind also die Kirche, die Freimaurer und die öffentlichen Schulen, die an diesem Ziel mitwirken. Die neuen Denkmuster, die ‚neuen Paradigmen' in dem Buch ‚Die sanfte Verschwörung' von Marilyn Ferguson, die Bücher von Fritjof Capra und von Robert Muller, dem ehemaligen stellvertretenden UNO-Generalsekretär, mit seiner ‚One World Philosophy' bestärken sie in ihrem Weg.

Doch die Depressionen und inneren Kämpfe zwischen Gut und Böse lassen nicht nach. Sie sucht nach echtem Frieden und nach Wahrheit. Da faltet sie die Hände und betet flehentlich zu Gott um Hilfe.

„Innerhalb kürzester Zeit nach diesem Gebet verdüsterte sich mein Leben: was ich bisher für Lichtgestalten des Kosmos hielt, entpuppte sich nun als zornige Götter. Für sie war ich ein Versager, unbrauchbar geworden. Auf demselben telepathischen Weg, auf dem ich vorher gelobt und geliebt worden war, erreichte mich nun eine ‚sanfte' Selbstmordempfehlung. Nun wusste ich eins gewiss: die Götter des New Age, so licht sie sich gaben, hatten nichts mit jenem gerechten Gott zu tun, den ich trotz allem für den lebendigen Schöpfer hielt".

„In dieser Monate währenden Zeit des Psychoterrors und der gesundheitlichen Angriffe bemerkte ich kaum den Beginn der wichtigsten Veränderung meines Lebens: Jesus, der mir bisher ein ‚Meister' der ‚Geistigen Hierarchie' gewesen war, wurde für mich der Christus".

Katrin Ledermann erlebte die wahre Wiedergeburt durch den Glauben an die vergebende Liebe Jesu Christi, der sich am Kreuz für uns hingab, um uns zu retten.

Will Baron beschreibt seine Lebensgeschichte als ein ‚Priester des New Age'. Er wurde durch die ganzheitliche Medizin des New Age angezogen und auch geheilt. Dann machte er die gleichen Erfahrungen wie Katrin Ledermann. Er wurde zum Channeler des New Age, zum Kanal der übersinnlichen Mächte. Ein Geist beherrschte ihn, der sich Djwhal Khul nannte. Später erschien ihm ein wunderschöner, blonder, junger und kräftiger Geist, der sich Christus nannte. Er gab ihm den Auftrag, alle esoterischen Bücher zu verbrennen und nur noch die Bibel zu lesen, und zwar so, wie er, Jesus, sie ihm erklären würde. Darauf wurde er in verschiedene christliche Kirchen geschickt, um dort Kurse für sogenannte christliche Meditation durchzuführen. Der Geist, der sich in sichtbaren Erscheinungen als Christus ausgab, erteilte ihm jedesmal genaue Anweisungen.

Nach einem christlichen Vortrag der Adventgemeinde, den er einmal besuchte, betete eine Frau sehr ernstlich mit und für ihn. Ein Buch von E. G. White öffnete ihm die Augen:

„Vor meinem inneren Auge entstand das Bild Satans, wie Frau White es beschrieben hatte. Plötzlich durchzuckte mich die Erkenntnis: ‚Das ist er! Das ist mein Meister!' Ich begriff, dass ich jahrelang ein Jünger Satans gewesen war. Das machte mich fassungslos. Mir war, als würde ich ohne Fallschirm aus einem Flugzeug gestoßen und im freien Fall auf die Erde stürzen".

„Der Gedanke, dass ich mich von Satan hatte missbrauchen lassen, um für ihn New-Age-Lehren zu verbreiten, christliche Lehren zu verfälschen und anderen Menschen ein falsches Evangelium zu bringen, war entsetzlich“.

„Oh, Gott! stöhnte ich gequält, Djwhal Khul und der Meister ‚Jesus Christus‘ sind dämonische Engel. Sie haben mich all die Jahre getäuscht“.

„Während ich geglaubt hatte, Gott zu dienen, war ich ein Handlanger Satans gewesen. Wie Schuppen fiel es mir von den Augen, dass New Age und pseudochristliches Gedankengut nur der Versuch sind, die echte christliche Botschaft von der Wiederkunft Christi und seinem ewigen Reich verächtlich zu machen, besser noch: zu verdrängen. Für mich gab es keinen Zweifel, dass Satan sein Erscheinen als Messias vorbereitet, um sich als Retter in der Not feiern zu lassen“.

Von seinen früheren Meistern erhielt Will Baron den Befehl sich das Leben zu nehmen. Ein anderer ehemaliger Priester des New Age, der sich auch zu Christus bekehrt hatte und gläubig geworden war, hatte auch ein Buch darüber geschrieben, das großes Aufsehen erregt hatte. Mit seinem Auto fuhr er über einen steilen Felsenabhang ins Meer und war auf der Stelle tot. Will Baron aber verließ sich auf das Wort Gottes, wie Christus selbst bei seiner Versuchung durch Satan in der Wüste, er wehrte den Feind ab mit dem Wort Gottes: Es steht geschrieben! So konnte Satan ihm nichts mehr anhaben, er kam von den Selbstmordgedanken frei und wurde ein froher Nachfolger Jesu Christi.

Das New Age Denken kennt nur zwei Wege für jeden Menschen in dieser untergehenden Welt. Den Materialismus, der zum unausweichlichen Untergang führt und den Spirituellen Weg des New Age, die Transformation oder Wiedergeburt durch esoterische, übersinnliche Erfahrung. Beide Wege führen ins Verderben. Die Bibel zeigt uns den dritten wahren Weg zur Rettung: Die Wiedergeburt durch den Glauben an Jesus Christus aufgrund der Bibel.

Der Angriff auf unsere Kinder

Der erfolgreichste Film aller Zeiten „E.T." hatte den größten Einfluss auf die heranwachsende Generation. Ein Außerirdischer, ein Junge, wurde bei einem Ausflug der sogenannten Planetarier auf diese Erde bei ihrem Rückflug vergessen. Der zehnjährige Elliot entdeckt ihn eines Abends in einem Geräteschuppen. Es entwickelt sich eine rührende Freundschaft zwischen den beiden. E.T. hat Heimweh und möchte ins Außerirdische zurückkehren, Elliot soll ihm dabei helfen. Aber die NASA erfährt von der Existenz des kleinen E.T., der nun ihren seelenlosen wissenschaftlichen Untersuchungen ausgesetzt wird und dabei stirbt. Aber er steht wieder auf, die Kinder flüchten auf eine Waldlichtung, wo schon ein Raumschiff wartet und mit E.T. zum Himmel auffährt.

Interessant ist dabei, dass der außerirdische Zwerg genau 33 Stationen aus dem Lebensweg Jesu durchwatschelt hat. Steven Spielberg, der Autor dieses Filmwerkes, bekannte, dass er beim Filmemachen von einer übersinnlichen Macht geleitet wurde. Für seine Arbeit erhielt er die UN-Friedensmedaille.

Die Nachahmung Gottes ist eine Methode Satans. E.T. ist ein Lügengeist mit seinem Lügengeheimnis. Die direkte dämonische Einwirkung auf die Kinder beim Anschauen dieser Filme beklagen ihre Eltern, wenn sie erleben mussten, dass ihre Kinder nach dem Film E.T. tagelang aufgeregt waren, nicht schlafen konnten und Alpträume hatten. Ihr Gottesbild wird zerstört. Englische Teenager zeigten nach einer Umfrage, dass sie eher an Außerirdische als an Jesus Christus glauben.

Mit einer Auflage von über einer Milliarde war die Heftchen-Reihe ‚Perry Rhodan' ein Welterfolg. Durch diese Hefte lernt die junge Generation, dass ‚Gute' außerirdische Freundschaft mit den Irdischen schließen können. Die Jugend wendet sich von den politisierten und materialistischen christlichen Kirchen ab und sucht eine neue Religiosität, die sie in der ‚Science-Fiction-Welt' der Außerirdischen zu finden hofft.

Die ‚Fantasy'- Welle mit Filmen und Büchern rollte über die Welt mit der Darstellung der übersinnlichen Phänomene. Jugendliche ließen sich dadurch zu konkreten Kontakten mit der dämonischen Geisterwelt verleiten: Spiritistische Sitzungen, Telepathie, Tischrücken, Gläserschieben, Kartenlegen, Astrologie, Ruten-und Pendelschwingen, und zahlreiche andere okkulte Praktiken.

Die erfolgreichsten esoterischen Bücher über Harry Potter lösten in aller Welt eine Begeisterung unter der jungen Generation aus wie bisher kein anderes Buch.

Psychologen und Mediziner der Ärztevereinigung ‚Hartmannbund' warnten davor, dass diese okkulten Betätigungen zum Satanismus, zur Anbetung Satans führen. Die Illustrierte Quick wies im April 1988 auf ‚Die teuflische Gefahr' hin: „Kinder, die Satan anbeten; Schüler, die nach Geisterbeschwörungen in psychiatrische Behandlung müssen: Jugendliche, die sich vom Teufel in den Tod treiben lassen – alarmierende Anzeichen einer neuen Sucht".

„Die New-Age-Bewegung gründet sich theologisch auf den Pantheismus (alles ist göttlich) und auf den Animismus (Verehrung von unbelebten Objekten, Seelen-und Geisteswesen in der Natur...) Das Hauptinteresse des Okkultismus, des Luziferkults und der Sekten innerhalb der New-Age-Bewegung besteht darin zu lernen, wie man die ‚Kraft' bzw. die ‚Macht' beeinflussen kann. Mitglieder der New-Age-Bewegung glauben nicht an einen persönlichen, die Erfahrung überschreitenden Gott, vor dem wir alles verantworten müssen. Sie glauben, Gott sei eine neutrale Kraft, die entweder zum Guten oder zum Bösen manipuliert werden kann".

Hermann Hesses Welterfolg ist auch darauf zurückzuführen, was er bekennt: „Nicht von Eltern und Lehrern allein wurde ich erzogen, sondern auch von höheren, verborgeneren und geheimnisvollen Mächten, unter ihnen war auch der Gott Pan..."

George Lucas schuf die Filme über die ‚Star-Wars'. Der erste ‚Krieg der Sterne'-Film erschien fast nach Plan auf den Kinoleinwänden der Welt. Nach den Zeitplanvorstellungen der ‚Meister aus dem Jenseits' sollten ab 1975 die geheimen Lehren über den ‚New-

Age-Christus‘ und die ‚Geistige Hierarchie‘ durch alle zur Verfügung stehenden Medien verbreitet werden‘.

Ein Vorbild für die zahlreichen esoterischen Autoren und Filmemacher war der englische Spiritist Aleister Crowley, der 1949 wahnsinnig an einer Überdosis von Rauschgift starb. „Die deutsche Illustrierte ‚Stern‘ bemerkte 1983 in einer Buchbesprechung, dass deutschen Psychiatern zufolge etliche hundert meist jüngere Menschen ihren ersten schizophrenen Schub erlitten, nachdem sie Crowleys Schriften verschlungen hatten“.

„Pädagogen und Psychologen haben es immer häufiger mit Schülern zu tun, denen es an einfachen Grundfertigkeiten mangelt: Gedächtnis, Ausdauer, Einfühlungsvermögen, logisches Denken, Konzentration seien erschreckend schwach ausgeprägt... Die haben sich nicht im Griff, das sind alles entmutigte, zerfallene kleine Persönlichkeiten. Bis zu seinem 15. Lebensjahr sieht ein junger Bundesbürger rund 16 000 Stunden fern. Diese Zahl steigt dramatisch an, da durch Videokonsum und Computernutzung noch mehr Zeit vor dem Fernseher verbracht wird“.

Durch die Beschäftigung mit den Computerspielen wird das Denken der Jugendlichen fast unmerklich verändert. Bilder stehen nebeneinander, logische Reihen werden aufgebaut, analytische Folgerungen werden getroffen, was aber zukurz kommt, das ist die Fähigkeit die Synthese zu ziehen, nach dem Sinn und Zweck zu fragen. So verlernen die Jugendlichen, in der Welt nach dem Sinn des Lebens zu suchen, nach der Entstehung der Welt und ihrem Ziel, nach Gott und dem ewigen Leben.

Die „Harry Potter Bücher“ werden zu Millionen in vielen Sprachen fast auf der ganzen Welt gelesen. Psychologen und Theologen prüften den Inhalt und fanden heraus, dass die Leser schweren seelischen Schaden und Schaden in ihrem Glauben an Gott erlitten.

Eine Umweltkatastrophe größten Ausmaßes ist über uns hereingebrochen, eine Flut von Giftstoffen wird in die Seelen unserer Kinder hineingepumpt, die Folgen sind unabsehbar. Die New-Age Welle droht zu einer neuen Sintflut für die Welt zu werden. Jetzt sollten sich Eltern und Lehrer in Selbsthilfegruppen zusammenfinden, um für unsere Kinder noch eine rettende Arche zu bauen. Das erfordert den Einsatz von Zeit, Geld, Mühe, viel Liebe und Erfindungsreichtum und eine große Portion Gottvertrauen und Kenntnis der Bibel, die das ‚Schwert des Geistes' genannt wird.

„Dr. Karl Renner schrieb 1988 in einem Artikel mit der Überschrift: ‚Geheime Wegbereiter des Okkultismus?': ‚Jeder, der es hören oder lesen will, weiß, wie mächtig die okkulte Welle ist, die zur Zeit über unsere westliche Welt rollt. Auf allen Medien kann man Wahrsagerei, Spiritismus, Voodoo-Kult und andere okkulte Praktiken kennenlernen, und auch die Rockmusik tut das ihre, um Jugendliche auf diesen Irrweg zu führen".

Der Kern der Rockmusik

Die Rockmusik hat Drogenwirkung. Sehr hohe Frequenzen oberhalb der Hörgrenze wirken mit der Harmonie von dreitausend Schwingungen pro Sekunde auf das Gehirn ein. Wir haben fünfhundert Billionen elektrischer Schaltungen im Gehirn, den sogenannten Synapsen, die mit ganz bestimmten Flüssigkeiten als Leitmittel für die elektrischen Signale wirken. Diese Überträgersubstanzen, etwa 25 verschiedene sind heute bekannt, überbrücken den synaptischen Spalt für die elektrische Information. Durch überaktive akkustische Signale der Rockmusik werden natürliche Substanzen vermehrt ausgeschüttet und versetzen das Gehirn in eine Stresssituation. Dabei gelangt das Stresshormon Adrenalin in die Blutbahn. „Geschieht dies (unter extremem Stress) in übermäßiger Menge, wird Adrenalin in Adenochrom umgewandelt. Adenochrom weist in Struktur und Eigenschaften Ähnlichkeiten mit dem Rauschgift Meskalin auf, das wie LSD funktioniert".

Diese Forschungsergebnisse hat der Verfasser in einem Vortrag der indischen Regierung vor zweihundert Polizeioffizieren in der Drogenfahndung hervorgehoben. Diese Nachricht wurde von der Presse aufgenommen und in der ganzen Welt in Radio und

Presse verbreitet: Die Rockmusik hat Drogenwirkung und zeigt dieselbe Wirkung wie Rauschgift. Daran ändert auch die sogenannte ‚christliche‘ Rockmusik nichts. Der Bedarf an Drogen wird dadurch geweckt und auch die Drogensucht.

Die Lautstärke der Rockmusik wird bewusst sieben Dezibel oberhalb der Toleranzgrenze der Neuronen, der Gehirnzellen gewählt. Eine Irritation der Synapsen entsteht, die je nach Gemütslage der Person Depressionen, Aggressionen, sexuelle Exzesse zur Folge hat. Untersuchungen haben außerdem ergeben, dass die Hörer durch die Lautstärke Schädigungen des Gehörs erfahren und nach wenigen Jahren schwerhörig sind und mit 25 und 30 Jahren schon Hörapparate brauchen. Viele sind dadurch für ihren Beruf unbrauchbar geworden. Nach neuesten ärztlichen Untersuchungen sind bereits sechzig Prozent der Jugendlichen, die Rockmusik lieben, gehörgeschädigt.

Der Weg der Schallschwingungen im Ohr führt durch den äußeren Gehörgang über Trommelfell, Hammer, Amboss und Steigbügel durch das ovale Fenster in die mit Flüssigkeit gefüllte Schnecke. Das runde Fenster besorgt den Druckausgleich zwischen der Schnecke und dem mit Luft gefüllten Mittelohr. Die Schnecke ist das Organ der Gehörempfindung und besteht aus zweieinhalb Windungen. Sie enthalten das Cortische Organ, in das etwa 16 000 Hörzellen mit Sinneshaaren (Haarzellen) eingelassen sind. Von der Schnecke läuft ein dickes Kabel Hörnerven zum Gehirn. Bei dem Übertragungsystem von Luftschall in Flüssigkeitsschall in der Schnecke findet eine Signalumwandlung mit zwanzigfacher Verstärkung statt. Bei zu hoher Lautstärke werden die Haarzellen nach einer gewissen Zeit so belastet, dass sie ihre Tätigkeit einstellen. Diese Hörschädigung kann nicht mehr repariert werden, man ist und bleibt schwerhörig.

Unterschwellige Steuerbotschaften an das Unbewusste werden im sogenannten ‚Reverse-Masking‘ in den Text der Rockmusik rückwärts eingespielt. Das Unbewusste registriert diese Botschaften und dreht sie wieder um, so dass nun diese Befehle gespeichert werden wie bei der Hypnose: Weihe an den Teufel,

Übergabe des Lebens an Satan, Mord und Selbstmord, Verfluchung von Gott und Christus, moralische Exzesse und sexuelle Perversion sind der Inhalt dieser hypnotischen Botschaften der Rockmusik. Jugendliche hören im Durchschnitt sieben bis acht Stunden täglich Rockmusik.

Die ‚Rolling Stones' gehörten einer Teufelssekte der Gegend von San Diego an und verbreiten in einigen Titeln den Teufelskult. ‚Garry Funkell' produziert Rockmusik mit dem Ziel, die Jugend in den Satanismus zu führen. Alice Cooper bekannte ganz offen: „In einer spiritistischen Sitzung versprach mir der Geist den Ruhm, die Weltherrschaft durch die Rockmusik und Reichtum in Überfluss. So bin ich weltbekannt geworden. Er verlangte dafür meinen Körper".

Ritchie Blackmore gibt offen zu, dass er spiritistische Sitzungen abhält und dass er während seiner Konzerte mit seinem Astralleib durch den Konzertsaal schwebt. Seine Lieder haben okkulte Texte, und seine Konzerte wirken wie eine Satansmesse.

David Bowie, einer der erfolgreichsten Rock-Stars, erklärte: „Rockmusik war immer die Musik des Teufels. Du kannst mich nicht davon überzeugen, dass sie das nicht ist".

Die Massenwirkung der esoterischen Techno-Musik gipfelt in der ‚Love-Parade', wobei allein in Berlin fast eine Million begeisterter Anhänger in sexuelle Exzesse ausarten. Unbegreiflich ist es, dass auch die Behörden dies dulden, ähnlich wie bei der Parade der Homosexuellen und Lesben in Berlin, angeführt von dem schwulen Bürgermeister und vom Bundestagspräsidenten und der Umweltministerin. Auch der Bundeskanzler nannte dieses Fest der entarteten Sexmanie „ein Fest für uns alle".

Es ist unbegreiflich, dass auch der Bundesgerichtshof die Homosexuellen und Lesben in Schutz genommen hat, obwohl wissenschaftlich nachgewiesen ist, dass es keine angeborene Homosexualität gibt, sondern dass es sich dabei immer um eine erworbene Abirrung von der von Gott geschaffenen Geschlechterordnung handelt. Homosexuelle bringen keine Kinder zur Welt und werden damit zu Totengräbern der deutschen Bevölkerung. Sie kämpfen auch gegen den „Kategorischen Imperativ" Immanuel Kants und verlieren damit eindeutig ihre Qualifikation zu Führungsaufgaben im deutschen Volk.

Ebenso unfassbar ist es auch, dass die evangelische Kirche Homosexuelle und Lesben in der Kirche nicht nur duldet, selbst im Pfarramt, sondern sogar segnet. Die Ordnung im Alten Testament zeigt deutlich, dass Homosexuelle gesteinigt wurden. Die Städte Sodom und Gomorra wurden von Gott zerstört, weil sie von der Homosexualität nicht lassen wollten und die ganze Bevölkerung beherrschten.

Als Folge des Abfalls von Gott werden im Neuen Testament Homosexuelle als Sünder gebrandmarkt, die vom Reich Gottes ausgeschlossen werden, falls sie sich nicht zu Christus bekehren und sich von ihrer Perversion heilen lassen. Als wunderbare Hoffnung wird ihnen jedoch gezeigt, dass viele Christen der ersten Zeit durch Christus von ihrer unnatürlichen Sucht befreit wurden, wovon der Korintherbrief deutlich berichtet. (1.Kor. 5,11-13. 6,9-11) Heute haben viele, die es mit dem Christentum ernst meinen, diese Befreiung durch Christus selbst erlebt.

Die Anerkennung der unchristlichen Homosexualität in der Kirche hat viele Kirchen gespalten. Ein Mobbing gegen solche Pfarrer, die noch für die biblische Wahrheit eintreten, hat sie aus ihrem Amt vertrieben mit Billigung der Kirchenleitungen. Es wird ihnen vorgeworfen, dass sie „nicht versöhnungsbereit“ und damit für das Predigtamt untauglich geworden seien. Der Einzelne kann sich gegen diese Diffamierung nicht wehren. Gegen Mobbing gibt es kein Mittel als nur die Distanzierung.[21]

Die Homosexualität und die Promiskuität, der Geschlechtsverkehr mit häufig wechselnden Partnern, hat heute Tausenden den Tod gebracht durch die Übertragung des HIV-Virus. Selbst Kondome können das Aids-Virus nicht sicher abhalten, es ist 30mal kleiner als ein Spermium, nur 0,1-0,3 Mikron groß. Die Undichtigkeiten in Kondomen beträgt 1-5 Mikron, sie wirken also wie ein

---

[21] Volker u. Martina Kessler, Die Machtfalle – Machtmenschen in der Gemeinde, Gießen-Basel 2001.

grobes Sieb, das Spermien, aber nicht alle Aids-Viren ausfiltert. Aids nimmt immer mehr zu, denn nicht nur Spermien, sondern auch Tränen, Speichel, Harn, Scheidenabsonderungen, Muttermilch und Fruchtwasser übertragen die tödliche Krankheit. Treue statt Kondome, heißt die Rettung. Die christliche Sittlichkeit, welche die Sexualität auf die Ehe beschränkt, ist der beste Schutz.

Die Hauptursache für Probleme in der Ehe, so hatte es Martin Luther im Epheserbrief übersetzt, ist die mangelnde Bereitschaft zu dienen und sich einander unterzuordnen. Christus kam auf die Erde, um zu dienen. Treue ihm gegenüber zeigt sich in der Haltung, dem Ehepartner zu dienen. Es ist eine gottgegebene Aufgabe gerade diesem Partner in Treue zu dienen, trotz bestehender Unvollkommenheiten, die unbestritten auf beiden Seiten zu finden sind. Es geht hier um eine Abkehr vom Egoismus, dem ja Menschen und Umstände dienen müssen. In Wirklichkeit ist es Herrschsucht, das Gegenteil von der Aufgabe zu dienen und nicht zu herrschen. Diese Demut oder Dienemut erfordert bei vielen eine radikale innere Umstellung, sie wird jedoch durch die Wiederherstellung und Erhaltung einer guten Ehe belohnt.

In den Kirchen und christlichen Gemeinschaften hat die sogenannte christliche Rockmusik Einzug gehalten. Der Ausdruck ‚christliche' Rockmusik ist ein Widerspruch in sich selbst, eine Täuschung der Zuhörer und eine Selbsttäuschung der Musiker. Die christlichen Texte ändern nichts an der zerstörerischen Art der Musik, die aufgrund wissenschaftlicher Untersuchungen und medizinischer Beobachtungen das Gehör irreparabel schädigt. Die psychologischen und moralischen Auswirkungen sind nach umfangreichen statistischen Erfahrungen so schwerwiegend, das diese Musik eindeutig ein Werk Satans ist. Christus warnt ernstlich in der Bergpredigt: „Man kann nicht zwei Herren dienen". Wer in Wahrheit Christus nachfolgen will, sollte nicht zulassen, dass Rockmusik mit christlichen Texten in Kirchen oder Gemeindesälen gespielt wird.

Durch das Anhören der Rockmusik begibt man sich bewusst unter einen dämonischen Einfluss. Schon durch den Besitz dieser

CD's, MC's und LP's stellt man sich unter die Herrschaft des Luzifer. Das beste, was man dagegen tun kann, ist Vernichtung dieser Medien. Es ist besser, sie alle ins Feuer zu werfen, als einmal später im Feuer des Jüngsten Gerichtes sein Ende zu finden.

Echte und falsche Charismatiker

Die größte religiöse Bewegung, die sich durch alle christlichen Kirchen hindurchzieht und schon 500 Millionen Menschen erfasst hat, ist die sogenannte ‚Charismatische Bewegung'. Das griechische Wort Charisma kommt aus dem Neuen Testament und bedeutet Gnadengabe, eine besondere Fähigkeit, die durch den Heiligen Geist dem gläubigen Menschen geschenkt wird zum Dienst an seinen Mitmenschen. Es werden zehn Gaben des Redens genannt und auch zehn Gaben von Aktivitäten. Unter diesen Gaben steht die Heilung, die Prophetie und die Sprachengabe heute im Mittelpunkt der Diskussion.

In großen Massenversammlungen und auch in kleineren Kreisen treten diese Gaben auf. Dabei zeigt sich Echtes und Falsches. Schon vor rund hundert Jahren hatten spiritistische Medien, unter ihnen Sir Arthur C. Doyle, vorausgesagt, dass das traditionelle Christentum durch eine Offenbarung der Geister ‚von der anderen Seite' völlig umgestaltet werden soll. Die gespaltene Christenheit wird sich zu einer ‚Weltgemeinschaft' wieder verbinden, zu einer allumfassenden ‚Religiösen Geisteseinheit' mit Einschluss aller Religionen der Welt. Dabei werden die Geister aus dem Jenseits die ganze Welt in eine neue Spiritualität hineinführen, die mächtiger sein wird als die Offenbarungen des Heiligen Geistes damals zu Pfingsten mit den Wundergaben der Heilung, der Prophetie und der Sprachengabe. Jene Ereignisse zu Pfingsten werden als bedeutungslos erblassen, wenn man sie mit dem vergleicht, was der moderne Spiritismus im Gewande des Christentums zu vollbringen bereit ist.

„Im Ansatzpunkt kann man die Anhänger der charismatischen Bewegung verstehen. Die kalten Kirchengemeinden mit ihrem traditionellen und geistlosen Betrieb können den geistlichen Hunger vieler Christen nicht befriedigen. Wenn dieser Hunger und dieses Suchen in biblischen Bahnen geblieben wäre, hätte die charismatische Bewegung der Christenheit Segen gebracht. So aber mündete diese sogenannte charismatische Strömung in ein breites Becken religiös-suggestiver, hysterischer, hypnotischer und okkulter Krafterweisungen und Verirrungen ein. Die Pseudo-Charismatiker sind die Elite, die Avantgarde Satans, der mit ihnen den besten Kern der Gemeinde Jesu angreifen will... Warum befinden sich echte Christen auch in den pseudocharismatischen Reihen? Es geht ihnen die Gabe der Geisterunterscheidung ab, sonst würden sie dieses Lager verlassen. Es ist eine allgemeine Erfahrung, dass in den Kreisen, in denen am meisten von den Geistesgaben gesprochen wird, sie am wenigsten zu finden sind".

„Mark war Christ und gehörte einer geistlich toten Gemeinde an, wie er meinte. Er wechselte darum in eine Pfingstgemeinde über. Dort betete man mit ihm unter Handauflegung, und er erlebte das, was man in Amerika ‚Slain in the Spirit' (erschlagen im Geist) nennt. Er lag in einer Art Trance am Boden. Als er wieder sein Bewusstsein erlangte, pries und lobte er unablässig Jesus. Er betete von dieser Zeit an auch in Zungen. Nach einer seelsorgerlichen Beratung war Mark zu einer Prüfung der Geister bereit. Der Zungengeist gab sich daraufhin als Dominogaio aus. Auf das Gebieten im Namen des Herrn Jesu Christi hin erklärte Dominogaio, er sei in Mark eingedrungen, als er als ‚ein Erschlagener im Geist' am Boden lag. Seine Aufgabe, vom Satan gegeben, sei, Mark zu täuschen, seinen Glauben zu ruinieren und ihn zu einem Nachfolger Satans zu machen. Ich gebot ihm im Namen des Herrn Jesu Christi, Mark zu verlassen und in den Abgrund zu fahren. Mark kam aber immer noch nicht zur Ruhe, darum fragte ich:

‚Ist noch ein Dämon da?' Die Antwort kam:

‚Ja, Jesus.'

‚Was für ein Jesus?' forschte ich weiter.

‚Jesus des Teufels.' ,

‚Was ist deine Aufgabe?'

‚Ihn zu täuschen und Gott die Ehre zu nehmen.‘

‚Wann bist du in Mark eingedrungen?‘

‚Als er im Geist erschlagen war.’

Auch dieser Geist hatte im Namen und der Autorität des Herrn Jesu Christi aufzugeben. Wir sehen hier erneut, dass Dämonen sich auch als Jesus ausgeben. Ferner wird hier deutlich, dass die angebliche Geistestaufe in der charismatischen Bewegung gewöhnlich das Einfallstor der Dämonen ist. Die Erfahrungen mit der sogenannten charismatischen Bewegung lehren uns, mehr denn je um die Gabe der Geisterunterscheidung zu bitten und uns im Glauben und Gehorsam vom Worte Gottes und vom Heiligen Geist in alle Wahrheit leiten zu lassen“.[22]

In der charismatischen Bewegung wird besonders die Gabe der Zungenrede betont. Man versteht darunter ekstatische unverständliche Laute, die schnell und laut ausgestoßen werden, und die niemand versteht. Dieses babylonische Kauderwelsch findet sich auch in anderen nichtchristlichen Religionen und wird als Beweis eines höheren innewohnenden Geistes angesehen. Die biblische Zungenrede zu Pfingsten vor 2000 Jahren war jedoch von anderer Art. In Jerusalem waren Menschen aus allen Nationen zum Fest versammelt, die insgesamt 16 verschiedene Sprachen redeten. Darum gab der Heilige Geist den Aposteln die Sprachengabe, dass sie in diesen 16 Sprachen die frohe Botschaft von der Auferstehung Christi predigen konnten. Das war kein ekstatisches Gestammel sondern richtige, verständliche Fremdsprache.

„Es gibt einen Bericht über das Ergebnis einer Prüfung von Zungenrednern, die sich freiwillig einem Test unterzogen, weil sie der aufrichtigen Meinung waren, unter der Wirkung des Geistes Gottes zu reden. Bei über 90 % der Geprüften ergab sich die eindeutige Feststellung des dämonischen Ursprungs ihrer Begabung. Selbst der Rest von 5 bis 8 % konnte nicht als göttlich-geistlich erwiesen werden, da er auf mentale Kräfte im psychischen Bereich schließen ließ“.

---

[22] K. Koch, Okkultes ABC, Basel, S. 79. 80. 84.

„Es muss festgestellt werden, dass die meisten Zungenredner unter einem gewissen Zwang stehen, dem sie nicht widerstehen können, und das ist gerade nicht das Merkmal des Heiligen Geistes, sondern eines unheiligen Geistes. Satan zwingt und führt in Knechtschaft".

Wenn man die Gaben der Heilung und der Prophetie unter den Charismatikern prüft, kommt man zu demselben Ergebnis. Diese Gaben werden nicht durch den Heiligen Geist, sondern durch Dämonen bewirkt.

Von den zwanzig verschiedenen Gaben des Heiligen Geistes werden von den Charismatikern nur drei oder vier betont, die anderen aber nicht beachtet, am wenigsten die Gabe der Geisterunterscheidung, durch die man erkennen kann, ob hier Dämonen oder der Geist Gottes am Wirken sind. Die größte Gabe, die alle anderen übertrifft, ist die Gabe der Liebe, denn (Röm. 5,5). „*die Liebe Gottes ist ausgegossen in unser Herz durch den Heiligen Geist, der uns gegeben ist*" Liebe kennt keinen Zwang und keine Unwahrheit, aber gerade hier mangelt es bei den Pseudo-Charismatikern, wie oben ausgeführt wurde.

Echte geistliche Gaben zeigen sich heute in reichem Masse, z.B. in der größten protestantischen Mission, der Missionsgesellschaft der Siebenten-Tags-Adventisten mit ihren vierzehn Millionen Gläubigen in der ganzen Welt. Heilung steht bei ihnen ganz vorn, in über fünfhundert Krankenhäusern und Kliniken mit fast zwanzigtausend Ärzten und Krankenschwestern, mit ärztlichen Schiffen und Flugzeugen, besonders in den Entwicklungsländern. Vorbeugende Medizin, die noch wichtiger als Heilung ist, wird in ihren Universitäten und fast sechstausend Schulen, sowie in Tausenden von Selbsthilfegruppen gelehrt. Aber auch Heilungen durch Gebet in aussichtslosen Fällen werden in großer Zahl berichtet.

Die Gabe der Prophetie findet sich ebenfalls in dieser Missionsgesellschaft. Das Buch: ‚Der große Kampf zwischen Licht und Finsternis' von E. G. White gibt einen tiefen prophetischen Einblick in die unsichtbare Welt von Engeln und Dämonen und zeigt den Weg der Menschheit in die Zukunft. In Tausenden von

Radio-und Fernsehprogrammen rings um die Erde verkündet die ‚Voice of Prophecy', die Stimme der Prophetie. Prophetische Seminare über den biblischen Propheten Daniel und das prophetische Buch der Offenbarung werden in zwanzigtausend Orten gehalten.

Die Gabe der Fremdsprachen zeigt sich in den 852 Sprachen, in denen diese Mission das Evangelium von der erlösenden Liebe Christi und seinem baldigen Kommen zur Rettung der Menschheit verkündigt. Aber auch in Notfällen, z.B. in Island, in Afrika und auf den Philippinen trat die Wundergabe der Fremdsprache auf, wie es in den Tagen der Apostel zu Pfingsten geschah.

Über allem aber steht die Gabe der Liebe, die diese Mission besonders auszeichnet. Bei Seminaren für Pastoren in der Ukraine bekannten etwa zweihundert von ihnen, dass die Liebe Gottes ihre Motivation zur Verkündigung des Evangeliums ist. Sie gewannen in einem Jahr achttausend Menschen für Christus. Im Jahr zuvor wurden allein In Kiew 3283 Menschen als Erwachsene aufgrund ihres neu gewonnenen Glaubens an Christus getauft. In Butare im Süden von Ruanda, dem Land des blutigen Bürgerkrieges, standen etwa 2000 Adventisten bei einer Vortragsreihe in einem Fussballstadium auf und erklärten ihre Bereitschaft, den Mördern ihrer Verwandten zu vergeben und für sie zu beten und zu arbeiten, damit sie für das ewige Leben gerettet werden. Diese Feindesliebe ist gewiss das größte Charisma des Heiligen Geistes.

Durch diese Liebe als Wirkung des Heiligen Geistes werden zur Zeit jeden Tag mehr als dreitausend gläubige Menschen in diese Gemeinschaft durch die Taufe Jesu aufgenommen. Alle zwei Stunden entsteht eine neue Gemeinde. Allein in einer Stadt, in Sao Paulo in Brasilien gibt es jetzt bereits mehr als tausend organisierte Adventgemeinden. In Simbabwe, so berichtet der Vizekanzler der Solusi Universität, werden im Laufe der nächsten zwei Jahrzehnte in Drittel der Bevölkerung Adventisten sein. Weltweit beträgt die jährliche Zunahme über sechs Prozent. Die Weltbevölkerung wächst mit der Geschwindigkeit von nur zwei Prozent. Statistisch gesehen wird es demnach im Jahre 2060 zehn Milliarden Menschen auf der Erde geben, davon werden fünf Milliarden

Adventisten sein. Diese Gemeinschaft rechnet aber nicht mit der Erfüllung dieser Statistiken, weil sie glauben, dass Christus noch vor dem Ende dieser Zeit wiederkommen wird, um die Welt vor dem Chaos zu retten.

Die neue Weltordnung

Wenn man an die bevorstehende Umweltkatastrophe denkt, die unaufhaltsam über die Menschheit hereinbricht, dann kann man verstehen, dass alles versucht werden muss, dies zu verhindern.

In einem ‚konziliaren Prozess' haben sich eine Reihe von Institutionen das Ziel gesetzt die Menschheit noch zu retten. ‚Friede, Gerechtigkeit und Bewahrung der Schöpfung' ist ihr Programm. Allen voran die katholische Kirche, die eine ‚Neue Weltwirtschaftsordnung' propagiert, bei der der Papst selbst führend sein will. Die protestantischen und orthodoxen Kirchen sind in der Ökumene, dem Weltkirchenrat verbunden, der in kontinentalen, nationalen und lokalen Arbeitsgemeinschaften das Ziel einer einzigen Weltreligion ansteuert, die das Ende allen Streites der Kirchen und Religionen bringen soll. Die UNO möchte die Gerechtigkeit und die Menschenrechte auf Erden verwirklicht sehen, und die Illuminaten und andere Geheimgesellschaften arbeiten mit Kräften auf die Aufrichtung einer ‚neuen Weltordnung' hin. Eine Weltwährung, ein Weltgerichtshof, eine Weltpolizei, ein Weltparlament sollen die neue Weltordnung gewährleisten. Spiritisten haben diese Weltregierung vorausgesagt, und in der charismatischen Bewegung und in der New-Age-Bewegung kommt man diesem Ziel immer näher.

Im ersten Augenblick klingen diese Ziele vielversprechend und scheinen die einzige logische Schlussfolgerung zu sein, um die Menschheit vor der kommenden Katastrophe zu bewahren. Man wird aber auch nicht übersehen können, dass diese Weltregierung auch eine Weltdiktatur sein wird. Alle, die mit der neuen Ideologie und der neuen Religion nicht einverstanden sind, werden eliminiert werden. Für sie ist kein Platz in diesem von Menschen geschaffenen ewigen Friedensreich. Alle, die durch den Glauben an Jesus Christus die Wiedergeburt erlebt haben und auf die baldige Wiederkunft Christ zur Aufrichtung des ewigen Gottesreiches aufgrund der biblischen Prophetie warten, werden als Feinde der ‚Neuen Weltordnung' verfolgt werden.

Alle totalen Diktaturen in der Geschichte der Menschheit werden durch diese neue globale Diktatur an Umfang und Härte übertroffen werden.

Die letzte Täuschung der Erde

In der Prophetie der Bibel sagt Christus voraus: *„Wenn dann einer zu euch sagt: ‚Seht her, hier ist Christus!' oder: ‚Dort ist er!' – glaubt ihm nicht... Wenn also die Leute sagen: ‚Draußen in der Wüste ist er', dann geht nicht hinaus! Oder wenn sie sagen: ‚Er ist hier und hält sich in einem Haus verborgen', dann glaubt ihnen nicht! Denn der Menschensohn wird plötzlich und für alle sichtbar kommen, wie ein Blitz, der von Ost nach West über den Himmel zuckt" (Mat. 24,23.26.27).*

„Ihr habt mein Wort beherzigt, mit dem ich euch zum Durchhalten aufrief. Darum werde ich euch in der Zeit der Versuchung bewahren, die bald über die ganze Erde kommen und alle Menschen auf die Probe stellen wird. Ich bin schon auf dem Weg. Haltet fest, was ihr habt, sonst bekommen andere den Siegeskranz!" (Offb. 3,10.11)

„Als krönende Tat in dem großen Drama der Täuschung wird sich Satan als Christus ausgeben. Die Kirche hat lange Zeit bekannt, auf die Ankunft des Heilandes, das Ziel ihrer Hoffnung, zu warten. Nun wird der große Betrüger den Anschein erwecken, dass Christus gekommen sei. In verschiedenen Teilen der Erde wird sich Satan unter den Menschen als ein majestätisches Wesen von verwirrendem Glanz offenbaren, das der von Johannes in der Offenbarung gegebenen Beschreibung des Sohnes Gottes gleicht. Die

Herrlichkeit, die ihn umgibt, ist unübertroffen von allem, was sterbliche Augen je gesehen haben. Es ertönt der Jubelruf: ‚Christus ist gekommen! Christus ist gekommen!' Das Volk wirft sich anbetend vor ihm nieder, während er seine Hände erhebt und es segnet, wie Christus seine Jünger segnete, da er auf Erden lebte. Seine Stimme ist weich und gedämpft, doch voller Wohlklang. In mildem, bemitleidendem Ton bringt er einige derselben gnadenreichen himmlischen Wahrheiten vor, die der Heiland einst aussprach; er heilt die Gebrechen des Volkes, behauptet dann in seinem angemaßten Charakter Christi, dass er den Sabbat in den Sonntag verändert habe, und gebietet allen, den Tag, auf dem sein Segen ruhe, zu heiligen. Er erklärt, dass alle, die bei der Feier des siebenten Tages bleiben, seinen Namen lästern, da sie sich weigern, auf seine Engel zu hören, die er mit Licht und Wahrheit zu ihnen sandte. Das ist die starke, beinahe überwältigende Täuschung. Gottes Volk wird nicht irregeleitet werden. Die Lehren dieses falschen Christus stimmen nicht mit der Bibel überein".[23]

---

[23] E. G. White, Der Große Kampf, Hamburg, S. 624.

EINE WELTWEITE RELIGIÖSE IRREFÜHRUNG

Übernatürliche Marienerscheinungen in aller Welt

Maria wird als „die auserwählte Prophetin unseres Jahrhunderts“ bezeichnet. Es wird von einer ganzen Sintflut von Marienerscheinungen gesprochen Es sind in der Tat fast tausend übernatürliche Manifestationen, wobei die Visionäre davon überzeugt sind, dass ihnen Maria erschienen sei. Das sind durchwegs sogenannte „private Offenbarungen“.

Thomas von Aquin (1224-1274) schrieb schon in seinem Werk „Summa Theologica“, das großen Einfluss auf die katholische und auch protestantische Lehre hatte, dass in allen Jahrhunderten besondere Menschen die Gabe der Prophetie, den Geist der Weissagung besaßen. Es handelt sich dabei um private Prophetie, wobei jedoch niemand verpflichtet ist, diese privaten Offenbarungen zu akzeptieren. Die Kirche stellt es also jedem frei, daran zu glauben oder auch nicht daran zu glauben, je nachdem, ob man sie für wahr oder für nicht wahr hält. Jeder hat das Recht und auch die Pflicht, diese Erscheinungen zu prüfen. Aus den vielen hundert Marienerscheinungen sind hier die wichtigsten ausgewählt, und zwar in der Reihenfolge von ‚Jahr‘, ‚Ort‘ und der Person des ‚Visionärs‘.

1846 La Salette, Frankreich, Melanie Calvat, Maximin Giraud
1858 Lourdes, Frankreich, Bernadette Soubirous
1871 Pontmain, Frankreich, Eugene und Joseph Barbadette
1879 Knock, Irland, Fünfzehn Personen
1904 Polen, Pater Maximilian Kolbe
1917 Fatima, Portugal, Die Kinder Lucia, Francesco, Jacinta
1932 Beurain, Belgien, Die Kinder Voisin, Degeimbre
1932 Banneux, Belgien, Mariette Beco
1937 Polen, Ordensschwester Faustina
1940 Ungarn, Marie Natalia
1945 Zagreb, Jugoslavien, Julka

1945 Amsterdam, Holland, Ida Perleman
1947 Marienried, Deutschland, Barbara Reuss
1947 Tre Fontane, Italien, Bruno Cornacchiola
1953 Sabana Grande, Puerto Riko, Drei Kinder
1954 Seredne, Ukraine, Anna Hanya
1954 Fostoria, Ohio, USA, Mildred Mary
1961 Garabandal, Spanien, Vier Kinder
1963 Vietnam, Rosa Maria
1968 Zeitoun, Ägypten, Mehrere Hunderttausend
1972 Mailand, Italien, Pater Stefano Gobbi
1973 Akita, Japan, Agnes Sasagawa
1974 Canada, Pater Joseph Francis
1976 Betania, Venezuela, Maria Esperanza u.a.
1980 Cuapa, Nikaragua, Bernardo Martinez
1980 Taiwan, Fünf Personen
1981 Kibeho, Ruanda, Afrika, Sieben Kinder
1981 Medjugorje, Jugoslawien, Sechs Kinder
1982 Eisenberg, Österreich, Aloisia Lex
1982 Damaskus, Syrien, Mirna Nazzour
1985 Schweiz, Vassula Ryden
1985 Surrey, England, Patricia
1990 Melbourne, Australien, Josefina Maria
1991 Mossul, Irak, Dina

Das ist nur eine kleine Auswahl aus einer Flut von fast tausend sogenannter Erscheinungen in fast allen Ländern der Erde.

An diese Erscheinungen kann man glauben oder auch nicht glauben. Maria wird immer wieder als die Prophetin der Endzeit genannt, die Königin der Propheten. Christus ruft uns auf zu prüfen: *„Hütet euch vor den falschen Propheten! Sie sehen zwar aus wie Schafe, die zur Herde gehören, in Wirklichkeit sind sie Wölfe, die auf Raub aus sind. Ihr erkennt sie an dem, was sie tun... An ihren Früchten also könnt ihr die falschen Propheten erkennen. Nicht jeder, der ständig „Herr" zu mir sagt, wird in Gottes neue Welt kommen, sondern der, der auch tut, was mein Vater im Himmel will.*

Am Tage des Gerichtes werden viele zu mir sagen: ‚Herr, Herr! In deinem Namen haben wir Weisungen Gottes verkündet (Im Griechischen: Prophetisch gesprochen), in deinem Namen haben wir böse Geister ausgetrieben und viele Wunder getan.‘ Und trotzdem werde ich das Urteil sprechen: ‚Ich habe euch nie gekannt. Ihr habt versäumt, nach Gottes Willen zu leben (Im Griechischen, seine Gebote zu halten); fort mit euch!‘ “ (Mat. 7,15-23)

„Zahlreiche falsche Propheten werden auftreten und viele von euch irreführen“. „Wenn dann einer zu euch sagt: ‚Seht her, hier ist Christus!‘ oder: ‚Dort ist er!‘ – glaubt ihm nicht. Denn mancher falsche Christus und mancher falsche Prophet wird auftreten. Sie werden sich durch große Wundertaten ausweisen, so dass sogar die von Gott Erwählten getäuscht werden könnten“ (Mat. 24,24). Darum ruft der Apostel Paulus auf: „Prüfet aber alles!“ (1.Thess. 5,21) Und Johannes warnt: „Meine lieben Freunde, glaubt nicht allen, die vorgeben den Geist zu besitzen! Prüft sie, um herauszufinden, ob ihr Geist von Gott kommt. Denn diese Welt ist voll von falschen Propheten“ (1.Joh. 4,1).

Wir haben also die Pflicht, diese Marienerscheinungen zu prüfen. Ist die Maria, die den verschiedenen Visionären erscheint und sich als Prophetin ausgibt, eine echte oder eine falsche Prophetin?

Die Marienerscheinungen auf dem Prüfstand

Es wäre vermessen, die Visionäre mit ihren Erscheinungen sofort als Betrüger zu bezeichnen. Aber wir müssen sie fragen, ob sie ihre Erlebnisse geprüft haben, wie Jesus es uns empfohlen hat. Christus sagte voraus, dass diese Verführungen so täuschend ähnlich sind wie die Wahrheit, dass so gar seine Diener, die er erwählt hat, irregeführt werden können. *„Satan verstellt sich als Engel des Lichtes“* (2.Kor. 11,14). Er gibt sich sogar als Christus selbst aus, und Menschen meinen, Christus sei ihnen erschienen. In sogenannten Totenerscheinungen lässt er seine Dämonen als Propheten auftreten. Kann er auch als Maria erscheinen? Sie ist ja gestorben und wurde ins Grab gelegt, das sich in der heutigen Türkei in Ephesus befindet. Ist es möglich, dass die abgefallenen Engel, die die Welt heute als Außerirdische und Planetarier in der Ufologie täuschen, auch die Maria so täuschend ähnlich nachahmen, dass die Menschen glauben, es wäre die echte Maria?

Christus besiegte Satan mit dem Wort der heiligen Schrift. Als der Feind ihn versuchte, sagte Christus bei allen drei Versuchungen: *„Es steht geschrieben!“* Das Wort Gottes allein hat die Kraft, den Feind in die Flucht zu schlagen. Deshalb nennt der Apostel Paulus es ‚das Schwert des Geistes‘, mit dem wir die betrügerischen Geister entlarven können (Eph. 6,10-17).

Eine Dame im Rheinland hatte die Bibel kennen gelernt. Sie saß gerade in ihrer Küche und las in der Bibel. Plötzlich war ein helles Licht im Raum, und in dem Licht sah sie eine wunderschöne junge Frau, in hellblau gekleidet. Sie lächelte ihr zu und sagte in milder, freundlicher Stimme:

„Ich bin die heilige Jungfrau und bin gekommen, um dich vom Weg des Irrtums abzuhalten. Knie nieder, meine Tochter, ich will dich segnen und dir eine Botschaft des Heilandes bringen“.

Diese Frau jedoch wusste bereits von der betrügerischen Macht der Dämonen und den religiösen Täuschungen unserer Zeit, wie es die Bibel vorausgesagt hatte. Sie glaubte der schönen Jungfrau nicht, dass sie Maria sei. Dann tat sie etwas, was das einzige Mittel ist, wie man die täuschenden Dämonen stets enttarnen kann. Sie sagte: „Ich gebiete dir im Namen Jesus Christus, sage mir , wer du wirklich bist!“

Sie stellte sich damit unter die schützende Macht des Herrn Christus, der uns versprochen hat, bei uns zu sein, alle Tage, bis an der Welt Ende. Wenn wir uns an ihn wenden und ihn um Hilfe bitten, ist er mit seiner unsichtbaren Gegenwart bei uns. In diesem Augenblick sind die Dämonen ohne Macht und sind gezwungen, die Wahrheit zu bekennen.

Plötzlich verwandelte sich die wunderschöne Jungfrau in einen grässlichen, fluchenden Dämon, raste an ihr vorbei, gab ihr einen Stoss, an dem sie noch lange zu leiden hatte, und verschwand.

Ich konnte diese Dame selbst nicht mehr kennen lernen, aber ein Kollege von mir hat sie gut gekannt und mir diesen Vorfall berichtet. In einem weiteren Fall habe ich mich selbst um eine authentische Information bemühen können. Es handelt sich um Bruno Cornacchiola, dessen Name in der obigen Liste der Erscheinungen genannt ist.

Bruno hatte in der Adventgemeinde in Rom in der Kapelle Via Trieste 23 am Tiberufer in der Nähe des Vatikans die Bibel kennen gelernt. Er war Kommunist, wollte aber die Wahrheit des Christentums an der Quelle erfahren. Er besuchte dort die Gottesdienste und erhielt auch eine Bibel, die er eifrig studierte.

An einem Sonntagmorgen machte er mit seinen beiden Kindern einen Ausflug in den Wald von Trefontane am Rand von Rom. Seine Kinder spielten im Wald, und er saß unter einem Baum und las in seiner Bibel. Plötzlich hatten seine Kinder in einer Grotte die gleiche Marienerscheinung wie jene Dame im Rheinland. Bruno ließ sich durch diese Erscheinung täuschen. Er kniete vor der schönen Jungfrau, die ihm erklärte, dass sie gekommen sei, um ihn vor dem Weg des Irrtums zu bewahren. Sie gab ihm Prophezeiungen, die genau eintrafen. In der Grotte geschahen von nun an Wunderheilungen an Kranken, sie wurde zu einem Wallfahrtsort.

Bruno hatte fortan viel Erfolg und wurde auch Spitzenkandidat in einer politischen, christlichen Partei. Seine Bibel war für ihn bedeutungslos geworden. Er hatte die Erscheinung nicht geprüft, wie Christus uns befohlen hatte. Christus hatte uns gewarnt, dass die Dämonen in seinem Namen sogar Wunderheilungen vollbringen und die Teufel austreiben werden. Alles erfüllte sich nun auch hier im Leben von Bruno Cornacchiola. Mit ihm wurden viele Tausende getäuscht, die leichtgläubig und wundergläubig, aber nicht wirklich Christusgläubig waren. Sie haben sich auf ihre Sinne und ihre Vernunft, aber nicht auf das Wort Gottes verlassen, auf menschliche Kraft und nicht auf Gottes Macht.

Der Maßstab der Zehn Gebote

Christus hatte in der Bergpredigt erklärt, dass am jüngsten Tage viele, also nicht wenige, auftreten werden, ihn Christus und Herr nennen und beanspruchen, dass er sie für sein ewiges Reich annehme. Als Begründung geben sie nicht die Gnade Christi, sondern ihre eigenen guten Werke an: „Haben wir nicht in deinem Namen prophetisch gesprochen, die Kranken geheilt und Teufel ausgetrieben?" Aber Christus spricht das Urteil über sie: „Ich habe euch nie gekannt!" (Mat. 7,21-23) Er sagt ihnen auch warum: „Ihr habt meine Gebote nicht gehalten (Im Griechischen ANOMIA, die Übertretung des Gesetzes)".

Die Zehn Gebote sind ein Ausdruck der Liebe Gottes und deshalb unwandelbar und immer gültig. (Röm. 13,8-10. 1.Joh. 5,3. Joh. 14,21) Deshalb erklärte Christus: „Eher werden Himmel und Erde vergehen, als dass auch nur ein i-Punkt im Gesetz ungültig wird" (Luk. 16,17). Wir lesen darum die ganzen, unveränderten Zehn Gebote, wie sie in Exodus/ 2.Mose 20,1-17 stehen:

„Und Gott redete alle diese Worte: Ich bin der Herr, dein Gott, der dich aus Ägyptenland, aus dem Diensthause geführt habe. Du sollst keine anderen Götter neben mir haben. Du sollst dir kein Bildnis noch irgend ein Gleichnis machen, weder des, das oben im Himmel, noch des, das unten auf Erden, oder des, das im Wasser unter der Erde ist. Bete sie nicht an und diene ihnen nicht. Denn ich, der Herr, dein Gott, bin ein eifriger Gott, der da heimsucht der Väter Missetat an den Kindern bis in das dritte und vierte Glied, die mich hassen; und tue Barmherzigkeit an vielen Tausenden, die mich liebhaben und meine Gebote halten. Du sollst den Namen des Herrn, deines Gottes, nicht missbrauchen; denn der Herr wird den nicht ungestraft lassen, der seinen Namen missbraucht. Gedenke des Sabbattages, dass du ihn heiligest. Sechs Tage sollst du arbeiten und alle deine Dinge beschicken; aber am siebenten Tage ist der Sabbat des Herrn, deines Gottes, da sollst du kein Werk tun noch dein Sohn noch deine Tochter noch dein Knecht noch deine Magd noch der Fremdling, der in deinen Toren ist.

Denn in sechs Tagen hat der Herr Himmel und Erde gemacht und das Meer und alles, was darinnen ist, und ruhte am siebenten Tage. Darum segnete der Herr den Sabbattag und heiligte ihn.

Du sollst deinen Vater und deine Mutter ehren, auf dass du lange lebest in dem Lande, das dir der Herr, dein Gott, gibt. Du sollst nicht töten. Du sollst nicht ehebrechen. Du sollst nicht stehlen. Du sollst kein falsch Zeugnis reden wider deinen Nächsten. Lass dich nicht gelüsten deines Nächsten Hauses. Lass dich nicht gelüsten deines Nächsten Weibes, noch seines Knechtes noch seiner Magd, noch seines Ochsen noch seines Esels, noch alles, was dein Nächster hat.“

Das vierte Gebot vom Sabbattag schenkt uns das Ausruhen von aller Arbeit und bedeutet körperliche, seelische und geistige Erholung. Gleichzeitig hat es auch eine religiöse Bedeutung, es ist eine Feier der Erschaffung der Welt durch Christus als Schöpfer. Es erinnert auch an das Ruhen Christi am siebenten Tag im Grab nach seinem Opfertod am Kreuz. Er starb für uns am Freitag, ruhte am Sabbat im Grab und stand am ersten Tag der Woche von den Toten auf (Luk. 23,54-56. 24,1-6). Wenn wir Christus durch die Bekehrung und Wiedergeburt in unser Herz aufnehmen, hält er alle Zehn Gebote in uns und durch uns, einschließlich des Sabbattages. Wenn wir den Sabbat oder eines seiner anderen Gebote nicht halten, schließen wir ihn aus unserem Herzen wieder aus.

Hier liegt der Prüfstein für die Beurteilung der sogenannten Marienerscheinungen. Wenn wir die Aussagen dieser Erscheinungen insgesamt betrachten, (siehe Flynn,a.a.O.) dann fällt uns auf, dass die Zehn Gebote kaum oder gar nicht erwähnt werden. Wir finden im Gegenteil, dass die Zehn Gebote einmal verändert worden sind. Damit erfüllte sich die Prophezeiung in Dan. 7,25, wo vorausgesagt wird, dass das Gesetz und darin die Zeit von Menschen in frevelhafter Weise verändert werden wird. Die Marienerscheinung in Lubbock in Texas am 1.August 1988,bestätigt diese Veränderung, da angeblich Gott durch Maria spricht: „Ich, Gott der Herr, schaffe von neuem… einen neuen Sabbat. Der alte soll vergehen…“ Wir erfahren weiter, dass wir nicht mehr unter dem Gesetz des Alten Testamentes leben und jetzt den Sonntag feiern. Der Sonntag war der Feiertag des Sonnengottes des Mythraskultes im alten Rom und wurde durch den heidnischen Kaiser Konstantin durch ein Gesetz am 7.März 321 der Kirche aufgezwungen.

Nicht ein einziges Mal steht das Wort Sonntag in der Bibel, die Heilige Schrift redet vom ersten bis zum letzten Blatt nur vom Sabbat, der dem Herrn Jesus Christus gehört. Es ist der Samstag, der siebente Tag der Woche. Hinter der Sonnenanbetung stand immer Luzifer, jetzt lässt er durch die falschen Marienerscheinungen seine Gesetzesänderung sozusagen durch Wunder legitimieren (1.Kor. 10,20-22. Hesekiel 8,16. 2.Kön. 23,5. 11. Jeremia 7,8-10. 18. Hier wird Astarte, die Frau des Sonnengottes Baal als Königin des Himmels bezeichnet).

Marienkult als Ersatz für Christus

Die heilige Schrift zeigt uns, dass Maria eine feine, gläubige und fromme Frau war, ein Vorbild für alle Frauen. Sie war die irdische Mutter Jesu, aber nicht die sogenannte Gottesmutter, weil sie ein sterblicher Mensch war. Nach dem Tod Jesu hatte sie bei Johannes in Ephesus gelebt und ist dort auch gestorben und begraben worden. Sie glaubte fest an die Worte Jesu in Joh. 5,28.29:

„Es kommt die Stunde, in welcher alle, die in den Gräbern sind, werden seine Stimme hören und werden hervorgehen, die da Gutes getan haben, zur Auferstehung des Lebens, die aber Übles getan haben, zur Auferstehung des Gerichts." ... „Gott will von mir, dass ich keinen von denen verliere, die er mir gegeben hat. Vielmehr soll ich sie alle am letzten Tag zum Leben erwecken. Mein Vater will, dass alle, die den Sohn sehen und sich auf ihn verlassen, ewig leben. Ich werde sie am letzten Tag vom Tod erwecken... Nur der kann zu mir kommen, den der Vater, der mich gesandt hat, zu mir führt. Und ich werde jeden, der zu mir kommt, am letzten Tag vom Tod erwecken... ich werde ihn am letzten Tag zum Leben erwecken" (Joh. 6, 39.40.44.54).

Das Konzil in Ephesus im Jahre 431 fand an dem Ort statt, wo Diana oder Astarte als Göttin der Fruchtbarkeit verehrt wurde. Man ersetzte sie nun durch Maria mit dem Jesuskind auf dem Arm. So entstand der Marienkult, und zwar ohne die Heilige Schrift und auch direkt gegen sie. „Die Lehren über unsere lb. Frau sind nicht ausdrücklich in der Heiligen Schrift gelehrt, sondern sind durch die heilige Tradition auf uns gekommen".

Wer jedoch dem großen Versucher ohne die Heilige Schrift, die das Schwert des Geistes ist, begegnet, wird von ihm auf listige Weise getäuscht und überwunden. Vor dieser Irreführung hatte Christus uns deutlich gewarnt, aber viele haben seine Worte vergessen.

Es ist nicht zu übersehen, dass der Marienkult die Liebe zu Christus verdrängt. Christus wurde oft fälschlich als der strenge Weltenrichter dargestellt, den nur seine Mutter für uns günstig stimmen kann. Man vergisst dabei die so liebevolle und freundliche Einladung Jesu an jeden, der Kummer hat: *„Kommet her zu mir alle, die ihr mühselig und beladen seid, ich will euch erquikken. Nehmet auf euch mein Joch, und lernet von mir, denn ich bin sanftmütig und von Herzen demütig; so werdet ihr Ruhe finden für eure Seelen" (Mat. 11,28.29).*

Die folgenden Aussagen richten sich direkt gegen die Worte Jesu und verraten daher ihren wahren Ursprung:

Am 22.November 1992 sagte die Erscheinung der Maria zu Pater Gobbi, dass sie, Maria, die Prophetin der letzten Tage der Erde sei. Weitere Titel sind nach dieser Unterhaltung: „Die Unbefleckte Empfängnis, Die Mutter der Kirche, Die Neue Eva, Die Königin des Himmels und der Erde, Die Königin des Friedens, Die Himmelfahrt, Die Königin des Rosenkranzes, Die Königin und Mutter der Familie, Die Mit-Erlöserin, Die Mittlerin zwischen Gott und Menschen, und schließlich Parakleitos", was im Neuen Testament ein Name des Heiligen Geistes ist. In anderen Erscheinungen nennt sie sich: „Die vollkommen Reine und Sündlose", ferner „Die Mittlerin der Gnade", die die Welt vorbereitet für das dicht bevorstehende zweite Kommen Christi, seine Wiederkunft. **„**Ich bin die

Mutter des zweiten Kommens Jesu, ich bereite euch vor für sein Kommen".

Worte, die sich nur und ausschließlich auf Christus beziehen, werden durch diese gefälschten Marienerscheinungen auf die sogenannte Maria übertragen. Christus wird verdrängt und die angebliche Maria emporgehoben:

Jesus ist der einzige Mittler zwischen Gott und den Menschen (1.Tim. 2,5).Nun wird Maria als die Mittlerin zwischen Gott und Menschen bezeichnet.

Christus ist der einzige, der uns erlöst, es gibt keinen anderen: (Apg. 4,12) Jetzt wendet man sich an Maria als Miterlöserin.

Christus ist der König der Könige und Herr aller Herren: (Offenb. 19,16). Hier aber wird Maria die Königin des Himmels und der Erde genannt.

Christus allein ist ohne Sünde, kein anderer: (Heb. 7,26.27. Röm. 3,10-12). Maria bezeichnet sich nun selbst als die vollkommen Reine und Sündlose.

Die Gnade und Wahrheit ist allein durch Christus gekommen: (Joh. 1,16.17) Hier wird Maria die Mittlerin der Gnade genannt, obwohl sie Gnade braucht. In Luk. 1,30 verkündet ihr der Engel, dass sie bei Gott Gnade gefunden hat. Sie benötigt selbst Gnade und Vergebung und kann keine Gnade von sich aus geben.

Christus ist der gute Hirte, es wird eine Herde unter einem Hirten sein (Joh. 10). Maria aber wird in der Vision vom 31. Mai 1976 in Zagreb zugeschrieben, dass die kleine Herde (Luk. 12,32) „das Königreich meiner allerheiligsten Mutter sein wird".

Christus soll nach Genesis/1.Mose 3,15 der Schlange den Kopf zertreten. Der Nonne Natalia in Ungarn erschien Maria mit der Botschaft Jesu einer neuen Welt und eines New Age, wo die Menschheit das zurückerhalten wird, was sie im Paradies verloren hatte. „Dann wird meine Unbefleckte Mutter der Schlange den Kopf zertreten und die Pforten der Hölle werden sich schließen".

Christus sprach, dass er die Tür zu den Schafen sei, und niemand zu Gott kommt außer durch ihn. (Joh. 10, 7-11. 14,6) Durch die Marienerscheinung wird beansprucht: „Maria ist das Tor zum

Himmel, durch das ich zu euch komme und ihr zu mir kommt... Wer meine Mutter liebt, der liebt mich... die gesegnete Jungfrau Maria ist meine Mutter und eure Mutter, die Königin aller Heiligen, die Königin der Engel und die Königin des Himmels und der Erde. Sie wird euch zum Himmel führen, wenn ihr das durch sie geschehen lasst".

Christus selbst wird mit großer Kraft und Herrlichkeit wiederkommen (1.Thess. 4). Am 24.Dez. 1978 sprach die sogenannte Maria zu der Marianischen Kongregation der Priester, zu der mehr als 50 000 Priester gehören: „Selbst bei seinem zweiten Kommen wird der Sohn zu euch kommen durch seine Mutter". Durch Theresa Lopez in Denver, Colorado, USA, verkündete sie: „Wenn mein süßer Jesus das zweite Mal auf diese Erde kommt... wird er durch Maria kommen!"

Der Vergleich ließe sich noch erweitern, doch diese Beispiele mögen klar zeigen, dass Luzifer, der schon im Himmel Christus beneidete, sich nun am Ende bemüht, alle Ehre, die Christus gehört, für sich in Anspruch zu nehmen. Das Medium dafür sind die fingierten Marienerscheinungen.

Falsche und widersprüchliche Prophezeiungen

Am 17. Juni 1989 erschien die angebliche Maria in der Marianischen Kongregation der Priester und brachte eine Auslegung der eschatologischen Texte in Offenbarung 12 und 13. In der Selbstauslegung der Bibel wird hier zuerst das Römische Reich geschildert und dann die Nachfolgestaaten, weltliche und religiöse Mächte. Die „Gesegnete Mutter" nun erklärte jedoch, dass Luzifer, die alte Schlange, der Teufel oder Satan, der Rote Drache der Antichrist ist. Dann wieder wird gesagt, dass das Bild des Tieres der Antichrist sei. Die Zahl 666 von Offenb. 13,18 drückt das Jahr 1998 aus, in Worten neunzehnhundertachtundneunzig, so lesen wir. Dann sollten die Freimaurer einen falschen Christus und eine falsche Kirche mit dem Bild des Tieres aufrichten. Fast alle werden diesem falschen Christus und der falschen Weltkirche folgen. Dann ist die Türe offen für die Erscheinung des Antichristen. Nichts von dem ist geschehen!

Vier verschiedene Antichristen werden hier genannt, die prophetischen fünfzehn Merkmale des Antichristen, die in Daniel 7 über das kleine Horn deutlich den wirklichen Antichristen zeigen, werden jedoch verschwiegen.

In einer anderen Vision am 13.Januar 1991 wird Jim Singer in Ontario in Kanada gezeigt, dass Satan noch sieben Jahre für seine Angriffe und sein Wüten gegeben sind. Das bringt uns in das Jahr 1998. Wieder eine falsche Prophezeiung!

Am 18.September 1988 wurde Pater Gobbi in Italien durch eine Marienerscheinung mitgeteilt, dass nach zehn Jahren, also 1998, die große Trübsal beginne, die der Wiederkunft Jesu vorausgehe. Alle Geheimnisse, die durch Maria mitgeteilt wurden, werden dann ihre Erfüllung finden. Nichts davon ist Wirklichkeit geworden!

Jim Singer wurde am 1. Januar 1990 vorausgesagt, dass die beiden folgenden Jahre 1990 und 1991 entscheidend für alle irdischen Kinder Marias sein werden. Dann folgt eine furchtbare Drohung: „Jedes Heim, in das ich nicht eingeladen werde, wird mit sieben neuen bösen Geistern erfüllt werden, die noch schlimmer als der erste sind".

In La Salette im vorigen Jahrhundert prophezeite Maria, dass „Rom den Glauben verlieren und der Sitz des Antichristen wird".

Es wird ein dritter Weltkrieg vorausgesagt, dann im Gegensatz dazu eine neue Weltregierung, darauf wieder ein großes Wunder in der christlichen Welt. Vielleicht ist die gemeinsame Evangelisation von Evangelikalen und Katholiken in den nächsten Jahren solch ein Wunder. „Ich bin die Mutter der Evangelisation", verkündete die Maria, die hier erschien.

Marienerscheinungen als Täuschungen der Dämonen

Die katholische Diplom-Bibliothekarin Elvira M. Slade verteidigte die Marienverehrung und die Marienerscheinungen gegen die protestantischen Angriffe.

Sie untersuchte sehr genau die mehr als neunhundert Erscheinungen der sogenannten Maria. „Die Aussagen der ‚Mutter Gottes' verglich sie mit der Bibel, die auch von der Katholischen Kirche als authentisches Wort Gottes anerkannt wird.

Was Frau Slade zu Tage förderte, hat die Sprengkraft, eine der tragenden Säulen des katholischen Glaubens zu zerstören: die Marienverehrung. Bei ihren Untersuchungen entdeckte sie etwas, das bisher der Öffentlichkeit so nicht bekannt war: Seit den ersten Marienerscheinungen – wenige Jahre nach dem Leben Jesu – bis heute durchzieht alle Auftritte ‚Marias'ein ‚logischer Aufbau vorausgeplanter Handlungen, bei denen Rollenspiel, Kostüm und Botschaft sorgfältig aufeinander und auf das Publikum abgestimmt sind und das gleiche Ziel verfolgen.'... Die Marien-Forscherin fand heraus, dass ‚Maria' – Slade gibt ihr die Bezeichnung ‚Maria-Phantom' – Schritt für Schritt planvoll ihre Position als ‚Fürsprecherin', ‚Mittlerin', ‚Miterlöserin' bis hin zur ‚Retterin der Welt' ausbaute. Auch die Inhalte der Mariendogmen stammen von ihr. Es sind praktisch Diktate des Marien-Phantoms aus dem Jenseits, die die Päpste einfach zu kirchlichen Glaubenssätzen erhoben. 1917 erscheint das Marien-Phantom im portugiesischen Dorf Fatima und bezeichnet sich als ‚Weg der zu Gott führt' – stellt sich somit Jesus Christus gleich.

1972 erhält eine Seherin in Österreich die Botschaft ‚Jesus hat mir die Rettung übergeben, seiner Mutter, weil seine Mutter alles vermag und noch dazu mit seinem Blut'.

Anhand zahlreicher Marienerscheinungen belegt Frau Slade, dass die dort verkündeten Inhalte den Aussagen der Bibel völlig widersprechen. Auch einer rein logischen Betrachtung halten die Marien-Durchsagen nicht stand. Denn ‚Maria' erscheint mal als Aztekin, mal als Araberin, als Inderin oder als Jüdin, so Slade.

Ein bisher völlig unberücksichtigter Aspekt erhält durch Slades Enthüllungen eine hochbrisante Aktualität: Inwieweit sind die ökumenischen Aktivitäten der Katholischen Kirche durch ‚Marien'- Durchsagen beeinflusst worden? In den von der Katholischen Kirche nicht voll anerkannten Amsterdamer Marienerscheinungen (1945 bis 1957) fordert das Phantom nicht nur, dass sich alle Völker Europas zusammenschließen sollten, sondern es fordert auch eine Welteinheitspolitik mit einer Welteinheitsregierung sowie das Zusammengehen der Kirchen. In Polen verkündigt 1989 ‚Maria', Papst Johannes Paul II. solle ‚alle Völker in einer Herde vereinigen'. Slade schreibt dazu: ‚Die ökumenischen Bestrebungen des jetzigen Papstes gehen demnach auf einen direkten Auftrag eines Marien-Phantoms zurück, den er auch getreulich ausführt'.

Wie kaum ein Papst vorher präsentiert sich Johannes Paul II. als glühender Maria-verehrer und schrieb zu Ehren der ‚Gottesmutter' sogar ein Buch mit dem Titel ‚Maria, Stern des Morgens'.

Im und mit dem Licht der Bibel ist der Katholikin Slade klar geworden , dass hinter Maria nicht die eigentliche ‚Gottesmutter' stecken kann: Nach Überprüfung der vorliegenden Marienerscheinungen muss demnach festgestellt werden: Da das Vorgehen der Erscheinungen planvoll verläuft, die ganze Welt umspannt und eindeutig eine Zielrichtung besitzt, handelt es sich bei den bibelfremden Botschaften um beabsichtigte Irreführungen durch antigöttliche Intelligenzen. Diese sind in der Heiligen Schrift als die ‚Gewalten, Mächte und Fürstentümer' der Hölle benannt, deren Ziel es ist – wenn möglich – auch die Gläubigen zu verführen'." [24]

---

[24] TOPIC Informationen und Meinungen zum Zeitgeschehen aus biblischer Sicht, 23. Jahrgang Nr.7/1.

Marien-Phantom und Ökumene

Immer wieder wird in den Erscheinungen die Eucharistie hervorgehoben. Maria als die „Mutter der Eucharistie“. Gemeint ist die sogenannte Transsubstantiation im Abendmahl, wobei gesagt wird, dass sich die Gestalt des Brotes und Weines in den Leib und das Blut Christi verwandelt und Christus noch einmal durch die Hand des Priesters in der Messe unblutig geopfert wird. Dabei wird jedoch übersehen, dass das Neue Testament auch nach der sogenannten Wandlung Brot immer noch Brot und Wein immer noch Wein nennt.(1.Kor. 11,23-26) Jesus gebrauchte beim letzten Abendmahl Brot und Wein als Sinnbilder für seinen Leib, der am Kreuz geopfert werden sollte, und zwar erst am nächsten Tag. An demselben Abend geschah also keine sogenannte Wandlung. Außerdem wurde ja Jesus selbst am Kreuz geopfert und nicht ein Stück Brot, das nur ein Sinnbild, ein Gleichnis für den Leib Jesu sein sollte. Die protestantischen Kirchen haben darum, gestützt auf die Bibel, die Lehre der Transsubstantiation als unbiblisch abgelehnt: „Christus ist einmal geopfert... nicht dass er sich oftmals opfere... wir sind geheiligt auf einmal durch das Opfer des Leibes Jesu Christi... da er hat ein Opfer für die Sünden geopfert, das ewiglich gilt...da ist nicht mehr Opfer für die Sünde“ (Hebr. 9,25.27. 10,10.12.18).

Nun aber erscheint Maria und verkündet ihren Sieg: „Die Eucharistie wird wieder das Herz und das Zentrum des gesamten kirchlichen Lebens werden“.

Zu diesem kirchlichen Leben gehören auch die Kirchen des Weltkirchenrates und der Arbeitsgemeinschaft Christlicher Kirchen in Deutschland, e.V., ACK, die in ihrem Prospekt vom Jahre 1994 auf Seite 8 schreibt: „Die Einheit der Kirche, zu der wir berufen sind, eine Koinonia, die gegeben ist und zum Ausdruck kommt im gemeinsamen Bekenntnis des apostolischen Glaubens, in einem gemeinsamen sakramentalen Leben, in das wir durch die eine Taufe eintreten und das in der einen EUCHARISTISCHEN (Hervorhebung durch den Verfasser) Gemeinschaft miteinander gefeiert wird… Das Ziel der Suche nach voller Gemeinschaft ist erreicht, wenn alle Kirchen in den anderen die eine, heilige, katholische und apostolische Kirche in ihrer Fülle erkennen können. Diese volle Gemeinschaft wird auf der lokalen wie auf der universalen Ebene in konziliaren Formen des Lebens und Handelns zum Ausdruck kommen".

Wer aus Gewissensgründen sich gegen diese Ziele stellt, wird an die Seite gedrängt. So kommt es zu Spaltungen und Austritten aus der Kirche. Ein gezieltes Mobbing gegen die Bibeltreuen führt dahin, dass man Verleumdungen gegen sie verbreitet, ihnen „Amtspflichtverletzung" vorwirft, dass sie nicht „gesprächsbereit" seien, „unversöhnlich" und nicht kooperativ. Die „Evangelische Notgemeinschaft" und „Die Bekenntnisbewegung ‚Kein anderes Evangelium'" haben die Dokumente über das „Mobbing in der Kirche" gesammelt.[25] Allein in einem Bundesland, in der „Rheinischen Kirche" sind fünfzig Pfarrer aus ihrem Amt gemobbt worden.

Auf dem Evangelischen Kirchentag in München im Jahre 1993 nahmen Katholiken und Protestanten gemeinsam an der Fronleichnamsprozession teil. In dieser Feier steht das Mess-0pfer im Mittelpunkt, die Hostie soll sich in den Leib Christi verwandeln, der nun zum zweiten Mal vom Priester geopfert werden soll. So wurde diese Tagung auch der ‚Evangelische Katholikentag' genannt.

„Wir haben in der Ökumene entdeckt, dass die EUCHARISTIE selbstverständlicher Weise in die Frömmigkeit eines Christen gehört. Das ist etwas, das kann nicht rückgängig gemacht werden", sagte der EKD-Ratsvorsitzende Engelhardt in einem Interview mit der kath. Zeitschrift ‚Weltbild', 6.6.97, S.13".

„Wir sind getrieben von der Vision einer Kirche, die alle Menschen in Gemeinschaft mit Gott bringt, eine Kirche, die auf sichtbare Weise eins ist, die die eine Taufe miteinander teilt, die eine Eucharistie miteinander feiert und sich des Dienstes eines gemeinsamen, versöhnten Amtes erfreut (ACK 2/97, Juni 97. S.43)".

---

[25] idea-Dokumentation, Mobbing in der Kirche, 1997.

„Ein ‚Ökumenischer Kirchentag' war für das Jahr 2003 geplant. Beide Seiten (das Zentralkomitee der deutschen Katholiken – ZdK – und der Deutsche Evangelische Kirchentag) bekräftigten ihre Entschlossenheit, sich für die Abendmahlsgemeinschaft zwischen evangelischen und katholischen Christen während des ökumenischen Kirchentages einzusetzen". Rom bremste, dennoch fanden solche gemeinsamen Eucharistiefeiern auf dem Ökumenischen Kirchentag in Berlin statt. Schon etwa zweihundert evangelische Pfarrer haben von Rom eine zusätzliche Priesterweihe empfangen, um solche Feiern nach römischem Ritus zu halten.

Zu dem „gesamten kirchlichen Leben", das hier die sogenannte Maria nennt, gehören nicht nur die anderen christlichen Kirchen, auch die nichtchristlichen Religionen sollen nach dem Plan des Vatikans und des Ökumenischen Rates eingeschlossen werden. Die frühere Generalsekretärin der Arbeitsgemeinschaft Christlicher Kirchen, Bärbel Wartenberg-Potter, trat 1997 gegen den Absolutheitsanspruch des Christentums auf und forderte, die Lehrverurteilungen zwischen den Religionen aufzuheben. Die Botschaft, dass nur Christus als Schöpfer und Erlöser für unsere Sünden gestorben ist und uns erlöst hat, wird hier als „rassistisches Denken" verurteilt. Zu den Teilnehmern an dieser „Interkulturellen Konferenz" gehören die Vertreter der ACK, Arbeitsgemeinschaft Christlicher Kirchen, also alle evangelischen Landeskirchen, fast alle Freikirchen und die katholischen und orthodoxen Kirchen, sowie die eingeladenen Vertreter von Buddhisten, Juden und Moslems.

Schon am 27.Oktober 1986 hatte der Papst alle Weltreligionen zu einem gemeinsamen Gebetstreffen in Assissi eingeladen. Dies wurde als „ein welthistorischer Tag" gefeiert. Im Jahre 1993 fand in Assissi das zweite Weltgebetstreffen mit Abgesandten aller Weltreligionen und aller christlichen Konfessionen statt. Dies gehörte zu den Vorbereitungen zur Errichtung einer Weltkirche unter der Führung des Papstes. So hatte der Papst dann auch die ganze Welt dem „Herzen Marias" geweiht. Die dritte und größte Konferenz in Assissi wurde im Jahre 2002 abgehalten.

Bei dem Weltjugendtreffen Ende August 1997 sagte der Papst:

„Ich richte einen besonderen Gruß an die Persönlichkeiten, die die anderen christlichen Kirchen und kirchlichen Gemeinschaften vertreten. Ebenso gilt mein Gruß den Repräsentanten der jüdischen und muslimischen Gemeinschaften… nun richte ich einen Gruß an die Delegationen der Bewegungen, Vereinigungen und internationalen Gemeinschaften… Wenn ihr das heilige Salböl empfangt, engagiert ihr euch mit allen euren Kräften, die empfangene Gabe in Geduld zum Wachsen zu bringen durch den Empfang der Sakramente, besonders der Eucharistie und der Busse… dass nur die angebotene und empfangene Vergebung forschreitend zu einem fruchtbaren Dialog führt, der dann eine vollkommene christliche Versöhnung besiegelt".

Der Dialog als Weg zur Einheit wurde auch in der ‚Zweiten Ökumenischen Versammlung' in Graz ein Jahr zuvor betont:

„Interreligiöser Dialog, um dem Anspruch der Weltreligionen gerecht zu werden… Verständigungsprozesse, die das gemeinsame Gut zum Ziel haben und zugleich fundamentalistischen und totalitären Vereinfachungen wehren. (s. Ökumenische Rundschau 3/96, S. 331-339)". … „In Hongkong haben Protestanten, Katholiken, Konfuzianer, Taoisten, Muslime und Buddhisten eine Organisation gebildet, die seit 1978 regelmäßig zusammentritt (FAZ 15. 7. 97, S.6)".

‚Der Päpstliche Rat' zur Evangelisierung der Völker zeigt deutlich den Abfall, der in Offenbarung 14,8 vorausgesagt ist:

„Die Anhänger anderer Religionen antworten immer dann positiv auf Gottes Einladung und empfangen sein Heil in Jesus Christus, wenn sie in ehrlicher Weise das in ihren religiösen Traditionen enthaltene Gut in die Tat umsetzen und dem Spruch ihres Gewissens folgen. Dies gilt sogar für den Fall, daß sie Jesus Christus nicht als ihren Erlöser erkennen oder anerkennen (s. O.R., 2. 8. 91, Nr.31/32, Beilage XX Dokumente)".

Verwirrend ist diese Auffassung, dass Nichtchristen „das Heil in Jesus Christus empfangen", auch wenn „sie Jesus Christus als Erlöser nicht anerkennen". Verwirrung heißt nach 1.Mose 11,9

„Babel", es stammt von dem hebräischen Verb ‚balal', vermengen, verwirren, ab. Dass diese Auffassung von Christus ablenkt, ist sicher eines der Ziele Luzifers. Babylon, eine Religionsvermengung, Synkretismus, oder Verwirrung, mit ihrem Pluralismus, ist nach der Botschaft des Engels von Christus abgefallen und kennt kein Zurück mehr. Das hebräische ‚balal' heißt auch bewässern, tränken. Mit dem Wein des Abfalls hat das moderne Babylon ‚alle Völker getränkt' (Offenb. 14,8).

Zur Erreichung dieses Zieles setzen sich die Jesuiten, als „geheime Armee des Papsttums" ein. „Das erste Ziel war weltweite politische Macht, das zweite die Aufrichtung der Weltkirche... Zu diesem Zweck machten sich die Jesuiten daran, heimlich alle protestantischen Gruppen zu unterwandern... Heute haben die Jesuiten diese Mission nahezu abgeschlossen. Die Bibel legt die Leitung der örtlichen Gemeinden in die Hände frommer Pastoren, doch jesuitische Machenschaften haben über die Jahre die Wirkung gehabt, diese Macht auf die Denominations- Zentren (auf die Leitung der Kirchen und Gemeinschaften, (Anm. d. Verf.) umzuleiten, die Kirche zu verweltlichen und somit protestantische Gruppierungen in die Arme des Vatikans zu treiben".

„Das Ziel des Papsttums und seiner geheimen Armee ist das gleiche, das es immer gewesen ist: die Weltherrschaft, unter die sich jeder Mensch beugen muss. Die ökumenische Bewegung ist nicht auf die freie evangelische Botschaft und die Ausgießung des Heiligen Geistes gegründet; sie wurde auf den finsteren Korridoren des Vatikans von dem jesuitischen Kardinal Bea ausgebrütet".

Ein zweites Pfingsten wird erwartet und wurde schon vor fast hundert Jahren durch spiritistische Medien vorausgesagt. Die „Charismatische Bewegung", die Katholiken und Protestanten verbindet, bildet die Erfüllung dieser spiritistischen und mariologischen Prophezeiungen. Der Ökumenische Rat und die Arbeitsgemeinschaft Christlicher Kirchen wollen die „Eucharistische Gemeinschaft" wiederherstellen. Maria ist am Ziel. Reformation und Gegenreformation sind zu Ende. Die im Spiritismus (s.oben) vorausgesagte Umwandlung der Christenheit ist wahr geworden.

„42 Kardinäle und fast 500 Bischöfe fordern mit 4,5 Millionen Katholiken in 157 Staaten ein neues Dogma: Noch vor dem Jahr 2000 sollte die „Gottesmutter" als „MITERLÖSERIN" anerkannt werden. Eine entsprechende Petition forderte drei neue Glaubensgrundsätze:

Dass Maria an der Erlösung durch ihren Sohn selbst mitgewirkt hat.

Dass alle Gnaden, die aus Leiden und Tod des Heilands geflossen sind, nur durch Marias Fürsprache wirksam werden können.

Dass alle Bitten und Gebete der Gläubigen nur durch Marias Vermittlung zu Jesus gelangen. Schon beim 2.Vatikanischen Konzil (1962-65) hatten Bischöfe gefordert, die „Gottesmutter" als „Co-Redemptorix" (Miterlöserin) und „Mediatrix" (Mittlerin) anzuerkennen...

Für Christen, welche die alleinige Autorität der Heiligen Schrift anerkennen, gibt es hierüber keine Diskussion: „Denn es ist **ein** Gott und **ein** Mittler zwischen Gott und den Menschen, nämlich der Mensch Christus Jesus..." (1.Tim. 2,5)

Niemand lasse sich täuschen: Die Ökumene-Strategen werden zwar von einem Rückschlag sprechen, sich aber keineswegs davon abhalten lassen, die Ökumenisierung weiter voranzutreiben, selbst wenn die Dreifaltigkeit inzwischen mit Maria zu einer „Vierfaltigkeit" erweitert sein sollte". Man ist offensichtlich blind für die Verführungen des Luzifers, vor denen Christus so nachdrücklich gewarnt hatte (Mat. 24,11.23-26).

Die Widersprüche in den Voraussagen durch die Marienerscheinungen tragen auch die gleichen spiritistischen Züge der ‚Lügengeister, gegen die es kein Mittel bei den Spiritisten gibt'. „Die hohen Geister täuschen uns zu unserem Besten!" (s.oben)

So wie jeder Irrtum von dem Fünkchen Wahrheit lebt, der in ihm steckt, so bleibt eine Wahrheit durchsichtig in all diesen zweifelhaften Botschaften der sogenannten Erscheinungen, es ist die Erkenntnis, dass wir dicht vor der Wiederkunft Christi leben. Diese Tatsache spricht so laut, dass sie von keinem überhört werden kann. Für unsere untergehende Welt steht die Rettung aus dem Weltall, von der Zentrale des Universums durch Christus, den Herrn des Weltalls selbst, dicht bevor. Diese wunderbare Hoffnung lässt alle aufatmen und den Trost finden, den es sonst in der Welt nicht gibt.

Höllische Visionen

Die Kinder in Fatima und auch die Kinder in Medjugorje wurden erschreckt durch fürchterliche Visionen von der Hölle, wo die sogenannten Seelen der unselig Verstorbenen für ewig die entsetzlichen Qualen eines Feuers ertragen sollen.

Christus hatte ganz deutlich und wiederholt verkündet, dass die Menschen bis zur Auferstehung im Grabe ruhen dürfen, und zwar die, die Gutes getan haben, als auch die Bösen (Joh. 5,28.29). Sie ruhen beide an einem Ort, nämlich im Grab, und werden beide von Christus, dem Schöpfer und Vollender der Welt, am Jüngsten Tag aus dem Grabe wieder erweckt und neu geschaffen auferstehen. So wie Christus den Menschen zum ersten Mal erschuf, so wird er ihn in der Auferstehung zum zweiten Mal erschaffen. Bis dahin darf der Tote ruhen und schlafen, er weiß von allem Leid nichts mehr. Wenn der Weckruf Christi am Jüngsten Tag aus dem Grab ihn zu neuem Leben auferstehen lässt, wird er meinen, nur einen kleinen Augenblick geschlafen zu haben.

Die Lehre von der ewigen Höllenqual ist nicht biblisch und wird an keiner einzigen Stelle der Heiligen Schrift gelehrt. Sie widerspricht in krasser Weise der barmherzigen Liebe Gottes.

Wir sind empört über Tierquälereien und rufen den Tierschutzverein zur Hilfe auf, auch gegen die grausamen Tierversuche zu medizinischen Zwecken. Gegen die Folterungen von Menschen tritt „Amnesty International" weltweit auf, um die Qualen zu verhindern. Sollte nun ein liebender Gott und Vater den von ihm erschaffenen Menschen für ewig quälen und foltern lassen, und zwar ohne Ende?

Nehmen wir an, der einzige Sohn einer frommen Mutter hätte eine böse Tat vollbracht und müsste deshalb im sogenannten höllischen Feuer büßen. Tag und Nacht leidet er fürchterliche Qualen. Nach einem Jahr bittet die Mutter, dass Gott doch seine Qual beenden möchte. Die Antwort aber lautet: Nein, er muss noch mehr leiden. Nach zehn Jahren bittet die Mutter erneut um Gnade für ihren Sohn, aber sie erhält die gleiche Antwort. Nach hundert Jahren erscheint sie wieder vor Gott und fleht für ihren Sohn. Aber der muss weiter leiden. Nach tausend Jahren die gleiche Antwort, nach zehntausend Jahren, und so fort. Könnte man, wenn solch eine entsetzliche Lehre wahr wäre, noch an die Liebe Gottes glauben? Wäre der Himmel ein Ort der Ruhe und Freude für die Mutter, die wüsste, dass ihr eigener Sohn grausam leiden muss?

Solch eine Lehre ist eine teuflische Erfindung des Feindes Christi, der bei den Menschen die Liebe Gottes in Verruf bringen möchte. Christus sagt uns in der Bibel genau das Gegenteil: Es gibt keine ewige Höllenqual. Christus hat alle Menschen, auch die Bösen, so sehr lieb, dass er selbst sein Leben gab, um sie zu retten. Er stirbt lieber selbst, als einen Menschen zu verlieren. Wer seiner Liebe glaubt, Christus als seinem Erretter vertraut und ihm nachfolgt, der hat ewiges Leben. Doch dazu zwingt Gott niemand, denn er hat Achtung vor dem freien Willen des Menschen, weil nur in der Freiheit die Liebe bestehen kann.

In dem Buch über die Marienerscheinungen wird dennoch behauptet, dass Christus etwa 15 mal von einer ewigen Höllenqual gesprochen haben soll. Das ist jedoch offenbar ein Missverständnis, denn 130 Bibeltexte lehren deutlich, dass die Bösen aus dem Dasein ausgelöscht werden: *„Sie werden sein, als wären sie nie gewesen!“ (Obadja 16) „Die Gottlosen werden zu Asche werden!“* (Maleachi. 4,3) Im Feuer, das am letzten Tag der Welt die Erde reinigen wird, werden sie verbrennen. Dieses Feuer wird nicht verlöschen, bis alles Böse vernichtet ist. Es dauert also länger als die Gottlosen. Es ist, wie Petrus schreibt, ein atomares Feuer: *„Die Elemente aber werden vor Hitze schmelzen, und die Erde und die Werke, die darauf sind, werden verbrennen“* (2.Petr. 3,10).

„Im Atom“ werden auch die Gläubigen bei der Wiederkunft Christi verwandelt werden und einen neuen ewigen Körper erhalten. Im Atom werden die Gottlosen ausgelöscht werden und nicht mehr dasein. (Offenb. 20,9-15. 1.Kor. 15,52. hier steht im Griechischen: EN ATOMO = im Atom) Es wird das unauslöschliche Feuer genannt und auch das ewige Feuer, weil es länger brennt als die Gottlosen, die darin umkommen, und weil die Wirkung ewig ist, aber nicht die Qual. Diese Tatsache wird immer wieder und wieder in der Bibel gelehrt, aber leider wird dies von Unwissenden falsch verstanden, weil man die Bedeutung der griechischen und hebräischen Worte nicht kennt. Satan macht sich diese Unkenntnis zu Nutze, um die Menschen zu schrecken und ihnen den Glauben an die Liebe Gottes zu rauben. Um das zu erreichen, benutzt er auch diese falschen Marienerscheinungen.

Die größte Verführung der Weltgeschichte

„Heute ist das größte Zeichen in unserer Mitte die ‚Gesegnete Mutter‘... Sie selbst ist der Botschafter (Gottes) für unsere Zeit. In der Botschaft am 8.Dez. 1990 an Pater Gobbi erklärte Maria ausdrücklich, dass sie durch die heilige Dreieinigkeit erwählt wurde, die ‚Mutter des zweiten Advents‘ zu werden. So ist es meine mütterliche Aufgabe die Kirche und die ganze Menschheit vorzubereiten, um Jesus zu empfangen, der in Herrlichkeit zu euch zurückkommen wird‘... Die Visionäre von Medjugorje haben uns einige äußerst wichtige Punkte mitgeteilt. Erstens: Die Erscheinungen von Medjugorje sind die letzten der Gesegneten Mutter auf Erden... Viertens: Nach den Ermahnungen wird das sichtbare Zeichen erscheinen am Platz der Erscheinungen von Medjugorje und die ganze Welt wird es sehen... Nach dem Erscheinen des sichtbaren Zeichens werden die Überlebenden nur noch eine ganz kurze Zeit zur Bekehrung haben... Diese Zeiten stehen dichter bevor als du denkst“.

„Was geschehen wird, ist etwas so Gewaltiges, das es alles übersteigt, was je auf Erden seit Anfang der Welt geschehen ist. Es wird wie das Jüngste Gericht im Kleinen sein und jeder Einzelne wird sein eigenes Leben und alles, was er getan hat, direkt im Lichte Gottes sehen… Das wird geschehen, ehe die Periode von zehn Jahren seit dem Jahre 1988 abgelaufen ist“.

Diese spiritistischen Zeitangaben sind gewöhnlich unzuverlässig und dienen nur dazu, die Menschen zu erschrecken. Die falsche Maria jedoch ist eifrig dabei, die Welt auf das größte Ereignis seit der Schöpfung vorzubereiten, die falsche Wiederkunft Jesu. In Offenbarung 3,10 sagt Christus diese nachgeahmte Wiederkunft voraus als die große Stunde der Versuchung für alle Menschen dieser Erde. „So alsdann jemand zu euch sagen wird: Siehe, hier ist Christus! oder: da!, so sollt ihr's nicht glauben“ (Mat. 24,23).

Satan wird wohl die Herrlichkeit und den Lichtglanz Christi nachmachen und selbst wie Christus aussehen, aber er kann die anderen Begleiterscheinungen nicht imitieren: Das Herabkommen von Milliarden von Engeln, die Auferstehung der Toten, die Posaune Gottes, die Zerstörung der ganzen Erde und die Verwandlung der Gläubigen und ihre Aufnahme in die Stadt Gottes nach oben, Christus entgegen.

DIE ERDE ALS ZENTRALE DES WELTALLS

Christus kommt wieder

Von der vierten Dimension her gesehen, können wir gut verstehen, dass Christus bei seiner Wiederkunft auf dem ganzen Erdball gleichzeitig gesehen wird. Er wird nicht von Wolken verborgen erscheinen und auch nicht nur geistig wiederkommen, sondern „es werden ihn sehen alle Augen!" (Offb. 1,7) Er kommt selbst, real, wirklich, persönlich, sichtbar, hörbar, mit großer Kraft und Majestät, allgegenwärtig, allmächtig, in einem Augenblick überall.

Johannes sah es in einer Vision: *„Der Himmel verschwand wie eine Buchrolle, die man zusammenrollt. Weder Berg noch Insel blieben an ihren Plätzen. Alle Menschen versteckten sich in Höhlen und zwischen den Felsen der Berge: die Könige und Herrscher, die Heerführer, die Reichen und Mächtigen und alle Sklaven und Freien. Sie riefen den Bergen und Felsen zu: ‚Fallt auf uns und verbergt uns vor dem Zorn des Lammes und vor dem Blick dessen, der auf dem Thron sitzt! Der Tag, an dem sie abrechnen, ist gekommen. Wer kann da bestehen?' " (Offb. 6,14-17)*

„Der Himmel entwich wie ein zusammengerolltes Buch". Dieses kosmische Ereignis wird erklärt in Jesaja 25,7-9: *„Der Herr wird auf diesem Berg die Hülle wegnehmen, mit der alle Völker verhüllt sind, und die Decke, mit der alle Nationen zugedeckt sind. Er wird den Tod verschlingen auf ewig. Und Gott, der Herr, wird die Tränen von allen Angesichtern abwischen und wird aufheben die Schmach seines Volkes in allen Landen; denn der Herr hat's gesagt. Zu der Zeit wird man sagen: ‚Siehe, das ist unser Gott, auf den wir hofften, dass er uns helfe. Das ist der Herr, auf den wir hofften; lasst uns jubeln und fröhlich sein über sein Heil' ".*

Zwischen der sichtbaren und der unsichtbaren Welt gibt es jetzt noch einen Vorhang, eine Scheidewand, die die dreidimensionale von der vierdimensionalen Welt trennt. Was das ist, können wir uns ebensowenig vorstellen wie die vierte Dimension selbst.

Dieser Vorhang ist wie eine allumfassende geometrische Funktion, etwa wie der Begriff Länge, oder Breite, oder Höhe. Oder etwa eine umhüllende Schutzschicht der Erde wie die Atmosphäre. Diese Hülle wird zusammengerollt werden, sie wird nicht mehr bestehen. In diesem Augenblick werden die dritte und die vierte Dimension eins werden. Das wird die Umwandlung aller irdischen Existenz sein und die dritte Dimension, unser Lebensraum wird aufhören zu bestehen, er wird absorbiert sein von der vierten Dimension.

Wenn wir diese geometrische Transformation – Christus nennt sie in Matth.19,28 die „PALINGENESIA", die Neuschöpfung – vergleichen wollen mit den drei Funktionen unserer dreidimensionalen Welt, dann geht eine Dimension in die nächste über und hört selbst auf zu bestehen, wird ein Teil der höheren Dimension, z.B. sind ein Punkt oder eine Linie nur ein Teil der Fläche, die Fläche selbst nur ein Teil des Raumes, und nun – das ist das Neue – unser Raum nur ein Teil des Überraumes, der vierten Dimension.

Damit hört unsere Welt auf zu bestehen, hier brechen alle Formationen zusammen wie ein Kartenhaus, die Berge, die Inseln, die Bauwerke und Häuser, alle werden „aus ihren Örtern", aus ihrem Standort bewegt werden. Es wird ein allumfassendes Erdbeben sein, bei dem nichts mehr an seinem alten Platz steht.

Gleichzeitig wird das Neue, die Überdimension wirksam werden und unsere Welt integrieren. Völlig neue, unbekannte Gesetze treten in Kraft. Das Runde wird flach, der Berg ist nur noch Fläche, die Erdkugel nur noch Scheibe, Teil einer neuen Kugel, einer neuen Welt. Das Ferne ist nah, das Weite ist dicht bei uns. So können wir mit einem Mal verstehen, dass jeder Mensch auf der Erde zu gleicher Zeit den wiederkehrenden Herrn Jesus Christus sehen wird. Er wird ihn so dicht vor sich sehen, dass sich beide, der Schöpfer und das Geschöpf Auge in Auge gegenüber stehen werden.

Dann, so schildert uns die Bibel, wird es nur zwei Gruppen von Menschen geben. Die einen werden dem Blick Jesu ausweichen, sie werden heulen vor Furcht und sich den Tod in den zusammenstürzenden Bergen wünschen. Diese Haltung macht den liebevollen Herrn und Schöpfer zornig. Er wird jeden fragend anschauen: Warum hast Du meine Liebe zu Dir nicht erwidert? Wie oft habe ich Dich in Deinem Leben innerlich gemahnt und gerufen, warum hast Du meine Gnade und Freundschaft verschmäht? Ich habe aus Liebe zu Dir mein Leben geopfert, um Dich zu retten. Warum willst Du lieber verloren sein? Warum? – Und die Nacht, die sie sich wünschen, nimmt sie dahin, vor seinen Augen weg ins Nichts.

Die andere Gruppe hat ihren Blick voll auf Jesus gerichtet. All ihr Leben lang haben sie sich gesehnt Jesus schauen zu dürfen. Jetzt rufen sie voller Jubel aus: *„Das ist unser Gott, auf den wir hofften“ (*Jes. 25,8.9). Tränen der Freude rinnen über ihre Wangen. Er nimmt sie in den Arm und wischt liebevoll die Tränen ab. Alles Leid, alle Angst, alle Sorge, aller Schmerz und Kummer sind vorbei. Daheim bei Jesus, für immer! Aufgrund der neuen Dimension ist die Beziehung ‚Du und Ich‘ real und unendlich geworden.

Das Wiedersehen mit den Verstorbenen

„Und auch ihr habt nun Traurigkeit; aber ich will euch wiedersehen, und euer Herz soll sich freuen, und eure Freude soll niemand von euch nehmen“, das versprach Christus seinen Jüngern. (Joh. 16,22) Das gilt aber genauso für uns und unsere Verstorbenen, wie Christus uns nun zeigt.

„Der Vater ist der Ursprung allen Lebens, und er hat dem Sohn die Macht gegeben, genauso wie er selbst Leben zu schenken. Er hat den Sohn ermächtigt, Gericht zu halten, weil er der Menschensohn ist. Wundert euch nicht darüber! Es dauert nicht mehr lange, dann werden alle, die tot in den Gräbern liegen, seine Stimme hören und werden die Gräber verlassen. Wer Gutes getan hat, wird auferstehen, um das neue Leben zu empfangen, und wer Böses getan hat, um seine Verurteilung entgegenzunehmen“ (Joh. 5,26-28).

In dem Augenblick der Palingenesia, der Neuschöpfung, wenn die unsichtbare, ewige Welt unsere Welt absorbiert, wird auch die Zeit aufhören, die Vergangenheit wird zur Gegenwart; das, was war, ist wieder da, ist jetzt. Die Toten leben wieder, sie stehen auf aus den Gräbern, gerufen vom Schöpferwort des Herrn Jesus Christus, dem Herrn der Welt, der alten und der neuen, der Zeit und der Ewigkeit.

Das unbeschreiblich freudige Wiedersehen mit unseren Verstorbenen bestätigt Christus: *„Ihr werdet sehen Abraham, Isaak und Jakob und alle Propheten im Reich Gottes... und es werden kommen von Osten und von Westen, von Norden und von Süden, die zu Tisch sitzen werden im Reich Gottes" (Luk. 13,28.29). „Denn wie der neue Himmel und die neue Erde, die ich schaffen will, vor mir Bestand haben werden" – so lautet der Ausspruch des Herrn – „so soll auch eure Nachkommenschaft und euer Name Bestand vor mir haben. Und es soll dahin kommen, dass monatlich am Neumond und wöchentlich am Sabbat jedermann sich einfindet, um vor meinem Angesicht anzubeten" (Jesaja 66,22.23).*

Hier wird das persönliche Erkennen und Wiedersehen vorausgesagt. Die Patriarchen Abraham und Isaak werden namentlich genannt, ebenso die Propheten, und so wird auch unser Name dort Bestand haben, wir werden also persönlich dort für immer bleiben. Genauso geht es unseren Nachkommen und Vorfahren. Wir werden ihnen wieder begegnen und nie mehr getrennt sein. Das wird eine unbeschreibliche und nie mehr endende Freude sein.

Das Ende der Rebellion

„Es erhob sich ein Kampf im Himmel: Michael und seine Engel kämpften mit dem Drachen; und auch der Drache und seine Engel kämpften, doch gewannen sie den Sieg nicht, und ihres Bleibens war nicht länger im Himmel. So wurde denn der große Drache, die alte Schlange, die da ‚Teufel' und ‚Satan' heißt, der Verführer des ganzen Erdkreises, auf die Erde hinabgestürzt, und seine

Engel wurden mit ihm hinabgestürzt. Da hörte ich eine laute Stimme im Himmel rufen: ‚Jetzt ist das Heil, die Macht und die Königsherrschaft an unseren Gott gekommen und die Herrschergewalt an seinen Gesalbten! Denn hinabgestürzt ist der Ankläger unserer Brüder, der sie vor unserem Gott verklagt hat bei Tag und Nacht. Diese haben ihn um des Blutes des Lammes und um des Wortes ihres Zeugnisses willen überwunden und haben ihr Leben nicht geliebt bis zum Tode. Darum freuet euch, ihr Himmel, die ihr in ihnen wohnt! Wehe aber der Erde und dem Meer! Denn der Teufel ist nun zu euch hinabgekommen und hegt gewaltige Wut, weil er weiß, dass seine Zeit nur noch kurz bemessen ist'." (Offb. 12,7-12)

„Gott hat ja nicht einmal gegen gefallene Engel Schonung geübt, sondern hat sie in den tiefsten Abgrund hinabgestoßen, hinein in Ketten der Finsternis, wo sie für das Gericht aufbewahrt werden" (2.Petr. 2,4).

Wenn Christus wiederkommt, ist Satans Frist abgelaufen. Darum versucht er jetzt, die ganze Welt gegen Christus aufzuwiegeln. Beim jüngsten Gericht findet er mit allen abgefallenen Engeln und allen abgefallenen Menschen sein Ende.

Nach der Auferstehung der bösen Menschen wird der Satan *„sich aufmachen, um die Völker an den vier Enden der Erde zu verführen, den Gog und Magog, um sie zum Kampf zusammenzubringen; deren Zahl ist wie die des Sandes am Meer. Sie zogen dann auf die Breite der Erde hinauf und umzingelten das Heerlager der Heiligen und die geliebte Stadt. Da fiel Feuer vom Himmel herab und verzehrte sie…*

Weiter sah ich einen großen, weißen Thron und den, der auf ihm saß; vor dessen Angesicht schwanden die Erde und der Himmel, und es fand sich keine Stätte mehr für sie. Und ich sah die Toten, die Grossen wie die Kleinen, vor dem Throne stehen, und Bücher wurden aufgetan; dann wurde noch ein anderes Buch aufgeschlagen, nämlich das Buch des Lebens, und die Toten wurden aufgrund dessen gerichtet, was in den Büchern geschrieben stand, nämlich nach ihren Werken. Und das Meer gab die Toten zurück, die es barg, und der Tod und das Totenreich gaben die Toten heraus, die sich in ihnen befanden, und sie wurden alle nach ihren Werken gerichtet; hierauf wurden der Tod und das Totenreich in den Feuersee geworfen. Dies ist der zweite Tod, nämlich der Feuersee; und wenn jemand nicht im Buch des Lebens verzeichnet gefunden wurde, so wurde er in den Feuersee geworfen. Dann sah ich einen neuen Himmel und eine neue Erde; denn der erste Himmel und die erste Erde waren verschwunden" (Offb. 20,8-15. 21,1).

Die Bibel weiß nichts von einer ewigen Qual in diesem Feuer. Wir erkennen deutlich, dass der Feuersee mit der ersten Erde vergeht und eine neue Erde geschaffen wird. Für die abgefallenen Außerirdischen und die bösen Menschen wird ‚keine Stätte mehr gefunden'. Das griechische Wort nennt hier TOPOS, von dem das Wort Topographie stammt. Es gibt also keinen geographischen Ort mehr für sie, keine Existenz und kein Dasein, auch nicht mehr in der Qual.

Die Bibel zeigt an 130 Texten die völlige Auslöschung aller Bösen. Die Wirkung des Feuers wird ewig sein, deshalb wird acht mal in der Bibel vom ewigen Feuer gesprochen. Die Qual hört mit dem Feuersee auf, der der neuen Erde Platz machen wird und nicht mehr vorhanden ist. Es waren Mönche im Mittelalter, die die Bibel nicht richtig verstanden und das Wort EWIG verwechselten. Gott gibt jedem Menschen, was er sich wünscht. Wer Gott und das ewige Leben bei Christus ablehnt, erhält das Nichtsein, die völlige Auslöschung aus dem Dasein. So empfängt jeder nach seiner Wahl: Gott oder das Nichts, Sein oder Nichtsein.

Die Außerirdischen und die Irdischen

Im Augenblick der Wiederkunft Christi wird die sichtbare Welt mit der unsichtbaren eins werden. Dann können wir Irdische auch die Außerirdischen sehen, die abgefallenen und die nicht gefallenen Engel.

„Wenn aber des Menschen Sohn kommen wird in seiner Herrlichkeit und alle heiligen Engel mit ihm, dann wird er sitzen auf dem Thron seiner Herrlichkeit" (Mat. 25,31). Als nur ein einziger

Engel vom Himmel sichtbar erschien, bebte die Erde. Es war bei der Auferstehung.

„Nach Ablauf des Sabbats aber, als der erste Tag nach dem Sabbat anbrechen wollte, gingen Maria von Magdala und die andere Maria hin, um nach dem Grabe zu sehen. Da entstand plötzlich ein starkes Erdbeben; denn ein Engel des Herrn, der vom Himmel herabgekommen und herangetreten war, wälzte den Stein weg und setzte sich oben darauf. Sein Aussehen war leuchtend wie der Blitz und sein Gewand weiß wie der Schnee. Aus Furcht vor ihm zitterten die Wächter und wurden wie tot. Der Engel aber wandte sich an die Frauen mit den Worten: ‚Fürchtet ihr euch nicht! denn ich weiß, dass ihr Jesus, den Gekreuzigten sucht. Er ist nicht mehr hier, denn er ist auferweckt worden, wie er es vorausgesagt hat. Kommt her, seht euch die Stelle an, wo er gelegen hat" (Mat. 28,1-6).

Das war die Erscheinung eines einzigen Außerirdischen, der von der Zentrale des Alls kam. Wenn Christus wiederkommt, wird er mit allen Engeln erscheinen, „mit tausendmal Tausend und zehntausendmal Zehntausend" (Dan. 7,10). Das ganze Firmament wird dann voller Engel sein, so weit wir schauen können, von Osten und Westen, von Norden und Süden schweben sie herab. Über ihnen ein Thron, auf dem Christus sitzt. *„Er wird seine Engel unter lautem Posaunenschall aussenden, und sie werden seine Auserwählten von den vier Windrichtungen her versammeln, von dem einen Himmelsende bis zum andern*" (Mat. 24,31) .

Das wird ein unbeschreiblicher Siegesjubel sein, ein Triumphgesang, ein Halleluja-Chor mit Millionen und Abermillionen von Engelstimmen, deren Jubelschall die ganze Erde durchdringt, der hinausschallt in die Weiten des Weltalls, wo die Vielzahl der bewohnten Welten den Augenblick miterleben, auf den alle so lange sehnlich gewartet haben. Endlich hat das Leid und die Ungerechtigkeit, Schmerz und Tod, Not und Hunger, Angst und Schrekken auf dieser Erde ihr Ende gefunden. Der große Tag Gottes ist gekommen, der Sieg Christi über die Macht der Finsternis.

Angesichts dieser riesigen Freude, des Jubels des ganzen Weltalls und aller Engel Gottes sieht niemand mehr auf die dunklen Gestalten der abgefallenen Engel, die sich scheu ducken und krümmen vor dem Blitz der Wiederkunft Christi. Sie haben ihren Herrn und Schöpfer ein Erdenzeitalter lang ohne Grund und Ursache bekämpft und sind unterlegen. Das Furchtbarste in ihrer Tragik ist, dass sie weder das entsetzliche Leid bereuen, das sie auf Erden angerichtet haben, noch sich ändern und die Liebe Jesu und seine Vergebung annehmen wollen. Ihr Hass lässt sie in der Finsternis des Chaos versinken. *„Sie werden sein, als wären sie nie gewesen"(*Obadja 16).

Ewige Harmonie

„Ich sah einen neuen Himmel und eine neue Erde; denn der erste Himmel und die erste Erde waren verschwunden" (Offb. 21,1).

Johannes hatte die Zukunft schon gesehen und beschreibt, was er gesehen hatte, obwohl es noch nicht geschichtliche Wirklichkeit geworden war. Doch er sah die Tatsachen, ehe sie evident wurden. Es sind Fakten, keine Träume oder Wunschvorstellungen. Für Gott ist die Zukunft schon jetzt, das Kommende bereits Gegenwart. Er ließ Johannes an seiner Ewigkeitsschau teilnehmen, gab ihm einen Einblick in das, was kommt. So vermittelt Johannes die göttliche Wahrheit, die absolute Realität.

„Vom Thron her hörte ich eine starke Stimme: ‚Jetzt wohnt Gott bei den Menschen! Er wird bei ihnen bleiben, und sie werden sein Volk sein. Gott selbst wird als ihr Gott bei ihnen sein. Er wird alle ihre Tränen abwischen. Es wird keinen Tod mehr geben und keine Traurigkeit, keine Klage und keine Quälerei mehr. Was einmal war, ist für immer vorbei.' Dann sagte der, der auf dem Thron saß: ‚Jetzt mache ich alles neu!' Zu mir sagte er: ‚Schreibe diese Worte auf, denn sie sind wahr und zuverlässig.' Und er fuhr fort: ‚Ja, sie sind in Erfüllung gegangen! Ich bin der Erste und der Letzte, der Anfang und das Ende. Wer durstig ist, dem gebe ich umsonst zu trinken. Ich gebe ihm Wasser aus der Quelle des Lebens. Wer den Sieg erlangt, wird dieses Geschenk von mir erhalten, und ich werde sein Gott sein, und er wird mein Sohn sein. Aber die

Feiglinge und Treulosen, die Abgefallenen, Mörder und Ehebrecher, die Zauberer, die Götzenverehrer und alle, die sich nicht an die Wahrheit halten, finden ihren Platz in dem See von brennendem Schwefel. Das ist der zweite Tod" (Offb. 21,3-8).

„So wird auch Gott seinen Weltenstoff durch Feuer verbrennen, in seine Grundelemente auflösen, seine Atome zertrümmern, sie von allen Hemmungen befreien, alles geistleiblich verklären und also die Bausteine des alten Baues einbauen nach einem neuen Plan in den neuen Bau, gleichsam wie wenn ein Stück schmutzigen Kohlenstoffs, in einer Retorte verschlossen, sich bei großer Hitze gasartig verflüchtigt, dann aber hinterher als herrlicher Diamant wieder kristallisiert. Gott will eben nicht vernichten, sondern ‚verwandeln' (Psalm 102,27), nicht a u f -lösen, sondern e r- lösen, nicht h i n- richten, sondern h e r- richten, nicht nur a b-schaffen, sondern neu-schaffen, nicht zerstören, sondern verklären. Alles Leibliche ist Keim von Geistleiblichkeit".[26]

Lesen wir weiter auf diesen beiden letzten Blättern der Bibel, dann finden wir dort eine einzigartige Beschreibung des ewigen Lebens bei Gott auf der erneuerten Erde. Hier wird der Thron Gottes stehen. Deshalb wird dieser Planet Erde der Mittelpunkt und die Zentrale des ganzen Universums sein (Offenb. 22,3).

Dafür gibt es eine Reihe von Gründen. Nach der Rebellion der Außerirdischen, der Engel Gottes unter ihrem Verführer Luzifer, wurden diese abgefallenen Engel auf diesen Planeten Erde verbannt. Christus kam auf diesen Planeten, um Satan zu besiegen, das Weltall vom Bösen zu befreien, die verlorene Menschheit zu erlösen, den Tod aufzuheben und die Harmonie des Universums auf dieser Erde wiederherzustellen. Die Aufmerksamkeit des ganzen Weltalls mit den unzähligen bewohnten Planeten war auf diese Erde gerichtet, diese ‚Außerirdischen' haben hier den Kampf zwischen Gut und Böse, zwischen Christus und Satan, zwischen den Kindern Gottes und den Kindern des Teufels jahrtausendelang beobachtet. Hier ist der Sieg der Liebe Gottes am Kreuz offenbar

[26] E. Sauer, Der Triumph des Gekreuzigten, Gütersloh 1946, S. 207.

geworden. Satan wollte herrschen, Christus kam, um zu dienen, Satan wollte sein Leben für sich, Christus gab sein Leben, um uns zu erlösen, Satans Hass stürzte die Erde in Chaos, Christi Liebe führte sie zur Harmonie zurück. Gott tat alles, gab alles, was er konnte, um dem ganzen Weltall seine Liebe zu beweisen. Diese Erde ist das entscheidende Schlachtfeld des Universums, hier ist auch die Stätte des Sieges Gottes, der Triumph seiner Liebe. Darum steht hier jetzt der Thron Gottes, ist hier die Zentrale des ganzen Universums. Das ist ein ‚neuer Himmel' auf einer ‚neuen Erde'.

Die Menschen, die auf diesem Planeten scheinbar in der äußersten Gottferne lebten, in Kummer und Leid, in Schmerzen und Tod, leben nun in der nächsten Gottesnähe, am Thron Gottes. „Sie werden sein Volk sein… er wird ihr Gott sein. Er wird alle Tränen von ihren Augen abwischen!"

Dann wird sich das erfüllen, was Joh. A. Bengel, die ‚größte Verheißung – die größte Prophezeiung – der Bibel nannte': *„Sie dürfen sich freuen, wenn der Herr sie bei seiner Ankunft wach und dienstbereit findet. Ich versichere euch: er wird sich die Schürze umbinden, sie zu Tisch bitten und hin-und herlaufen und sie selber bedienen" (Luk. 12,37).*

Jesus hat für jeden seiner Erlösten selbst und ganz individuell ‚Wohnungen zubereitet' (Joh. 14,1-3), die schöner sind als alles auf Erden. Alles in dieser Wohnung zeigt, dass er es aus Liebe zu jedem von uns eingerichtet hat. Nun bittet er uns am Tisch Platz zu nehmen. Jetzt bindet er sich eine Schürze um, geht hin und her, und trägt uns Speisen auf den Tisch. Das ist alles so natürlich, so wirklich, so einfach, wie wenn zwei gute Freunde sich treffen, und doch ist es unbegreiflich, dass er uns *dient*. Der Allerhöchste, der Herr aller Herren, der Allmächtige und Ewige, der Herr des Weltalls, er steigt von seinem Thron, setzt sich mit uns an unseren Tisch und bedient uns. Er gab nicht nur sein Leben am Kreuz für uns hin, um uns zu retten, jetzt legt er sogar seine Königswürde und Majestät ab, und dient uns, um uns zu erfreuen. Das ist der Höhepunkt seiner dienenden Liebe, die Krone seiner Demut und Sanftmut, seiner Menschenfreundlichkeit und seiner persönlichen Freundschaft zu uns.

Eine Menge anderer Voraussagen und Versprechen der Bibel werden sich in diesen Momenten erfüllen. *„Seht doch, wie sehr uns der Vater geliebt hat! Seine Liebe ist so groß, dass er uns seine Kinder nennt. Und wir sind es wirklich! Die Welt versteht uns nicht, weil sie Gott nicht kennt. Meine lieben Freunde, wir sind schon Kinder Gottes. Was wir einmal sein werden, ist jetzt noch nicht sichtbar. Aber wir wissen: wenn es sichtbar wird, werden wir Gott ähnlich sein; denn wir werden ihn sehen, wie er wirklich ist" (1.Joh. 3,1.2). „Darum darf ich dich sehen. Wenn ich wach werde, will ich mich satt sehen an dir!" (Psalm 17,15)*

Auge in Auge mit unserem Schöpfer und Erlöser, wird er alle unsere Fragen beantworten, die uns hier auf Erden vielleicht quälten und plagten, unverstandene Rätsel in unserem Leben, Zweifel und Bedenken, die wir schließlich in seine Hand gaben im Blick auf die zukünftige Antwort in seinem Reich. „Wenn uns Gottes Wege dunkel erscheinen", soll Martin Luther einmal gesagt haben, „dann liegt das Dunkle nicht auf Gottes Wegen, sondern in unseren Augen!" So spricht der Herr: *„Alle Not wird vergessen sein, ich bereite ihr ein Ende. Alles mache ich jetzt neu: einen neuen Himmel schaffe ich und eine neue Erde...Ehe sie rufen, will ich antworten; wenn sie noch reden, will ich hören.... Ich will euch trösten, wie einen seine Mutter tröstet! (Jes. 65,17,24. 66,13) Er wird abwischen alle Tränen von ihren Augen" (Offb. 21,4).*

Kann jemand solch einer Liebe sein Herz verschließen? Wer jetzt, heute und hier, ihm sein Herz öffnet und sich ihm ganz anvertraut, wird dort bei ihm sein für immer und ohne Ende in ewiger Harmonie.

„Ich habe die zärtliche Liebe gesehen", schrieb E. G.White, „die Gott für sein Volk hat, und sie ist sehr groß. Ich sah Engel über den Heiligen (Gläubigen), die ihre Flügel über sie ausgebreitet hielten. Jeder Heilige hat einen begleitenden Engel... Der Herr hat mir auch einen Blick auf andere Welten gestattet... Ein Engel begleitete mich zu einem großen, herrlichen Ort. Das Gras dort war frisch und grün, und die Vögel sangen ihre lieblichen Lieder. Die Bewohner des Ortes waren verschieden groß; sie waren schön, majestätisch und liebevoll. Sie waren dem Bilde Jesu sehr ähnlich, und ihre Angesichter strahlten vor heiliger Freude… Ich fragte einen von ihnen, warum sie so viel liebenswürdiger seien als die Bewohner der Erde. Die Antwort war: ‚Wir haben in vollkommenem Gehorsam nach den Geboten Gottes gelebt und sind nicht durch Ungehorsam gefallen, wie die Menschen auf der Erde‘. Dann wurde ich zu einer Welt genommen, die sieben Monde hat… Ich bat meinen begleitenden Engel, mich an diesem Ort bleiben zu lassen. Aber er sagte: ‚Du musst zurückgehen, aber wenn du treu bist, … sollst du diese Welten besuchen und die Werke Gottes sehen'“.

„Das Leben auf der neuen Erde wird eine völlig neue Qualität haben. Die Menschen werden über unbegrenzte schöpferische Kraft verfügen, ihr Geist wird sich immer neuen Erkenntnissen öffnen, sie werden tätig sein und doch nicht ermüden. Die Kräfte von Leib, Seele und Geist werden sich zu nie gekannten Höhen entfalten. Den Erlösten wird das ganze Universum offen stehen. Nicht mehr an Zeit und Raum gebunden, werden sie ferne Welten besuchen können, deren Bewohner Anteil genommen haben an dem, was auf unserer Erde geschehen ist und von denen sie lernen können, was Leben in einer von Sünde unberührten Welt bedeutet. In Ewigkeit werden ihnen reichere und herrlichere Offenbarungen Gottes und Christi zuteil werden. Mit wachsender Erkenntnis werden auch Liebe, Ehrfurcht und Glück zunehmen. Je mehr die Menschen von Gott lernen, desto mehr werden sie ihn bewundern. Und wenn Jesus ihnen den Reichtum der Erlösung und die Zusammenhänge des erbitterten Kampfes gegen Satan erschließt, werden ihm die Herzen der Erlösten in immer stärkerer Liebe entgegen schlagen“.[27]

„Der große Kampf ist beendet. Sünde und Sünder sind nicht mehr. Das Weltall ist wieder frei von Auflehnung und Hass. Eintracht und Freude bestimmen das Zusammenleben. Von Gott, der alles erschaffen hat, gehen Leben, Licht und Freude aus. Vom kleinsten Atom bis zum größten Weltenkörper bezeugt die Schöpfung in ungetrübter Schönheit und Harmonie: Gott ist die Liebe!“[28]

---

[27] E. G. White, Erfahrungen und Gesichte, Brookfield 1947, S. 30.
[28] E. G. White, Der Große Kampf, S. 406.

Die letzte Einladung an diesen Planeten

Vor den großen Katastrophen auf dieser Erde hatte Gott seine geliebten Menschen stets gewarnt und sie retten wollen. Am Anfang der Menschheit warnte er die ersten Bewohner der Erde vor dem Tod (Genesis/ 1.Mose 3,16.17). Vor dem ersten Mord weckte er das Gewissen des angehenden Mörders Kain (1.Mose 4,6.7). Vor der Sintflut ließ er durch Noah allen Menschen eine Rettungsbotschaft senden (1.Mose 6). Vor dem Untergang von Sodom und Gomorrha kamen zwei Engel, um zu versuchen, die Bewohner zu retten (1.Mose 19,1-29). Vor den schrecklichen Plagen in Ägypten sandte Gott Mose, um den Pharao zu einem gerechten Handeln zu bewegen (2.Mose 4). Das Volk Israel wurde in der ganzen Zeit seiner Geschichte immer wieder von Propheten und Engeln Gottes gewarnt. Zuletzt versuchte Jesus selbst sein halsstarriges Volk für den Weg der Gerechtigkeit und Liebe zu gewinnen. Er warnte vor der größten Katastrophe, der Zerstörung Jerusalems, bei der mehr als eine Million ums Leben kamen. Unter den Opfern war nicht ein einziger Christ, weil sie die Warnungsbotschaft ihres Herrn ernstgenommen hatten und rechtzeitig geflohen waren (Matth.24,20). Jetzt vor dem Untergang der Erde sendet er drei Engel, um die Menschheit zu warnen:

„Ich sah einen anderen Engel hoch oben am Himmel fliegen, der hatte den Erdbewohnern, ja allen Geschlechtern, Stämmen, Sprachen und Völkern eine seit Ewigkeit beschlossene Frohe Botschaft zu verkünden. Er rief mit lauter Stimme: ‚Fürchtet Gott und gebt ihm die Ehre, denn die Stunde seines Gerichtes ist nun da! Betet ihn an, der Himmel und Erde, Meer und Wasserquellen geschaffen hat!‘

Ein zweiter Engel folgte ihm nach und sprach: ‚Gefallen, gefallen ist das große Babylon, das von dem Glutwein seiner Buhlerei hat alle Völker trinken lassen!’

Ein dritter Engel folgte diesen beiden, der rief mit lauter Stimme: ‚Alle, die das Tier anbeten und sein Bild, und die ein Zeichen nehmen auf ihre Stirne oder ihre Hand, die sollen trinken von dem Glutwein Gottes, der unvermischt in seinem Zornesbecher steht und vor der heiligen Engel und des Lammes Augen in Feuer und Schwefel Qualen leiden.

Der Rauch von ihrer Qual steigt auf in Ewigkeit, und ruhelos sollen sein, bei Tag und Nacht die Menschen, die das Tier anbeten und sein Bild und seines Namens Zeichen an sich nehmen.

Hier gilt es standhaft auszuharren für die Heiligen, die treu bewahren die Gebote Gottes und den Jesusglauben'" (Offenb. 14,6-12, Albrecht).

Der erste Engel verkündet das Untersuchungsgericht, das nach Ablauf der größten Zeitweissagung in Daniel 8,14 in der Mitte des vorigen Jahrhunderts begonnen hatte (s. Kap.: Die Wiederherstellung der Harmonie). Das Ende dieser Zeitweissagung erkannten neben dem Kirchenvater von Württemberg, Prälat Johann Albrecht Bengel, etwa dreitausend evangelische und katholische Geistliche in aller Welt.

Der zweite Engel zeigt den Abfall Babylons, einer Kirche, die in Offenbarung 17 und 18 beschrieben ist. Der dritte Engel warnt vor dem Tier, seinem Bild und dem Malzeichen des Tieres. Erklärt werden diese Symbole in Offenbarung 13 und 17, sie haben mit der bevorstehenden Weltregierung und Weltreligion zu tun.

Christliche Ausleger haben im Laufe der 2000 Jahre seit der Entstehung und historischen Erfüllung der Offenbarung erkannt, dass es sich hier um die Macht des römischen Staates handelte, der seine Gewalt und Methoden der Kirche aufgezwungen hatte. Zweihundert Jahre herrschten die römischen Kaiser im sogenannten Cäsaropapismus über die Kirche, bis im ‚finsteren Mittelalter', so schreibt der kath. Prof. Karl Adam, „bei dem obersten Hirten der Kirche dämonischer Machtrausch und sakrilegischer Missbrauch des Heiligen" einkehrten.

Alle echten Katholiken, die dem Herrn Jesus Christus dienen wollen, bedauern diese Entwicklung, die durch den römischen Kaiser verursacht worden war: Der Erzbischof Eberhard von Salzburg, die Theologen während des großen Schismas, die Kaiser in ihrem Ringen mit dem Papst um die Vorherrschaft, die katholischen Theologen, die zu Reformatoren wurden, und die heutigen Priester und Bischöfe, die erkennen, dass die Kirche unterwandert ist und von einem Geist beherrscht wird, der in Offenbarung 13,2-4 von Christus genannt wird. Sie sehen in Martin Luther heute den von Gott gesandten Propheten, der die Kirche vor dem Verfall bewahrte. Die echten Protestanten erkennen mit den echten Katholiken, dass auch die Kirchen der Reformation sich von diesem Geist anstecken ließen und in der Ökumene mit dem Vatikan die Weltherrschaft anstreben.

Das Zeichen, das beide verbindet, ist die Sonntagsheiligung, die nicht durch die Bibel, sondern nur durch den römischen Kaiser und die mittelalterliche Tradition begründet ist. Es lässt sich denken, dass der Sonntag zum obligatorischen Schulungstag für die Prinzipien der neuen Weltregierung und Weltreligion allen Menschen dieser Erde aufgezwungen wird. Alle echten Christen werden sich dann zusammenschließen und die „kleine Herde unter einem Hirten", unter Jesus Christus allein bilden, wie es die zwanzig Merkmale für die Endgemeinde in Offenbarung 13 u. 14 vorausgesagt hatten. (s. mein Buch, Weltregierung oder Gottesreich) Sie machen sich bereit für das Wiederkommen Christi, das nun dicht vor der Türe steht.

Die Botschaft der drei Engel als letzte Einladung an die Menschheit wird noch verstärkt durch einen weiteren Boten aus der Zentrale des Universums:

„Danach sah ich einen anderen Engel aus dem Himmel herabkommen. Er hatte große Macht, und sein Glanz erhellte die ganze Erde. Er rief mit starker Stimme: ‚Gefallen! Babylon, die große Stadt ist gefallen! Jetzt wird sie von Dämonen und unreinen Geistern bewohnt... Die Könige der Erde haben mit ihr Unzucht getrieben. Die Kaufleute der Erde sind durch ihren ungeheuren Wohlstand reich geworden.‘ Dann hörte ich aus dem Himmel eine andere Stimme, die sagte: ‚Auf, mein Volk! Verlasst diese Stadt! Sonst werdet ihr mitschuldig an ihren Sünden und müsst ihre Strafe mit ihr teilen!'" (Offenb. 18,1-4)

In diesen Tagen der Entscheidung für jeden Menschen wird sich die Weltkirche als ‚große Herde‘ bilden und die ‚Übrigen‘ als

‚kleine Herde'(Offenb. 12,17. 13,16. Luk. 12,32). Nun warnt der Himmel noch einmal alle Erdenbewohner, die ganze Erde wird erleuchtet, erhält eine helle, deutliche Erkenntnis: Die Weltkirche ist von Christus abgefallen und ein Wirkungsort der abgefallenen Engel geworden. Drei Mächte starten eine Weltdiktatur: Die Weltreligion – Babylon, die Weltmacht – die Könige der Erde, der Welthandel – die Kaufleute der Erde. Gott selbst – die Stimme vom Himmel – fordert seine Getreuen auf, sich von dieser Bewegung zu trennen. Aus allen Religionen werden sie zusammenkommen und die „kleine Herde" bilden: *„Hier ist Geduld der Heiligen! Hier sind, die da halten die Gebote Gottes und den Glauben an Jesus!"* (Offenb. 14,12)

Die Offenbarung des Herrn Jesus Christus begann mit den Worten:

„In diesem Buch ist aufgeschrieben, was Jesus Christus von Gott enthüllt worden ist. Damit wollte er seinen Dienern zeigen, was sich sehr bald ereignen muss.

Christus sandte seinen Engel zu seinem Diener Johannes und machte ihm dies alles bekannt. Johannes ist Zeuge für das, was Gott angekündigt und Jesus Christus ihm in Visionen gezeigt hat.

*Freude ohne Ende ist dem gewiss, der dieses Buch liest, und allen, die diese prophetischen Worte hören und sie beherzigen; denn alle diese Dinge werden bald geschehen"(*Offenb. 1,1-3).

Das letzte Buch der Bibel schließt mit den Worten:

„Jesus sagte zu mir: ‚Diese Worte sind wahr und zuverlässig. Gott, der Herr, der den Propheten seinen Geist gibt, hat seinen Engel gesandt, um seinen Dienern zu zeigen, was bald geschehen muss. Gebt acht! Ich bin schon auf dem Weg! Freude ohne Ende ist dem gewiss, der die prophetischen Worte dieses Buches beherzigt'. Ich, Johannes, habe das alles gehört und gesehen...Der aber, der dies alles bezeugt, sagt: ‚Ganz gewiss, ich bin schon auf dem Weg!'

Ja, Herr Jesus, komm!

Jesus, unser Herr, schenke allen seine Gnade!" (Offenb. 22,6-8. 20.21)

Anhang A

Die Engel in der Bibel

Altes Testament:

1.Mose 3,24. Die Cherubim bewachen den Zugang zum Baum des Lebens im Paradies.

1.Mose 16,7. Der Engel des Herrn rettet Hagar in der Wüste.

1.Mose 19,1. Zwei Engel erretten Lot und seine Familie vor der Zerstörung von Sodom.

1.Mose 22,11. Ein Engel bewahrt Isaak vor der Opferung auf dem Berg in Morija.

1.Mose 24,7.40. Ein Engel begleitet den Knecht Abrahams auf der Reise.

1.Mose 28,12. Jakob sieht im Traum die Engel Gottes als seine Hilfe.

1.Mose 31,11. Ein Engel erscheint Jakob und spricht mit ihm in einem Traum.

1.Mose 32,1. Ein Heer von Engeln begleitet Jakob auf der Heimreise.

1.Mose 32,25. Der Herr erscheint Jakob in Gestalt eines Engels und ringt mit ihm.

1.Mose 48,16. Ein Engel hat Joseph in allen Übeln errettet.

2.Mose 3,2. Der Herr erscheint Mose in einem brennenden Busch auf dem Berg Sinai.

2.Mose 14,19. und 13,21. Der Herr führt in Gestalt eines Engels das Volk durch die Wüste.

2.Mose 23,20.21. In dem Engel des Herrn ist der Name Gottes.

2.Mose 32,34.und 33,2. Der Engel des Herrn geht Moses voran.

4.Mose 20,16. Ein Engel hat das Volk durch die Wüste geführt.

4.Mose 22,22-35. Ein Engel belehrt den untreuen Bileam.

5.Mose 32,17. Das Volk hat den abgefallenen Engeln als Dämonen geopfert.

Richter 2,1.4. Der Engel des Herrn führte Israel und sprach zu dem Volk.

Richter 5,23. Der Engel des Herrn kündigt den Feinden Strafe an.
Richter 6,11-14. Der Engel des Herrn beruft Gideon das Volk zu führen.
Richter 13,3-25. Ein Engel belehrt Manoah in der Erziehung seines Sohnes.
2.Samuel 24,16.17. Ein Engel bestraft die Sünden Davids.
1.Könige 13,18. Ein Engel prüft, ob ein Prophet Gott gehorcht.
1.Könige 19,5-7. Ein Engel stärkt den Propheten Elia.
2.Könige 1,3.15. Der Engel des Herrn ermutigt den Propheten Elia.
2.Könige 19,35. Ein Engel besiegt und schlägt das Heer Assyriens.
1.Chronik 21,1. Satan, als abgefallener Engel verführt David zur Sünde.
1.Chronik 21,15-30. Ein Engel bestraft die Sünde Davids.
2.Chronik 32,21. Ein Engel vernichtet die Obersten im Heerlager Assyriens.
Hiob 1,6-12. Satan wendet sich gegen Hiob, um ihn zu vernichten.
Hiob 2,1-10. Satan bringt Unglück über Hiob und seine Familie.
Psalm 8,6. Der Mensch ist nur wenig geringer als die Engel.
Psalm 34,7. Der Engel des Herrn schützt alle, die dem Herrn ehrfürchtig dienen.
Psalm 78,25. Das Manna vom Himmel war das Brot der Engel.
Psalm 91,11. Gott stellt dich unter den Schutz seiner Engel.
Psalm 103,20. Alle Engel preisen den Herrn.
Psalm 148,2. Die himmlischen Heere loben den Herrn.
Jesaja 37,36. Ein Engel besiegt das Heer der Assyrer.
Daniel 3,28. Ein Engel rettet Daniels Freunde im Feuerofen.
Daniel 6,22. Engel retten Daniel in der Löwengrube.
Sacharja 1,9-2,3. Engel überbringen Botschaften Gottes.
Sacharja 4,1-6. 10-14. Ein Engel erklärt die Bedeutung einer Vision.
Sacharja 5,5-11. 6,4-8. Engel erklären die Visionen.

Neues Testament:

Matth. 1,20-24. 2,13.14. 19-21. Ein Engel rettet Joseph und Maria mit dem Kind.
Matth. 4,1-11. Engel dienen Jesus nach der Versuchung durch Satan.

Matth. 8,16.17. 28-34. 9,32-34. Jesus treibt die bösen Engel aus.
Matth. 10,8. Jesus beauftragt seine Jünger böse Engel auszutreiben.
Matth. 13,39-41.49. Die Rolle der Engel im Jüngsten Gericht.
Matth. 15,22-28. Jesus befreit ein Mädchen von einem bösen Engel.
Matth. 16,27. Christus kommt mit allen Engeln wieder.
Matth. 17,14-20. Christus heilt einen besessenen Jungen.
Matth. 18,10. Die Kleinen haben Engel, die stets Gott schauen.
Matth. 22,30. Engel heiraten nicht.
Matth. 24,31. 25,31. Die Engel bei der Wiederkunft Christi.
Matth. 25,41. Die bösen Engel finden ihr Ende im Feuer.
Matth. 28,2-8. Der Engel bei der Auferstehung Jesu.
Markus 1,12.13. Engel dienen dem Herrn Jesus.
Markus 1,32-39. 3,15. Jesus und seine Jünger treiben böse Engel aus.
Markus 5,1-20. Jesus treibt einen Dämon aus.
Markus 6,13. Die Jünger Jesu treiben Teufel aus und heilen Kranke.
Markus 8,38. Christus wird in Herrlichkeit mit seinen Engeln kommen.
Markus 16,9. Sieben Teufel wurden aus Maria Magdala ausgetrieben.
Lukas 1,11-25. Der Engel Gabriel erscheint Zacharias.
Lukas 2,9-15. Engel bei den Hirten auf dem Feld bei Bethlehem.
Lukas 4,33-36. Jesus befreit einen Besessenen von einem unreinen Geist.
Lukas 4,40.41. Jesus heilt die von Satan Besessenen.
Lukas 8,12. Der Teufel reißt das Wort Gottes aus dem Herzen.
Lukas 9,1. Jesus gibt seinen Jüngern die Macht Teufel auszutreiben.
Lukas 9,26. Jesus kommt wieder in der Herrlichkeit seiner Engel.
Lukas 9,37-45. Jesus befreit einen Jungen von einem Dämon.
Lukas 10,17-20. Die 72 Jünger können Teufel austreiben.
Lukas 12,8.9. Jesus bekennt seine Getreuen vor den Engeln.
Lukas 13,10-17. Jesus befreit eine Frau, die 18 Jahre besessen war.
Lukas 15,10. Bei den Engeln wird Freude sein über einen Sünder, der umkehrt.

Lukas 22,31. Satan versuchte Simon Petrus zu überwinden.
Lukas 22,43. Engel stärken Jesus in Gethsemane.
Joh. 1,51. Jesus erzählt Nathanael von den Engeln Gottes.
Joh. 8,44. Der Teufel ist der Vater der Lüge.
Joh. 13,2. Satan beeinflusst Judas.
Joh. 20,12.13. Engel am leeren Grab Jesu.
Apostelg. 5,3. Satan beeinflusst Ananias und Saphira.
Apostelg. 5,19-21. Ein Engel befreit die Apostel aus dem Gefängnis.
Apostelg. 7,30-38. Stephanus erzählt wie Jesus als ein Engel Moses erschien.
Apostelg. 7,53. Jesus erschien als Engel und gab Mose die Zehn Gebote.
Apostelg. 8,26. Ein Engel leitet Philippus zu einem Auftrag Gottes.
Apostelg. 10,3-8. 22. Ein Engel erscheint dem Hauptmann Kornelius.
Apostelg. 12,7-15. Ein Engel befreit Petrus aus dem Gefängnis.
Apostelg. 12,23. Ein Engel schlägt Herodes mit einer Krankheit.
Apostelg. 23,8.9. Die Pharisäer glauben an Engel, die Sadduzäer nicht.
Apostelg. 27,23-26. Ein Engel sagt Paulus die Rettung aus Seenot voraus.
Römer 8,38.39. Böse Engel können uns nicht von der Liebe Gottes trennen.
Römer 16,20. Gott wird Satan bald unter eure Füße legen.
1.Kor. 4,9. Wir sind den Engeln wie ein Schauspiel auf einer Bühne.
1.Kor. 5,5. Satan zerstört einen Menschen im Ehebruch.
1.Kor. 6,3. Die Gläubigen werden einmal die Engel richten.
1.Kor. 7,5. Satan kann Verheiratete versuchen.
1.Kor. 10,20-22. Was die Heiden opfern, das opfern sie den Teufeln.
1.Kor. 11,10. Engel in der Versammlung der Gemeinde.
2.Kor. 2,11. Satan kann die Gläubigen nicht überlisten.
2.Kor. 11,14.15. Satan verstellt sich als Engel des Lichtes.
Gal. 1,8. Paulus warnt vor falschen Predigten der abgefallenen Engel.
Gal. 4,14. Die Galater nehmen den kranken Paulus auf wie einen Engel.

Epheser 4,27. Man lässt den Teufel wirken, wenn man seinen Zorn über Nacht behält.

Epheser 6,10-13. Unser Kampf geht gegen die bösen Geister, nicht nur gegen Menschen.

1.Thess. 2,18. Paulus sagt, Satan habe seinen Besuch in Thessaloniki verhindert.

2.Thess. 1,7. Christus wird mit seinen Engeln wiederkommen.

2.Thess. 2,9-12. Satan wirkt mit Täuschungen und Scheinwundern.

1.Tim. 3,16. Christus wird von den Engeln beobachtet.

1.Tim. 4,1. Gläubige hören auf die Lügen des Teufels.

1.Tim. 5,21. Paulus ermahnte Timotheus vor den Engeln.

2.Tim. 2,26. Befreiung aus den Stricken Satans.

Hebr. 1,4-14. Christus steht weit über den Engeln.

Hebr. 2,5-9. Christus war für kurze Zeit niedriger als die Engel.

Hebr. 2,14. Christus besiegte durch seinen Tod den Teufel.

Hebr. 12,22. Tausende von Engeln sind in der Stadt Gottes.

Hebr. 13,2. Durch Gastfreundschaft sind manche schon Engeln begegnet.

Jak. 2,19. Die Teufel glauben auch und zittern.

Jak. 4,7. Widerstehet dem Teufel, dann flieht er vor euch.

1.Petr. 1,12. Die Engel sehnen sich danach die Kraft des Evangeliums zu sehen.

1.Petr. 3,22. Christus hat die abgefallenen Engel unterworfen.

1.Petr. 5,8. Wachsamkeit gegen den Teufel wird allen geboten.

2.Petr. 2,4. Gott hat die Engel, die gesündigt haben, nicht verschont.

2.Petr. 2,11. Engel verklagen die Lästerer nicht vor Gott.

1.Joh. 3,8. Christus zerstört die Werke des Teufels.

1.Joh. 3,10. Die Unterschiede zwischen Gottes Kindern und den Kindern des Teufels.

Judas 6. Die abgefallenen Engel sehen nur noch dem Gericht Gottes entgegen.

Judas 9. Der Erzengel Michael streitet mit Satan um den Leib Moses.

Offenbarung 1,1. bis 22,16. Hier werden die Engel Gottes und die Engel des Satans mehr 30 mal genannt.

Anhang B

Spuren des Gesetzes der Harmonie

Schon die alten Hebräer sahen in Gott den Einen und Einzigen, dargestellt durch den Buchstaben Aleph, den ersten Buchstaben des Alphabets mit dem Zahlenwert Eins. Aleph ist der Kopf, das Haupt, das über allem steht. Er ist auch das Haupt des Stieres als Symbol der Kraft. So ist Gott die Kraft in Person, die Urkraft, die Allmacht, die Eins, ohne die es keine Zahl gibt, denn die Zwei ist zweimal die Eins, die Drei dreimal die Eins usw. Die Null ist ohne Zahlenwert, sie ist das nicht Bestehende, das Nichts. Aus dem Nichts schafft der Eine diese sichtbare Welt, die somit aus dem Unsichtbaren, aus dem Außerirdischen, dem Überirdischen und aus dem Sichtbaren, dem Kosmos besteht.

Die Computersprache kennt nur die Null und die Eins, alle anderen Zeichen sind immer nur ein Vielfaches dieser binären Einheit von Null und Eins. Im Zeitalter des Computers sind wir dem innersten Geheimnis des Seins damit ganz dicht auf der Spur. Leider bleiben wir mit unserem Denken hier stehen und übersehen, dass der Computer mit seiner Hardware und seinen Programmen von einem genialen Denker erfunden wurde, so wie unsere Welt von einem genialen Denker erfunden und gestaltet wurde. Unsere Welt ist wirklich die beste aller möglichen Welten. Aber Leibniz ging in seinem Denken noch einen Schritt weiter und kam zu der ‚Hypothese der prästabilisierten Harmonie'.

Der Begriff stabil und stabilisieren ist uns wohlbekannt, das ‚prä' davor, meint nun, dass etwas schon vorher ganz stabil und grundlegend da war, und das ist das Gesetz der Harmonie im Weltall.

Titius, ein Zeitgenosse von Leibniz, entdeckte in der Reihenfolge der Planeten, die unsere Sonne umkreisen ,eine bestimmte Zahlenreihe in ihren Entfernungen von der Sonne:

Merkur, Venus, Erde, Mars, Jupiter, Saturn, Uranus und Neptun.

Zwischen Sonne und Merkur beträgt die Entfernung 58 Millionen km. Wenn man diese als vier, der Grundzahl der Welt – siehe weiter oben, vier als Zahl der Welt und drei als Zahl Gottes – setzt, so ergibt sich aus den Entfernungen der einzelnen Planeten die Zahlenreihe des sogenannten ‚Goldenen Schnittes' als Ausdruck der Harmonie, von der schon Pythagoras schrieb.

Diese Zahlenreihe wurde in unserer Zeit von Prof. Bode bestätigt.

„In seinem ‚Lehrbuch der Harmonik' und anderen Werken hat Hans Kayser seine Forschungsergebnisse mit Tabellen, Diagrammen und Abbildungen in streng wissenschaftlicher Form zu Papier gebracht.

Mit kühnen, in vielen Einzelheiten genau belegten und durch graphische Darstellungen verdeutlichten Gedankenkombinationen kam Kayser zu seinen Thesen von der harmonikalen Ordnung der Welt. Von dieser einheitlichen und umfassenden Ordnung sind nicht nur die Bereiche der Musik und Mathematik, sondern auch die Planetenabstände von der Sonne und das ganze astronomische Weltgebäude, die Bildung und der Aufbau der Kristalle, das Wachstum und der Gliederbau pflanzlicher und tierischer Organismen, aber auch der Rythmus der dichterischen Sprache, die Statik und Ästhetik der Baukunst, (kanonische Geheimnisse mittelalterlicher Bauhütten), die Skulptur und Malerei (bis zur abstrakten Malerei) durchwaltet. Kosmologie, kosmologisch-theologische Mystik und Symbolik, die Psychologie des kollektiven Unterbewussten und seiner Archetypen, aber auch die neuesten Befunde der Atomphysik, der Quantentheorie (Planck) und der Theorie von der akausalen Unbestimmheitsrelation (Heisenberg) vermag Kayser im Universalismus seiner harmonikalen Weltstrukturlehre – immer zielgerichtet auf die metaphysische, humanistisch-religiöse Überwindung unserer Menschheitskrise – unterzubringen".[29]

Der ‚Goldene Schnitt' drückt aus, dass sich bei einem Körper, einer Struktur, die kleineren Teile zu den größeren so verhalten, wie die größeren zu dem Ganzen. Der deutsche Biologe R. H. Francé schreibt: „Wenn man aber zwei Linienlängen, die zueinan-

---

[29] (G. Stolzenberg, Medizin zwischen Heil und Unheil, Zürich 1976, S. 38.)

der im Verhältnis des ‚Goldenen Schnittes' stehen, addiert, ergibt sich eine größere Linie, die zu der ihr nächstkleineren wieder ein ‚Goldenes Schnittverhältnis' hat; dadurch kann man zu einer ‚Goldenen Reihe' kommen (die Laméschen Zahlenreihe), von der sich jedes Glied zu den nächst- oder vorfolgenden Gliedern nach der Proportion 5 : 8 verhält. Diese harmonische Reihe hat folgendes Aussehen: 1 – 2 – 3 – 5 – 8 – 13 – 21 – 34 – 55 – 89..."

Unser wissenschaftliches Denken ist gezwungen, sich auf Teilgebiete des Weltganzen zu spezialisieren, das dadurch leider aus den Augen verloren wird. Das Ganzheitsdenken war bei Pythagoras, Heraklit, Plato, Hippokrates vorhanden, dann hatten wir Leibniz erwähnt, aber auch Shaftesbury, Goethe, Schelling und Hegel gehören in diese Linie. Heute betonen den sogenannten Holismus, das Ganzheitsdenken, viele Naturwissenschaftler, Ärzte, Biologen, Ingenieure und Künstler. Manche wollen sogar das Weltganze als ein lebendiges Wesen sehen, die sogenannte ‚Ge'. Hier bleibt man jedoch im Weltlichen, dem Sichtbaren, stecken, ohne das Unsichtbare, die Transzendenz Gottes als Schöpfer zu berücksichtigen.

„Alles im Weltall ist harmonisch miteinander verbunden. Wir selber sind Teile des Erdganzen, unendlich winzige, aber dennoch notwendige Teile. Zusammen mit unserer Mutter Erde sind wir zugleich auch Teile des uns zugeordneten Sonnensystems und schließlich des Weltganzen. Doch gleichzeitig sind wir selber etwas Ganzes, als Persönlichkeit an sich, und wir sind aus Teilen zusammengesetzt. Diese Teile sind in bezug auf sich selbst ebenfalls etwas Ganzes und wiederum aus kleineren Teilen zusammengesetzt, und so lässt sich die Reihe – ins Kleine ebenso wie ins Grosse – bis in die Unendlichkeit fortsetzen, denn in der Weite des Universums gibt es keine Grenzen, kein Ende in der Unendlichkeit".

Anhang C

Die Bedeutung der biblischen Zahl sieben

So wie der Regenbogen sieben Farben hat, so ist die Zahl sieben eine bedeutsame, kosmische Zahl. Sieben grosse Planeten hat unser Sonnensystem, 4 mal 7 Erdumdrehungen ergeben einen Mondumlauf, 7 mal 7 Merkurumläufe ergeben ein Jupiterjahr, 7 Jupiterumläufe gleichen einem Uranusjahr, 2 mal 7 Jupiterumläufe sind ein Neptunjahr, 3 mal 7 Jupiterumläufe ergeben ein Plutojahr.

Aber auch auf unserer Erde ist die Zahl sieben überall zu finden. Wenn man die chemischen Elemente in der Reihenfolge der Atomgewichte aufschreibt, jeweils die Reihen zu sieben untereinander, dann zeigt es sich, dass die jeweils untereinander liegenden Elemente ein ähnliches Verhalten zu anderen Stoffen aufweisen. Das periodische System der chemischen Elemente hat 7 Stufen. Die Tonleiter hat 7 Stufen. Die Farbskala besteht aus 7 Farben. 7 jährig ist der Stoffwechsel des Menschen, 7 Hauptdrüsen regeln diesen Stoffwechsel, 7 mal unser Blutgewicht ergibt unser Körpergewicht, 7 Halswirbel hat der Mensch, 7 mal zehn Herzschläge hat der Mensch im Durchschnitt in einer Minute, 7 Kontraktionen zeigt unser Darm in einer Minute, 7 mal Körperlänge ergibt die Darmlänge, 7 Schichten hat unsere Hirnrinde usw.

Die Woche hat 7 Tage, die Erschaffung der Welt geschah in 7 Tagen. Bei den Hebräern bestand das Sabbatjahr aus 7 Jahren, das Jubeljahr aus 7 mal 7 Jahren, das Passahfest, das Laubhüttenfest und andere Feste dauerten je 7 Tage. In der Bibel findet sich die Zahl 7 im Alten und Neuen Testament viele Male. Auch in den Kulturen vieler Völker kehrt die Zahl 7 immer wieder.

Die Zahl 7 setzt sich zusammen aus 3 und 4. Drei ist die symbolische Zahl für Gott, der in dreifacher Weise in dieser Welt erscheint, vier ist die Zahl unserer Erde, 4 Himmelsrichtungen, 4 Jahreszeiten, 4 Tageszeiten usw. Die Bibel zeigt sehr viele Beispiele für die göttliche Zahl drei und die weltliche Zahl vier. Die

Zahl 7 symbolisiert also die Verbindung Gottes mit dieser Welt. Darum kehrt diese Zahl bei der Beschreibung der Zentrale des Weltalls immer wieder.

Mit der Zahl sieben ist eine Eigenschaft Gottes verbunden, die seine Überweltlichkeit und Allgegenwart darstellt. Vor seinem Thron stehen sieben Fackeln oder Leuchter (Offb. 4,5. 5,6.). Mit der Zahl sieben ist Gottes Hinwendung zu der Welt, dem Kosmos – mit der Zahl vier symbolisiert – ausgedrückt. Für seine von ihm ins Dasein gerufenen Welt ist er der Leuchter, die Quelle des Lichtes. Er selbst ist Licht (1.Joh. 1,5.), das Licht scheint in der Finsternis, es ist das Leben der Menschen. (Joh. 1,4.5).

Alle Erdenbewohner werden aufgerufen, sich diesem Licht zuzuwenden:

„Mache dich auf, werde licht! denn dein Licht kommt, und die Herrlichkeit des Herrn geht auf über dir. Denn siehe, Finsternis bedeckt das Erdreich und Dunkel die Völker; aber über dir geht auf der Herr, und seine Herrlichkeit erscheint über dir“ (Jes. 60,1.2).

Die sieben Leuchter werden auch erklärt als ‚sieben Augen‘. Gott hat ein Auge auf alle seine Geschöpfe und auf alles Geschaffene. Er sieht jedes Lebewesen auf all den bewohnten Planeten im Universum und auf unserem Erdball, jeder ist voll beachtet und geachtet von seinem Schöpfer, und zwar in ganzer Liebe und Güte.

„Des Herren Augen schauen alle Lande“, (2.Chron. 16,9) er sieht auf die, die ihm mit Ehrfurcht begegnen (Psalm 33,18). Es gibt nichts Geheimes vor seinen Augen, „es ist alles bloß und entdeckt vor seinen Augen“ (Heb. 4,13). Er hat uns schon in seinem Plan gehabt, als wir noch nicht da waren. „Deine Augen sahen mich, da ich noch nicht bereitet war“ (Psalm 139,16).

Wir sind ein Meisterstück seiner Schaffenskunst, so dass er erklärt: „Weil du so wert bist vor meinen Augen geachtet, musst du auch herrlich sein, und ich habe dich lieb“ (Jes. 43,4). Mit liebendem Blick bewacht er uns Tag und Nacht und verspricht uns, wenn wir auf seine Führung achten, uns in allen Entscheidungen und Schwierigkeiten, in aller Not und Ausweglosigkeit zu helfen: „Ich will dich mit meinen Augen leiten!“ (Psalm 32,8)

Diese ‚sieben', also stets gegenwärtigen Augen Gottes werden auch erklärt: „Das sind die sieben Geister Gottes, gesandt in alle Lande" (Offb. 5,6). Damit wird ausgedrückt, dass Gott mit seinem Geist überall gegenwärtig ist, aber während die Augen das Schauen von außen her meinen, ist der Geist Gottes besonders ‚inwendig in uns'.

Der Geist Gottes gibt und erhält uns das Leben.	(Hiob 33,4)
Er gibt uns den Verstand und das Bewusstsein.	(Hiob 32,8)
Er liebt jeden einzelnen von uns.	(Röm. 15,30)
Er macht uns unsere Schuld bewusst.	(Apg. 2,37. Joh. 16,8)
Er zeigt uns die Liebe Gottes im Opfer Christi.	(Röm. 5,5.6)
Er gibt uns Kraft Christus als Erlöser zu sehen.	(1.Kor. 12,3)
Er macht uns frei von unserer Schuld.	(Röm. 8,2)
Er macht uns zu neuen Menschen.	(Joh. 3,3-16)
Er gibt uns die Gewissheit der Vergebung.	(Röm. 8,11-16)
Er erfüllt uns mit der Liebe Gottes.	(Röm. 5,5)
Er leitet uns als unser Lehrer in alle Wahrheit.	(Joh. 16,13)
Er verkündigt uns auch die Zukunft.	(Joh. 16,13.)
Er ist uns selbst im Sterben ganz nah.	(Hiob 34,14.15)

Anhang D

Zwanzig Worte Jesu über ein Gericht vor dem Weltgericht

Christus sprach zwanzigmal davon, dass mit der Vergebung der Sünde bei unserer Wiedergeburt die Erlösung noch nicht abgeschlossen ist. „Denn Teilhaber des Christus sind wir nur dann geworden, wenn wir die Zuversicht, die uns am Anfang unseres Glaubenslebens erfüllte, festhalten bis ans Ziel." Hebr. 3,14 (Bruns). Hier steht das Wort Telos, was Ziel oder Ende bedeutet. Weiter steht hier das Verb Katecho, d.h. in Besitz nehmen, einnehmen, gewinnen, erlangen, erfassen, ergreifen, sich vollenden, verstärkt durch das Adverb Bebajos mit der Bedeutung: Fest, zuverlässig, sicher, glaubhaft, standhaft, beständig, gewiss, unangefochten. Unsere Errettung ist also die Gemeinschaft mit Christus, eine lebendige Beziehung, kein formaler Zustand, sondern ein aktiver Prozess oder Vorgang. Ein Beispiel wäre die Ehe als dauernde Verbindung zweier Menschen. Christus mahnt: „Bleibet in meiner Liebe!" Joh. 15,9.10.

In Röm. 11,22 heißt es: „Darum schau die Güte und den Ernst Gottes: den Ernst an denen, die gefallen sind, die Güte aber an dir, soferne du an der Güte bleibst."

Erst die letzte Stunde entscheidet über unsere Rettung. Dann wird unser Leben noch einmal einer Prüfung unterzogen. Noch vor dem Abschlusswerk der Erlösung beim zweiten Kommen Christi muss eine Rehabilitation der Gläubigen in einem Untersuchungsgericht erfolgen. Hier fällt die endgültige Entscheidung: Ewiges Leben oder ewiger Tod.

1) Mat. 18,21-35. Einem Schuldner ist alle Schuld erlassen worden, er wird rehabilitiert und darf in seinem Amt bleiben, so als hätte er nichts Böses getan. Aber dieser Mann vergibt einem anderen nicht, der eine kleine Schuld bei ihm hat. Er lässt ihn ins Gefängnis werfen und zerstört seine ganze Existenz. Auf diese Tat hin findet ein Revisionsgericht statt, öffentlich wird diesem

hartherzigen Mann die persönliche Vergebung wieder aberkannt. Er ist verloren, obwohl er bereits einmal freigesprochen war.

2) Mat. 7,21-23. Nachfolger Jesu, die in seinem Namen große Taten vollbrachten, werden dennoch von Christus schuldig gesprochen, weil sie sich über sein Gesetz, hier NOMOS genannt, die Zehn Gebote, in irgendeiner Weise hinweggesetzt hatten.
3) Mat. 22,1-14. Das Reich Gottes wird hier in einer Hochzeit dargestellt. Einer der Gäste an der Tafel hat keine Hochzeitskleidung an. Das wird als eine Missachtung und Beleidigung des Gastgebers mit dem Ausschluss öffentlich geahndet, nachdem der Gastgeber alle Gäste einer Prüfung, eines Revisionsgerichtes unterzogen hatte.
4) Mat. 23,1-36. Hier ging es um die Berufenen Gottes, die Theologen und Führer des Volkes Gottes. Sie hielten sich für unantastbar und tadellos und lehnten einen Prüfungsausschuss ab. Christus kann nichts mehr für sie tun, sie haben sich den Zugang zum Reich Gottes versperrt. Christus verkündet ihnen den Richterspruch: „Ihr kommt nicht hinein!"
5) Mat. 24,45-51. Zwei Knechte Gottes kommen ins Untersuchungsgericht Christi. Der eine wird gerettet, der andere geht verloren, weil sein Leben nicht mit seinem Bekenntnis übereinstimmt und nichts von Einsicht oder Reue zu erkennen ist.
6) Mat. 25,1-13. Zwei Arten von Brautjungfern werden hier geschildert. Beide haben die hohe Ehre, den Bräutigam in den Hochzeitssaal zu geleiten. Doch die eine Hälfte disqualifiziert sich durch ihren Leichtsinn und Nachlässigkeit und geht verloren. Sie waren *berufen,* aber nicht *auserwählt*, sie können der öffentlichen Prüfung nicht standhalten.
7) Mat. 25,14-30. Hier wird von Dienern Gottes, den Berufenen des Herrn, geredet. Ihnen werden Zentner Silbergeld zur Verwaltung anvertraut, wofür sie Rechenschaft ablegen müssen. Bei der Abrechnung erweist sich der eine als ‚böser und fauler Knecht', der seine Aufgabe versäumt hatte. Persönlich war er als Diener Gottes anerkannt, in der öffentlichen Prüfung kommt er zu kurz. Wie in einem Revisionsgericht verliert er Stellung und Leben.

8) Mat. 26,20-25. 47-50. Von den zwölf Aposteln Christi ist einer ein Verräter. Christus versucht ihn noch zu retten und spricht ihn liebevoll beim Verrat an: ‚Mein Freund!‘ Aber Judas lässt sich nicht retten und geht vor den Augen der Öffentlichkeit verloren.
9) Luk. 12,8-10. Hier spricht Jesus über das Schicksal seiner Nachfolger. Sie werden einem Untersuchungsgericht vor dem ‚Vater und seinen Engeln‘ unterzogen. Für die einen ist es ein Rehabilitationsgericht mit öffentlicher Freisprechung, für die anderen aber leider ein Revisionsgericht mit öffentlicher Verurteilung.
10) Luk. 13,1-9. Im Beispiel des unfruchtbaren Feigenbaums wird das Schicksal des Nachfolgers Jesu genannt, der trotz besseren Wissens nicht das Gute tut. „Die göttliche Geduld und Gnade hat ihre Grenzen. Wenn Güte und Ernst den Trieb zum Fruchttragen nicht haben wecken können, kommt die Axt“, sagt die Anmerkung der Jubiläumsbibel.
11) Luk. 13,23-27. Das Beispiel der verschlossenen Türe soll den Nachfolgern Jesu vor Augen führen, dass man es mit seinen Worten nicht leichtnehmen kann. Es kommt der Augenblick, wo die guten Vorsätze nicht mehr ausreichen. Die Tür der Gnade im himmlischen Tempel wird geschlossen, jetzt ist das Gericht vorüber, es ist zu spät.
12) Luk. 13,28-30. „Es sind Letzte, die werden die Ersten sein, und sind Erste, die werden die Letzten sein … sie werden hinausgestoßen sein“. Ein Revisionsgericht wird darüber entscheiden.
13) Luk. 14,15-24. Zu einem großen Festmahl sind die Freunde des Gastgebers geladen. Aber keiner erscheint, alle entschuldigen sich. Sie waren wohl Freunde, werden jetzt aber aufgrund ihres Fehlverhaltens verworfen.
14) Joh. 6,66-68. „Wollt ihr auch weggehen?“ fragte Christus seine Apostel. Er hatte siebzig Mitarbeiter berufen, aber sie ärgerten sich über die unverständlichen Worte in der Rede Jesu. Sie hätten warten und fragen können. Aber durch ihre Unge-

duld gingen sie verloren. Ungelöste Fragen sind kein Hindernis für den Glauben, bei dem es um die Beziehung zu dem weisen und allwissenden Schöpfer geht.

„Mein Gott, ich verstehe dich nicht, aber ich vertraue dir", stand über dem Bett eines Schwerkranken. „Wenn Gottes Wege mit uns auch dunkel erscheinen, dann liegt das Dunkel nicht auf Gottes Wegen, sondern in unseren Augen", soll Martin Luther einmal gesagt haben. Die siebzig Jünger Jesu stellten ihre Intelligenz über Gottes Wort und verließen Jesus. Die Worte Jesu wurden ihnen zum Gericht.

15) Joh. 15,2. Beim Gleichnis vom Weinstock und den Reben werden die Nachfolger Jesu mit den Reben verglichen, die Frucht tragen oder nicht. Wer Frucht trägt, wird von Gott gereinigt, dass er noch mehr Frucht bringt. Wer keine Frucht aufweist, wird seine Stellung als Nachfolger Jesu verlieren und verloren gehen. Auch hier wird eine Prüfung, ein öffentliches Gericht entscheiden.

16) Joh. 15,9.10. Christus fordert auf, in seiner Liebe zu bleiben. Es gibt einen Prüfstein, ob die Liebe zu Jesus echt und dauerhaft ist, es ist das Halten der Gebote. (1.Joh. 2,4) „Wer da sagt: Ich kenne ihn, und hält seine Gebote nicht, der ist ein Lügner, und in solchem ist keine Wahrheit". Das weist hin auf das Gericht im himmlischen Tempel, wo die Bundeslade mit den Zehn Geboten sichtbar wurde. Nach den Zehn Geboten wird nun jeder Nachfolger Christi in diesem Gericht untersucht, ob er rehabilitiert werden kann oder in einer Revision verloren geht.

17) Joh. 8,31-44. Wahre und falsche Jünger Jesu. Die wahren werden bei Jesus bleiben, während die falschen zum Schluss auf der Seite Satans stehen und mit ihm vernichtet werden. Die Entscheidung darüber fällt im himmlischen Gericht öffentlich vor den Augen des ganzen Universums.

18) Offb. 2,4.5. Das Gericht über die Gemeinde Ephesus. „Etwas habe ich an euch auszusetzen: Ihr liebt mich nicht mehr wie am Anfang. Denkt darüber nach, von welcher Höhe ihr herab-

gestürzt seid! Kehrt um und handelt wieder so wie zu Beginn! Wenn ihr euch nicht ändert, werde ich zu euch kommen und euren Leuchter von seinem Platz stoßen". Wenn Eigenliebe größer als die Liebe zu Christus ist, wird sie dem Gericht verfallen, denn es gibt keinen berechtigten Grund, die Liebe Jesu zu verachten.

19) Offb. 3,5. Unser Name im Lebensbuch kann wieder ausgelöscht werden. „Wer an den Sohn glaubt, der hat das ewige Leben" (Joh. 3,36). „Freuet euch, dass eure Namen im Himmel geschrieben sind" (Luk. 10,20)... „meine anderen Gehilfen, deren Namen in dem Buch des Lebens sind" (Phil. 4,3). Im Himmel, ‚vor meinem Vater und seinen Engeln' findet nun eine Revision des Lebensbuches statt. Öffentlich wird im Gericht entschieden, ob unser Name darin geschrieben bleibt oder nicht.

20) Offb. 2,7. 11. 17. 26. 3,5. 12. 21. An diesen sieben Stellen spricht Jesus, dass nur die ‚Überwinder' in sein Reich kommen werden. Hier steht im Griechischen das Wort NIKAO = siegen, und zwar in einem Kampf oder in einem Rechtsstreit siegreich bleiben. Im Kampf mit sich selbst, der Welt, dem Leid und Satan können wir durch Christus siegen. Im Rechtsstreit im himmlischen Gericht steht Christus für uns ein. Rettung und Hilfe kommt nur durch ihn.

„Der Gott aber aller Gnade, der uns berufen hat zu seiner ewigen Herrlichkeit in Christo Jesu, der wird euch, die ihr eine kleine Zeit leidet, vollbereiten, stärken, kräftigen, gründen." 1.Petr. 5,10.

In diesem Gericht im Himmel ist Christus unsere einzige Rettung. Darum ruft auch der Bote, der mit der letzten Einladung an die Menschheit mitten durch den Himmel fliegt, allen Menschen auf Erden in allen Sprachen zu: „Nehmt Gott ernst und erweist ihm Ehre! Die Zeit ist gekommen, dass er die Menschheit vor Gericht stellt. Betet ihn an, der den Himmel, die Erde, das Meer und die Quellen geschaffen hat"! (Offenb. 14,7)

Anhang E

Die siebzig Eigenschaften der Außerirdischen

„Millionen Zuschauer sahen vor Jahren den Film ‚Der Exorzist‘ und fanden kaum etwas dabei, dass auch ein Mensch in unseren Tagen vom Teufel besessen sein könnte und dass das ganze Problem wesentlich eine religiöse oder geistliche Angelegenheit ist. Man rief keine Psychiater, sondern Priester zu Hilfe, um den Dämon auszutreiben. Diese bedienten sich zur Ausübung ihres Exorzismus geistlicher Mittel.

Im Kino finden wir so etwas glaubwürdig, bei den UFO's hingegen sind wir geneigt, vor solch einer Erklärung des Phänomens zurückzuschrecken. Forschen wir aber in der Bibel, dann stellen wir fest: die Handlungsweise der Dämonen, wie sie uns in den biblischen Berichten entgegentritt, entspricht genau den Kriterien, die wir in vieler Hinsicht bei den unbekannten Flugobjekten finden…

Von teuflischer Besessenheit lesen wir oft in der Bibel. Wir erfahren, dass böse Geister, die von einem Menschen Besitz ergriffen haben, in diesem Taubheit, Blindheit, Epilepsie und eine Reihe anderer Körperschäden verursachen können (siehe Matthäus 9,32.33. 12,22. 17,15.18). Die Dämonen sind bestrebt, in menschlichen Körpern, ja sogar in Tierkörpern (Matthäus 8,30-32. 1.Mose 3,1-5) zu wohnen. Auf unser Thema bezogen: Besessenheit tritt auch bei UFO-Kontaktpersonen auf, und Tiere reagieren in wilder Panik, wenn sich UFO's oder UFO-Wesen in der Nähe befinden…

Die bösen Geister besitzen die Fähigkeit, menschliche Ereignisse und Handlungen in gewissem Masse zu kontrollieren und auch zu ‚verhindern‘ (1.Chronika 21,1. Daniel 10,13 1.Thessalonicher 2,18). Sie möchten angebetet werden (5.Mose 32,17. Kolosser 2,18) und versuchen, die ganze Welt zu täuschen (Offenbarung 12,9. 20,8; 2.Korinther 4,4. Epheser 6,12). Engelwesen können menschliche Gestalt annehmen (Lukas 1,26; Johannes 20,12; Apostelgeschichte 12,19). Sie treten mit den Menschen in Kontakt und reden mit ihnen (1.Könige 19,5; Apostelgeschichte 23,9; Lukas 1,19.20), können sich aber nach Belieben materialisieren und entmaterialisieren (Lukas 2,9; 13,15). Sie besitzen eine ungeheure Macht (Psalm 103,20; 2.Thessalonicher 1,7; 2.Petrus 2,11) und können Menschen töten (2.Samuel 24,17; 2.Könige 19,35; 1.Chronika 21,12-16; Apostelgeschichte 12,23). Dämonen sind Engelwesen, aber sie sind gefallen und von Gott verstoßen. Als Wesen mit Engelcharakter haben sie ähnliche Gewalt wie die guten Engel, nur dass sie ihre Macht für böse Zwecke einsetzen statt für das Gute (Daniel 10,12-13). (Die Dämonen erscheinen den Okkultisten häufig in berührbarer menschlicher Gestalt.) Alle oben genannten Engelattribute werden auch in UFO-Berichten genannt…

Es ist erstaunlich, dass sich nahezu alle siebzig seltsamen Kräfte und Fähigkeiten, die in der Bibel den (meist gefallenen) Engeln zugeschrieben werden, auch bei den UFOs oder ihren Insassen wiederfinden". (Weldon/Levitt: UFO's und Okkultismus, Asslar 1977, S. 45)

Literaturverzeichnis

Abhisheki, J., Religion as Knowledge, Pune 1989
Anderson, G.T., The Past is Always Present, Washington 1977
Angermeier, W.F., Psychologie für den Alltag, Düsseldorf 1983
Asratyan/Simonow, The Learning Brain, Moskau 1983
Bezzel, H., Sterbensnot und Sterbenstrost, Stuttgart 1932
Borchert, O., Der Goldgrund d. Lebensbildes Christi, Konstanz 1924
Breasted J., Ancient Times, Chicago 1963
Brockmann, J., Neue Realität, München 1990
Buell/Hyder, Jesus: God, Ghost or Guru?, Grand Rapids 1978
Calder, N., Technopolis, Düsseldorf 1971
Ceram, C., Hands on the Past, New York 1966
Chidbhavananda, Hg. The Bhagavad Gita, Tiruchirappalli 1984
Christopher, M., Geister, Götter, Gabelbieger, München 1979
Claeys, K., Die Bibel bestätigt das Weltbild der Naturwissenschaften, Stein am Rhein 1979
Davies, P., Prinzip Chaos, Goldmann TB 1988
Dawe, D., Jesus: The Death and Resurrection of God, Atlanta 1985
Eccles, J., Gehirn und Seele, München 1987
Ehrensvärd, G., Nach uns die Steinzeit, München 1973
Evans, C., Kulte des Irrationalen, Rowohlt TB 1976
Eysenck, H., Wege u. Abwege d. Psychologie, Rowohlt TB 1956
Fox/Sheldrake, ENGEL – die kosmische Intelliganz, Bechtermünz 2003
Frei, G., Probleme der Parapsychologie, München 1969
Froom, L., The Conditionalist Faith of Our Fathers, Washington 1966
Gandhi, M., An Autobiography, Ahmedabad 1987
Gish, D., Fossilien und Evolution, Stuttgart 1982
Gitt, W., Logos oder Chaos, Stuttgart 1980
Gödau, H., Heilung des Todes, Wuppertal 1971
Green, W., Runaway World, Bombay 1982
Gruehn, W., Die Frömmigkeit der Gegenwart, Konstanz 1960
Grunlau/Mayers, Cultural Anthropology, Grand Rapids 1980
Guinness, O., Asche des Abendlandes, Stuttgart 1976
Hall, A., Kultismus-Geheimnisvolle Sitten, Ullstein TB 1979,
Har Dayal, L., Hints for Seif Culture, Bombay 1990
Heide, M., Irrwege des Heils, Aßlau 1985
Hitzbleck, E., Und dieses Leben hat doch einen Sinn, Wupperptal. 1951
Hoppenworth, K., Neue Heilswege aus Fernost, Bad Lieben. 1978
Horn, S., Mit dem Spaten an biblischen Stätten, Berlin 1965

Hunt, D., Götter, Gurus u. Geheimnisvolle Kräfte, Basel 1984
– Die Verführung der Christenheit, Bielefeld 1987
Kahl, B.+V., Aufgestanden gegen den Tod, Offenbach 1987
Kakar, S., The Inner World, Delhi 1986
Kissener, H., Die Logik der Großen Pyramide, München 1965
Knoll/Schoeps, Von Kommenden Zeiten, Stuttgart 1984
Kobialka, M., The Challenge of India, Pune 1989
– Mehr als Brot, Frankfurt 1975
– Weltregierung oder Gottesreich, Heidelberg 2002
– Vorausgesagt – Daniel sieht die Zukunft, Wuppertal 1993
– Revolution im Vatikan, Heidelberg 1999
Koch, K., Seelsorge und Okkultismus, Tübingen 1953
– Okkultes ABC, Basel 1986
Koehler/Baumgartner, Lexicon in Veteris Test. Libros, Leiden 1953
Kovoor, A., Gods – Demons and Spirits, Bombay 1984
– Begone Godmen!, Bombay 1984
Kopp, R., When Someone You Love is Dying, Grand Rapids 1984
Kübler-Ross, E., Interviews mit Sterbenden, Stuttgart 1977
Küng, H., Ewiges Leben?, München 1982
Lal, B., Contemporary Indian Philosophy, Delhi 1987
Lanares, R., Qui Dominera Le Monde? Dammarie Le Lys 1980
Lanczkowski, G., Die Neuen Religionen, Fischer TB 1974
Leibold, G., Wörterbuch der Psychologie, Wiesbaden 1988
Le Seur, P., Die Zukunft der Toten, Wuppertal 1976
Lührs, G., Die Schöpfung aus dem Nichts, Zürich 1986
Lurker, M., Wörterbuch Biblischer Symbole, München 1987
Mahadevan, T., Outlines of Hinduism, Bombay 1971
Maharaj/Hunt, Death of a Guru, London 1977
Marsh, F., Evolution or Special Creation?, Washington 1963
McMillen, S., Vermeidbare Krankheiten, Wuppertal 1967
Mendelsohn, K., Das Rätsel der Pyramiden, Augsburg 1993
Morneau, R., Die Welt des Übernatürlichen, Zürich 1984
Mühr, A., Was geht in unserem Kopfe vor?, Berlin 1959
Negev,A., Archäologisches Lexikon zur Bibel
Nelles, W., Das Rote Tuch, Bhagwan Kommunen, Heyne TB 1985
Otto, E., Wesen und Wandel der Ägyptischen Kultur, Berlin 1969
Ovenden,M., Leben im Weltall?, München 1961
Panikkar, R., The Unknown Christ of Hinduism, Bangalore 1982
Pritchard, J., Die Archäologie und das Alte Testament
Randall, J., Parapsychologie, Freiburg 1979
Ranganathananda, S., Science and Religion, Calcutta 1982

Ray, M., Yoga – Ja oder Nein?, Winterthur 1976
Richter, H., Wozu leben wir?, Freiburg 1968
Rimmer, D., Dead Men Tell Tales, Grand Rapids 1962
Riviere/Needham, Asien und der Westen, Rowohlt TB 1978
Roessle, J., Blicke ins Jenseits, Konstanz 1940
Rohrbach, N., Mit dem Unsichtbaren Leben, Wuppertal 1976
Scheven, J., Daten zur Evolutionslehre, Stuttgart 1979
Slade, Elvira M., Maria-Die unbekannten Seiten, Wuppertal 2003
Schneider, W., Überall ist Babylon, Knaur TB 1968
Schoeps, H., Religionen, Gütersloh
Schrader, H., Der Mensch wird umgebaut, Frankfurt 1970
Schultz, H., Tendenzen der Theologie im 20. Jh., Stuttg. 1967
Silverstein, A., Sieg über den Tod, München 1979
Staudinger, H., Die historische Glaubwürdigkeit d. Evangelien, 1971
Stemman, R., Fliegende Untertassen, Glarus 1979
Stott, J., Issues Facing Christians Today, London 1984
Strong, A., Systematic Theology, London 1965
Sundkler, B., Bantupropheten in Südafrika, Stuttgart 1964
Tagore, R., Our Universe, Bombay 1985
Taylor, G., Zukunftsbewältigung, Hamburg 1976
Thielicke H., Auf d. Suche nach dem verlorenen Wort, Hbg. 1988
Tibusek, J., Die neue religiöse Kultur, Gießen 1988
Tiwari, K., Comparative Religion, Delhi 1987
Thomas/Chettimatam, Images of Man, Bangalore 1974
Van DamW., Dämonen und Besessene, Aschaffenburg 1975
Vandenberg, P., Der Fluch der Pharaonen, München 1988
Venzmer, G., Psyche-Hormon-Persönlichkeit, Stuttgart 1953
Vivekananda, S., Selection from Complete Works, Calcutta 1982
– Hinduism, Madras 1982
Watzlawick, N., Wie wirklich ist die Wirklichkeit?, München 1980
Weldon/Levitt, UFO's und Okkultismus, Asslar 1980
Widmer, D., Kein Platz für Menschen, Hamburg 1971
Wilder-Smyth, A., Herkunft u. Zukunft des Menschen, Stgt. 1978
Wilkens, W., Hindu Mythology, Calcutta 1981
Wilson, C., Rätsel Uri Geller, Ullstein TB 1979
– Fremde Unbekannte Mächte, Ullstein TB 1980
Woltersdorf, H., Geist, Gehirn und Quanten, Stuttgart 1978
Wurm/Blum, Religionsgeschichte, Calw 1929
Zahrnt, H., Die Sache mit Gott, Zürich 1966

REVOLUTION IM VATIKAN

Ein hochaktuelles Buch, spannend, aber nicht polemisch geschrieben, beleuchtet viele oft unbekannte Ereignisse in der Geschichte der Kurie vom Mittelalter bis in die Gegenwart. Wie die Kirche der Zukunft aussieht, ist der hoffnungsvolle Abschluss dieses Buches, das in mehrere Sprachen übersetzt ist.

Gebunden, vierfarbiger fester Einband, 264 Seiten.

HOW TO LEARN LOVE

Ein Buch in Englisch vom gleichen Verfasser, das die Grundlage bildet für einen Trainingskurs zur Erlernung der echten Prinzipien von Glück, Treue und Liebe in der Ehe. Fast jede zweite Ehe wird wieder geschieden. Die Ursache ist mangelnde Vorbereitung für das Leben zu Zweit. Das Hohelied Salomos in der Bibel ist die beste Grundlage für eine dauerhafte und frohe Beziehung mit der Hilfe des Schöpfers der Liebe.

Paperback 220 Seiten.

Weitere Verlagsangebote:

J. MELDAU, DER MESSIAS IN BEIDEN TESTAMENTEN

Der messianische Jude John Meldau zeigt, wie 333 Prophezeiungen des Alten Testamentes sich im Leben und Sterben Jesu buchstäblich erfüllt haben. Hier liegt der Beweis, dass Jesus Christus Gott ist. Dies überzeugt alle ehrlichen Zweifler wie kein anderes Buch.

Paperback, 166 Seiten. Restexemplare. Sonderpreis!

VOLKER UND MARTINA KESSLER, DIE MACHTFALLE – MACHTMENSCHEN IN DER GEMEINDE

Ein Buch der Akademie für christliche Führungskräfte. Buch des Monats von „idea-spektrum". Gerade in christlichen Gemeinden entfalten machtkranke leitende Personen ihre verhängnisvolle Wirksamkeit. Da sie scheinbar bekehrt und erfolgreich sind, kann man sie nur schwer enttarnen. Ihr gezieltes Mobbing hat viele Opfer gefordert. Wie leicht man unbewusst zum Mittäter wird, wie man sich schützen kann und was man als Ziel des Mobbings noch tun kann, zeigt dieses Buch, dass jeder Christ kennen sollte.

Paperback, 80 Seiten.

IDEA-SPEKTRUM,
MOBBING IN DER KIRCHE – EINE DOKUMENTATION DER EVANGELISCHEN NOTGEMEINSCHAFT UND DER BEKENNTNISBEWEGUNG „KEIN ANDERES EVANGELIUM“

Original- Dokumente zeigen das Leid, das durch das Mobbing von Kirchengemeinden und Kirchenleitungen gegen bibeltreue Pfarrer entstanden ist. Allein in der Rheinischen Kirche sind 50 Pfarrer aus ihrem Amt gemobbt worden. Viele Kirchen und christliche Gemeinden sind gespalten worden durch gezielte Unterwanderung und scheinchristliches Verhalten. Vereine, Beratungsstellen und Notgemeinschaften bieten Hilfe an.

Geheftet 133 Seiten.

DAS EVANGELIUM IN VIELEN SPRACHEN – THE GOSPEL IN MANY TONGUES

Ein einmaliges Buch der Britischen Bibelgesellschaft, das vergriffen und nur noch hier zu erhalten ist. Es zeigt den Bibeltext von Joh. 3,16 in 872 Sprachen mit deutschem Begleitheft. Es ist mit ein Beweis, dass sich Mat. 24,14. erfüllt. Ein einzigartiges Anschauungsmittel für Missionsstunden, Hauskreise, Religionsunterricht, Jugendstunden und zum persönlichen Studium.

Gebunden, vierfarbiger Einband, 190 S.

W. HON, EIN RUF ZUM PERSÖNLICHEN DIENST

Bibel und Gesundheit. Das weltbekannte Gesundheitsprogramm „New Start – Neuer Start“. Ein unentbehrliches Handbuch zur Vermeidung von Krebs, Herzleiden und vielen Krankheiten und als Anleitung für medizinische Missionsarbeit.

Paperback, 232 Seiten.

SIMONBIBEL

Die ganze Heilige Schrift in moderner Übersetzung von Missionar Simon wortgetreu aus dem Urtext übertragen mit Erklärungen, besonders zu den prophetischen Büchern von Daniel und der Offenbarung.

2. Auflage.